Himmel – Erde ... und zurück

Sieben Abschnitte aus dem Epheserbrief

Einführung und Auslegungen von
Ulrich Heckel

Materialien und Vorschläge zur Gestaltung von
Rosemarie Micheel

Filmvorschläge von
Bettina Eltrop, Martin Dellit, Waldemar Wolf

Bilder von
Susanne Ledendecker
mit Meditationen von
Jörg Meuth

Redaktion
Rosemarie Micheel, Waldemar Wolf

neukirchener
aussaat

M. Brüser
Feb. 2010

Bibliografische Information der Deutschen Nationalbibliothek

Die Deutsche Nationalbibliothek verzeichnet diese Publikation in der Deutschen Nationalbibliografie. Detaillierte bibliografische Daten sind im Internet über http://dnb.d-nb.de abrufbar.

Umschlaggestaltung: Andreas Sonnhüter, Düsseldorf
unter Verwendung eines Bilds von © Susanne Ledendecker
Lektorat: Waldemar Wolf, Stuttgart und Dr. Rosemarie Micheel, Berlin
DTP: frechdruck, Stuttgart
Gesamtherstellung: frechdruck, Stuttgart
Printed in Germany
ISBN 978-3-7615-5788-4

www.neukirchener-verlage.de

INHALT

Vorschau auf die 74. Bibelwoche 2011 / 2012

I	**Psalm 13**
II	**Psalm 27**
III	**Psalm 42**
IV	**Psalm 71**
V	**Psalm 118**
VI	**Psalm 127**
VII	**Psalm 145**

Zum Geleit

Dass es im Brief an die Epheser um die Gemeinde gehe, kann man allerorten in den verschiedenen Kommentarwerken zu diesem Brief lesen. Nicht von einer bestimmten Gemeinde handle der Brief, sondern eher im Grundsätzlichen und Allgemeinen davon, was das Leben der Gemeinde Jesu Christi ausmache. Entfaltung der Liebe Gottes im Leben des einzelnen Christen und im Leben als Gemeinde.

Dabei ist schon interessant, wie der Epheserbrief von der Gemeinde spricht. Die Stichworte heutiger Debatten wie „Kirche im Aufbruch", „Reformprozess der evangelischen Kirche", „Kirche von morgen", „Leitbildprozesse", „Gemeindeentwicklung" spielen verständlicherweise im Epheserbrief am Anfang der Geschichte christlicher Kirche noch keine Rolle. Grundsätzliches wird aber in unübertroffener Weise deutlich: Dass Gemeinde Jesu aus dem Lobpreis des göttlichen Segens in Christus entsteht, dass bei aller Pluralität die Einheit der Gemeinde Gabe und Aufgabe ist, dass das Geschenk der Gnade immer wieder auf konkrete Gestalt im Leben drängt. Laster werden benannt und konkrete Ermahnungen fehlen da nicht, schließlich geht es im Leben aus Glauben um einen geistlichen „Kampf". Bei all dem bleibt als Grundklang erhalten: „aus Gnade, nicht aus Werken" (2,8.9).

Lassen Sie sich von den unterschiedlichen Aspekten des Epheserbriefs inspirieren. „Himmel – Erde ... und zurück": Indem wir diesen Weg mitgehen, wird der Lobpreis des göttlichen Segens in Christus (1,3) auch bei uns und in seiner Gemeinde angestimmt. Wer den Epheserbrief studiert, wird eine neue Sehnsucht nach der Verheißung, aus der christliche Gemeinde lebt, bekommen. Wer den Epheserbrief liest, wird beklagen, was sich in unserer Kirche und in unseren Gemeinden ändern müsste. Wer den Weisungen des Epheserbriefs folgt, wird erkennen, was konkret zur Besserung getan werden kann, damit das Zeugnis der Gemeinde gehört wird, eben „freimütig das Geheimnis des Evangeliums zu verkündigen" (6,19).

Ich danke allen, die die Abschnitte aus dem Epheserbrief bearbeitet haben und nenne dabei besonders Oberkirchenrat Professor *Dr. Ulrich Heckel* aus Stuttgart und *Dr. Rosemarie Micheel,* Berlin. Kompetenz und Sorgfalt ist der Arbeit an den Texten jederzeit abzuspüren, aber auch die Leidenschaft, sie für die Gemeinde aufzubereiten und fruchtbar zu machen.

Pfarrer *Dr. Erhard Berneburg*
Generalsekretär der
Arbeitsgemeinschaft Missionarische Dienste

Berlin, im Juli 2010

„In dieser Epistel lehret S. Paulus aufs erste, was das Evangelium sei, wie es allein von Gott in Ewigkeit versehen und durch Christum verdienet und ausgegangen ist, dass alle, die daran glauben, gerecht, frommlebendig, selig und vom Gesetz, Sünde und Tod frei werden" (aus: *Heinrich Bornkamm*: Martin Luthers Vorreden zur Bibel, Vorrede auf die Epistel S. Pauli an die Epheser 1522).

„Gelobt sei Gott. Mit großartigen Worten erhebt Paulus Gottes Gnade den Ephesern gegenüber, um ihre Herzen zur Dankbarkeit anzuspornen, besser gesagt, um sie ganz zu entflammen, in Beschlag zu nehmen und mit diesen Gedanken zu erfüllen" (*Johannes Calvin*: Auslegung der Heiligen Schrift, Band 17, 103).

Vorwort

Himmel – Erde... und zurück. Sie mögen fragen: Was hat dieser Titel mit dem Epheserbrief zu tun? Die Idee für diesen vielleicht etwas ungewöhnlichen Titel kam uns bei der Beobachtung, dass der Verfasser des Epheserbriefs – angesichts der von ihm gesehenen Probleme in den Gemeinden – nicht paränetisch einsetzt, sondern zuerst den Gemeinden bewusst machen will, was sie in Christus schon empfangen haben. Aber was nützt das schönste Geschenk, wenn es nicht ausgepackt wird?

Im Bild gesprochen: Der Briefschreiber packt dies Geschenk für die Gemeinden aus – in der Hoffnung, dass sie dadurch mit Freude erfüllt dies himmlische Geschenk in ihrer irdischen Existenz, in ihrem Glauben, Leben und Handeln zur Entfaltung kommen lassen. Denn so fließt zum „Himmel" zurück, was zuvor von ihm ausgegossen wurde.

Der Verfasser des Epheserbriefs ruft den Gemeinden zunächst in Erinnerung, was sie in Christus sind und haben, bevor er sie darauf aufmerksam macht, was diesem Sein und Haben im Miteinander des Gemeindealltags nicht entspricht.

Vielleicht tut es auch uns, angesichts der Probleme in unserem Gemeinde- und Kirchenalltag, gut, uns dessen bewusst zu werden und Wirklichkeit werden zu lassen, was wir in und durch Jesus Christus sind und haben, bevor wir uns an die Bewältigung der anstehenden Probleme machen.

Der guten Tradition entsprechend, ist dies Heft das Ergebnis eines Vorbereitungsprozesses, an dem viele mit Rat und Tat beteiligt waren. Die Exegesen zum Epheserbrief hat OKR Professor *Dr. Ulrich Heckel*, Stuttgart, erarbeitet. Ihm wie den Teilnehmerinnen und Teilnehmern an der Bibelwochenkonferenz 2008 in Meißen sei herzlich gedankt.

Wir sind bemüht, jeweils die genaue Quelle (das gilt für Texte und für Karikaturen) anzugeben. Leider ist das nicht in allen Fällen möglich gewesen. Für Hinweise sind wir dankbar.

Wie es weitergeht,
wenn das Leben zu Ende ist,
fragen sich viele.
Ob es einfach aus ist,
wie ein Licht, das plötzlich verlischt?
Ob man die Seinen wiedererkennt
und mit ihnen ohne Missklang
beisammen sein kann?
Ob das Gute belohnt
und das Böse bestraft wird?
Fragen, nichts als Fragen.
Und doch, mein Gott,
wenn ich nur dich habe,
frage ich nicht
nach Himmel und Erde.
Du, Gott, bist alle Zeit
meines Herzens
Trost und mein Teil.

Knut Wenzel Backe

Für ihre kreative und engagierte Mitarbeit bei den Workshops zu den Ephesertexten danke ich *Wolfgang Baur* (Stuttgart), *Bernd Gärtner* (Kiel), *Hartmut Griewatz* (Witten), *Dr. Matthias Krügel* (Dresden), *Paul Ulrich Lenz* (Schotten-Einartshausen), *Jörg Meuth* (Vallon Pont d'Arc, Frankreich), *Klaus Teschner* (Kaarst), *Kerstin Dominika* Urban (Nürnberg), *Dr. Katharina Wiefel-Jenner* (Berlin), *Waldemar Wolf* (Stuttgart). Ein herzlicher Dank geht auch an die VerfasserInnen der didaktischen Entwürfe für die einzelnen Abende.

Für die guten Gespräche und die erfahrene Gemeinschaft in der Vorlaufbibelwoche zum Epheserbrief danke ich herzlich der Gemeinde „Zu den vier Evangelisten" in Berlin-Pankow, der Gemeinde in Hönow, den Berliner Gemeinden in Hellersdorf, Kaulsdorf, Mahlsdorf/Nord und Süd, sowie den Teilnehmerinnen des Bibelseminars in Fleestedt.

Wer in der Bibelwoche audiovisuelle Medien einsetzen will, sei auf die mit methodischen

Hilfen versehene Auswahl von *Martin Dellit* (Leiter der Evangelischen Medienzentrale Württemberg), *Dr. Bettina Eltrop* vom Katholischen Bibelwerk und *Waldemar Wolf* hingewiesen (s.u. S. 116).

Die Meditationen zu den Bildern von *Susanne Ledendecker* hat in bewährter Weise *Jörg Meuth* geschrieben. Ihm sei für das gute Miteinander in besonderer Weise gedankt. Wie in den vergangenen Jahren steht ein Separat-Druck des Bildanhangs zur Verfügung. Die Bilder, einschließlich der Meditationen, werden zusätzlich auf einer CD veröffentlicht.

Die Liedvorschläge sind jeweils mit den Nummern des Evangelischen Gesangbuchs (EG) und aus dem Gotteslob (GL) versehen.

Druckvorbereitung und Layout lagen in den erfahrenen und bewährten Händen von *Waldemar Wolf*, der Setzerin *Katrin Röhlig* und den MitarbeiterInnen der Druckerei frechdruck. Auch ihnen sei an dieser Stelle herzlich gedankt.

Dass der „himmlische Fluss“ in der Bibelwoche zum Epheserbrief frei zum Fließen kommt, wünsche ich allen Gemeinden.

Dr. Rosemarie Micheel

Himmel – Erde … und zurück – zur Gestaltung der Bibelwoche

Die langjährigen NutzerInnen von Texte zur Bibel wissen, dass ich nicht müde werde, darauf hinzuweisen, dass diejenigen, die eine Bibelwoche im Team halten, sich wirklich Zeit nehmen, bei der Vorbereitung folgende Fragen zu bedenken:

* Welche Ziele verfolgen wir mit dieser Bibelwoche?
* Welche Fragestellungen sind in unserer Gemeinde aktuell?
* Für welche Texte entscheide ich mich / entscheiden wir uns? Welche Interessen verfolge ich / verfolgen wir mit der Auswahl?
* Wie könnten die Schwerpunkte der einzelnen Abende aussehen?

Eine Anregung dazu ist zu finden in den thematischen Schwerpunkten, die den didaktischen Entwürfen vorangestellt sind. Es sind Anregungen, die aber in Korrespondenz mit der je eigenen Gemeindewirklichkeit zu bedenken sind. Was wir mit unserer Überschrift verbinden, habe ich im Vorwort gesagt.

Wichtiger Hinweis

Ab diesem Jahr werden die didaktischen Begleithefte (Ökumenische Bibelwoche) nicht mehr als gesondertes Heft erscheinen. Die Deutsche Bibelgesellschaft (DBG) und das Katholische Bibelwerk (KBW) haben darum gebeten, die didaktischen Entwürfe in „Texte zur Bibel“ zu integrieren. Aus diesem Grund gibt es, neben den Bausteinen zur Gestaltung, zu jedem Abend einen ausgeführten Entwurf, der auch auf der CD enthalten sein wird. Die Teilnehmerhefte zur Ökumenischen Bibelwoche werden weiter erscheinen. Sie korrespondieren mit dem ausgeführten didaktischen Entwurf in Texte zur Bibel.

Predigttexte

Folgende Bibelwochentexte sind in Predigtreihen zu finden:

Bibelwochentext	Predigttext	Reihe
1. Eph 1,1-14	Eph 1,3-14	IV/Trinitatis
2. Eph 2,1-10	Eph 2,(1-3)-10	II/11. S. n. Trin.
3. Eph 2,11-22	Eph 2,17-22	II/2. S. n. Trin.
	Eph 2,19-22	II/Petrus u. Paulus (29.6.)
4. Eph 3,14-21	Eph 3,14-21	II/Exaudi
5. Eph 4,1-16	Eph 4,1-16	IV/Pfingstsonntag
	Eph 4,1-6	VI/17. S. n. Trin.
	Eph 4,7-13	II/Simon u. Judas (28.10.)
6. Eph 4,22 - 5,2.8-20	Eph 5,1-8	II/Okuli
	Eph 5,8b-14	II/7. S. n. Trin.
	Eph 5,15-21	VI/18. S. n. Trin.
	Eph 4,22-32	II/19. S. n. Trin.
7. Eph 6,10-23	Eph 6,10-17	II/24. S. n. Trin.

Literaturempfehlungen

Kursbuch Bibel.
Das Einsteigerbuch für Jugendliche.
In Zusammenarbeit mit der Deutschen Bibelgesellschaft und dem Verlag Moritz Diesterweg, erarbeitet von *Jürgen Kegler, Manfred Kuhn, Stefanie Fischer-Steinbach, Martin Haßler, Uly Steinhilber-Schlegel, Rolf Tönges* und *Heike Vierling-Ihrig.* 60 Seiten mit 189 farbigen Abbildungen. ISBN 978-3-7668-4109-4, € 14,95.

Wer für die Konfirmanden- und Jugendarbeit ein Buch sucht, das in qualifizierter Weise und jugendgemäß in die Heilige Schrift einführt, dem sei dies Kursbuch Bibel empfohlen. In ihm werden sämtliche Bücher des Alten und Neuen Testaments der Reihe nach auf ein bis fünf Seiten mit ihren Anliegen erklärt.

Das Buch zeichnet sich durch eingängige Texte, verbunden mit zahlreichen Bildern, Fotos und Grafiken aus. Hilfreich ist, dass wichtige Begriffe des Textes direkt in der Randspalte erläutert werden. Grundlage für die Bibelzitate ist die aktuelle Lutherbibel.

Bertold Zwick:
Das Stuttgarter Bibelseminar für Einsteiger.
Verlag Katholisches Bibelwerk GmbH Stuttgart 2008. ISBN 978-3-460-30006-4, 49,90 € [D] / 51,30 € [A] / 83,90 / CHF UVP.

In neun Arbeitseinheiten, die jeweils für einen Abend gedacht sind, wird leicht verständlich in biblisches Grundwissen eingeführt. Hilfreich für die praktische Umsetzung ist die beigefügte CD mit fertig ausgearbeiteten Power-Point-Präsentationen. Folgende Themen sind in den Arbeitseinheiten aufgenommen: 1. Die Bibel – Glaubens- und Lebensquelle; 2. und 3. Tausend Jahren Glaubenserfahrung auf der Spur (zwei Einheiten); 4. Die eine Bibel und die vielerlei Bibeln; 5. Die Bibel – ein Buch mit „sieben Siegeln"?; 6. und 7. „Und die Bibel hat doch recht!"?; 8. und 9. Die Entstehung der Evangelien.

Paulus – Zeuge und Apostel Jesu Christi. Leben und Lehre.
Verlag Katholisches Bibelwerk GmbH Stuttgart 2008. *Hrsg. von Wolfgang Wieland* und *Barbara Leicht*. Verlag Katholisches Bibelwerk. Website: http://www.bibelwerk.de / ISBN 978-3-460-32622-4; Einband: geheftet, 64 S., 9,90 € [D] / 10,20 € [A] / 18,80 CHF UVP.

Die sieben methodisch aufbereiteten Einheiten zu einem „Paulus-Seminar" eignen sich sowohl für ein Seminarwochenende wie auch für eine Reihe von fünf Abenden. Das Material ist dem „Grundkurs Bibel" des Katholischen Bibelwerks entnommen und wurde leicht aktualisiert. Die sieben Einheiten entfalten folgende Themen: 1. Annäherung an die paulinische Welt am Beispiel Korinth; 2. Paulus als Missionar für die Heiden; 3. Paulus und seine MitarbeiterInnen; 4. Die Feier des Leibes Christi im Herrenmahl (1 Kor 11,17-34); alternativ: Verschiedene Gruppen in Korinth und das Herrenmahl; 5. Gemeinde Jesu Christi (1 Kor 12-14); alternativ: Die Charismen (1 Kor 13); und: Zusammenfassender Überblick über Paulus und zentrale Motive seiner Verkündigung; 7. Das Wort vom Kreuz (1 Kor 1,17-2,19).

Judäa und Jerusalem. Leben in Römischer Zeit.
Hrsg. von Jürgen Schefzyk und Wolfgang Zwickel. Katholisches Bibelwerk e.V., Stuttgart 2010. ISBN 978-3-940743-60-2; 254 Seiten, 24,80 €.

Mit dieser Publikation wird ein Kompendium zur Situation Palästinas in der Zeit Jesu vorgelegt. Sie ist für alle interessant, lehrreich und informativ, die die Welt der Bibel und damit die Texte des „Buches der Bücher" besser verstehen möchten. In diesem Buch werden archäologische Funde im Heiligen Land ebenso wie die historischen Gegebenheiten unter verschiedenen Fragestellungen in den Blick genommen: Wie herrschte Herodes? Welche religiösen Gruppierungen gab es zurzeit Jesu? Was wissen wir über Theater, Synagogen, Straßen und Keramik in dieser Zeit? Die Antworten auf diese Fragen werden von namhaften Forschern gegeben, deren Beiträge durch reiche Bebilderung, Grafiken und Karten ergänzt sind.

Passion und Auferstehung Jesu. Werkbuch für die Bibelarbeit mit Erwachsenen.
Hrsg. vom Katholischen Bibelwerk e.V., Barbara D. Leicht. ISBN 978-3-460-32623-1;132 S., 14,90 € [D] / 15,40 € [A] / 26,50 CHF UVP.

Die jeweils sechs methodisch aufbereiteten Einheiten zu den Themen Passion und Auferstehung eignen sich sowohl für Seminarwochenenden wie auch für Gemeindeabende, in denen das Thema Passion und Auferstehung Jesu aufgegriffen werden soll. Das Material ist dem „Grundkurs Bibel" des Katholischen Bibelwerks entnommen. Es bietet inhaltlich fundierte und methodisch vielfältige Module für die Bibelarbeit.

Alfred Suhl:
Die Briefe des Paulus. Eine Einführung, Stuttgarter Bibelstudien 205.
Verlag Katholisches Bibelwerk GmbH, Stuttgart 2007. ISBN 978-3-460-03054-1, kartoniert.

Die vorliegende Arbeit, eine Zusammenfassung der lebenslangen Auseinandersetzung des 2005 verstorbenen Neutestamentlers Alfred Suhl mit dem Leben und Werk des Apostels Paulus, bietet eine Einführung in die Briefe des Paulus, die er wie folgt gliedert: 1. Von der Bekehrung bis zum Zwischenfall in Antiochien; 2. Vom Zwischenfall in Antiochien bis zum Ende des Gründungsaufenthaltes in Korinth; 3. Vom Gründungsaufenthalt in Korinth bis zur letzten Reise nach Jesusalem; 4. Rückblick und Ausblick. Die Lehrmaterialien des Autors sind als Powerpointpräsentationen auf einer CD dem Buch beigefügt.

Einführung

Der Epheserbrief gehört zu den kleineren Paulusbriefen. In der exegetischen Fachliteratur wird er meist als pseudepigrafisches Schreiben einem Paulusschüler zugeschrieben und seine Abfassungszeit etwa um 90 n. Chr. angesetzt.

In ökumenischen Konsensdokumenten ist der Epheserbrief das am häufigsten zitierte Schreiben. In der Ordnung der Predigttexte der EKD erscheint aus der Sammlung der paulinischen Briefe der Epheserbrief mit 16 Perikopen nach dem Römer- und 1. Korintherbrief schon an dritter Stelle (abgesehen vom doppelt so langen Hebräerbrief mit 22 Texten).

Der besondere Reiz einer Lektüre des Epheserbriefs liegt darin zu sehen, wie ein Paulusschüler am Ende des ersten Jahrhunderts aus sämtlichen Paulusbriefen die wichtigsten theologischen Themen aufgreift und für die Herausforderungen der Kirche nach dem Tod des Apostels in der zweiten Generation fruchtbar macht. Paulus hatte in seinen Briefen stets eine konkrete Gemeindesituation vor Augen, in Thessalonich z.B. die Trauer über einige Todesfälle, in Galatien den Konflikt zwischen Juden- und Heidenchristen, in Korinth Aufspaltungen der Gemeinde in mehrere Gruppierungen sowie einige schriftliche Anfragen, die er der Reihe nach beantwortet (1 Kor 7,1; 8,1; 12,1; 16,1). Auf diese so unterschiedlichen Situationen hin hatte Paulus in jedem seiner Briefe in immer wieder anderer Zuspitzung seine Botschaft, sein Evangelium, seine theologischen Gedanken und paränetischen Anliegen entfaltet.

Der Epheserbrief hingegen ist das Rundschreiben, das ein Schüler des Apostels nach dem Tod des Paulus für die weit verstreuten Gemeinden im Einflussgebiet der paulinischen Mission abgefasst hat. Damit handelt es sich beim Epheserbrief um ein Schreiben, das aus nachapostolischer Zeit stammt und für die Gemeinden der zweiten Generation geschrieben wurde. Dabei ist es spannend zu beobachten, auf welche Art und Weise in diesem Brief eine Generation nach dem Tod des Apostels einer seiner Schüler die vielfältigen Gedanken aus den unbestritten authentischen Paulusbriefen aufnimmt: Er stellt die verschiedenen theologischen Einzelüberlegungen in einen stärker systematisch durchreflektierten Zusammenhang und verallgemeinert die konkreten Überlegungen von der Situation einzelner Gemeinden auf gesamtkirchliche Fragestellungen hin. So überträgt er das paulinische Evangelium aus der Frühzeit der christlichen Gemeinden auf die kirchlichen Verhältnisse am Ende des ersten Jahrhunderts. Damit stoßen wir im Epheserbrief auf eine zwar durch und durch paulinisch geprägte Theologie, die aber drei Jahrzehnte nach dem Tod des Apostels von einem seiner Schüler rekapituliert, d.h. für die nachapostolische Zeit zusammengefasst, bewahrt und weiterentwickelt wird.

Aufs Ganze gesehen, ist es für das Verständnis des Epheserbriefs daher von entscheidender Bedeutung zu erkennen, dass hier ein Paulusschüler etwa um 90 n.Chr. die Fragen der paulinischen Gemeinden nach dem Tod ihres Gründungsapostels aufgreift und in nachapostolischer Zeit ganz im Sinn der paulinischen Theologie für die zweite, d.h. nachpaulinische Generation beantwortet. In dieser Datierung auf die beginnende nachapostolische Zeit (etwa 90 n.Chr.) sieht *Rudolf Schnackenburg* (22) geradezu „den hermeneutischen Schlüssel für die Gesamtinterpretation" des Epheserbriefs.

Um die theologische Bedeutung des Epheserbriefs für die paulinischen Gemeinden im ausgehenden ersten Jahrhundert angemessen verstehen zu können, müssen wir uns die Zäsur bewusst machen, die der Tod des Paulus für die von ihm gegründeten Gemeinden bedeutete. Durch seinen Tod war ein großes Vakuum entstanden. Paulus hatte eine Vielzahl von Gemeinden gegründet, ihnen das Evangelium gebracht und durch Besuche, Boten und Briefe Kontakt gehalten. Auf diese Weise erwies er sich als ein einzigartig begnadeter innovativer Kommunikator und Netzwerker, der die Infrastruktur des römischen Reichs mit seinen Straßen, Schiffsverbindungen und Metropolen in genialer Weise zu nutzen verstand. So hat er mit seiner Autorität als Gründungsapostel die Gemeinden in ihren Problemen beraten, ermahnt und ermutigt. Diese Autorität und alle diese Verbindungen fallen mit dem Tod des Paulus weg.

Die Gemeinden stehen vor neuen Herausforderungen. Was Paulus als Apostel und Person aufgebaut hat, muss nun ohne ihn erhalten und weitergeführt werden. Sein Evangelium soll bewahrt und weitergegeben werden. Seine Briefe werden im Gottesdienst vorgelesen (1 Thess 5,24; Kol 4,16; Eph 3,2-4) und zu diesem Zweck gesammelt (vgl. 2 Petr 3,16 „alle Briefe"). Die Verkündigung der Apostel und (frühchristlichen) Propheten aus der Gründergeneration (Eph 2,20) muss durch ortsansässige Gemeindeleiter (4,11) institutionalisiert werden.

Eine theologische Begründung der Ämter, eine Ämterlehre, wird erforderlich (4,7ff). Und es muss deutlich gemacht werden, was die unterschiedlichen, weit verstreuten Gemeinden verbindet, d.h. wodurch eigentlich ihre Einheit und Zusammengehörigkeit begründet ist (2,11ff; 4,1ff). Hatten schon zu Lebzeiten rivalisierende Gruppen das Zusammenleben der Gemeinden belastet (1 Kor 1,10-17; 3,1ff), so droht die Kirche nun erst recht, in konventikelhafte Grüppchen zu zerfallen. Deshalb wird in nachpaulinischer Zeit der Gedanke einer Universalkirche, die alle Gemeinden des Erdkreises zusammenschließt, die von Gott gestiftete Einheit darstellt und in allen Ortsgemeinden präsent ist, „ein notwendiges Postulat" (*Michael Gese*, 252). Darum ist die Ekklesiologie, speziell die Einheit der Kirche, Hauptthema und Kernanliegen des Epheserbriefs (2,11-18; 4,1-6). Daraus erklärt sich auch seine Aktualität und Bedeutung für die heutige Ökumene.

Ein zweiter Schwerpunkt ist die Bewährung der christlichen Lebensführung als Leben aus der Taufe und damit eine Paränese, die die Hörerinnen und Hörer auf die Bedeutung der Taufe für ihren gegenwärtigen Lebenswandel anspricht (2,1-10; 4,17-6,9).

Die deuteropaulinische Verfasserschaft

Lange Zeit war umstritten, ob der Epheserbrief von Paulus selber stammt oder von einem Schüler. Für die Abfassung durch Paulus spricht die Absenderangabe, die den Apostel Paulus als Verfasser nennt. Dem entspricht auch der Inhalt des Briefs, der durch und durch von der paulinischen Theologie und Begrifflichkeit bestimmt ist.

Doch fallen auch charakteristische Unterschiede zu den unbestritten authentischen Paulusbriefen auf. Schon gleich zu Beginn springt die Tendenz zu außergewöhnlich langen Sätzen ins Auge: Die ganze Briefeingangseulogie in 1,3-14 besteht im griechischen Text aus einem einzigen Satz (vgl. 1,15-23; 2,1-7; 3,1-7; 3,8-12; 3,14-19; 4,11-16 u.ö.).

Hinzu kommt eine bemerkenswerte Eigenständigkeit in der Begrifflichkeit mit 35 Hapaxlegomena, d.h. Worten, die im Neuen Testament nur im Epheserbrief vorkommen. Vor allem werden manchmal durchgehend andere Worte als bei Paulus für die gleiche Sache gebraucht, z.B. „en toís epouraníois" (Eph 1,3.20; 2,6; 3,10; 6,12) für die Ortsangabe „im Himmel" statt bei Paulus „en toís ouranoís" (2 Kor 5,1; vgl. Phil 3,20) oder „diábolos" (Eph 4,27; 6,11) statt „satanás" (sieben Mal bei Paulus) für den Teufel.

Auffällig ist auch die im Vergleich zu anderen Paulusbriefen untypische Neigung zur Bildung von Genitivketten mit bedeutungsverwandten Begriffen wie z.B. die Rede von der „Wirksamkeit der Macht seiner Stärke" (Eph 1,19). Außerdem fehlen Spuren rhetorischer Unmittelbarkeit wie etwa die direkte Anrede „Brüder" (Röm 1,13 u.ö.) oder rhetorische Fragen: „Was sollen wir nun hierzu sagen?" (Röm 6,1 u.ö.). Auch inhaltlich spricht aus dem Adjektiv „heilige" bei den „Aposteln und Propheten" (Eph 3,5) eine Ehrerbietung, die Paulus kaum für sich selber in Anspruch genommen haben dürfte, sondern eher auf die Hochachtung hindeutet, die ihm ein Schüler entgegenbrachte. Erst recht, dass Paulus seine Gefangenschaft und seine Bedrängnisse „für euch" erträgt (3,1.13; vgl. Kol 1,24), ist eine Stellvertretungsaussage, die für den paulinischen Sprachgebrauch ungewöhnlich ist. Eine solche Stellvertretungsaussage wird in den unbestritten paulinischen Briefen nirgends auf die Mission bzw. Leiden des Apostels bezogen (vgl. 1 Kor 4,10; 2 Kor 4,11f), sondern allein für die Heilsbedeutung des Todes Jesu gebraucht

(Röm 5,6.8; 8,32; 14,15; 1 Kor 11,24; 15,3; 2 Kor 5,14f.21; Gal 1,4; 2,20; 3,13; 1 Thess 5,10; vgl. auch Eph 5,2.25).

Dass im Epheserbrief auch dem Apostel selber eine solche soteriologische Bedeutung zugeschrieben wird, weist wiederum auf die Schülerperspektive hin. So wird Paulus nicht nur als Offenbarungsempfänger und Vollstrecker des Geheimnisses Christi anerkannt (Eph 3,2-5), sondern speziell seine Heidenmission (3,1.6) wird schon aus einem größeren Abstand heraus heilsgeschichtlich eingeordnet und als Bestandteil des göttlichen Heilsplans in Christus begriffen. Schließlich fällt die Doppelung analoger Elemente des Briefformulars auf: Wo Paulus nur entweder eine Briefeingangseulogie (2 Kor 1,3ff) oder eine Eingangsdanksagung (1 Kor 1,4ff) verwendet hatte, finden wir im Epheserbrief beide Elemente kombiniert (vgl. Eph 1,3ff.15ff). Ähnliches gilt für die Verbindung von Friedens- und Gnadenwunsch als Schlusssegen (Eph 6,23f), wo in den authentischen Paulusbriefen nur entweder ein Friedens- (Röm 15,33) oder ein Gnadenwunsch steht (1 Thess 5,28 u.ö.).

Darüber hinaus lässt der Epheserbrief ein besonderes Verhältnis zum Kolosserbrief erkennen. Mehr als die Hälfte des Kolosserbriefs hat wörtliche Parallelen im Epheserbrief. Inhaltliche Bezüge zeigen mehr als 60 von den insgesamt 95 Versen. Umgekehrt weist fast ein Drittel des längeren Epheserbriefs wörtliche Parallelen im Kolosserbrief auf. Zwischen beiden Briefen muss also eine literarische Abhängigkeit bestehen. Schon *Friedrich Schleiermacher* (1768-1834) und *Wilhelm Martin Leberecht de Wette* (1780-1849) erkannten die zeitliche Priorität des Kolosserbriefs. Im Epheserbrief hat ein jüngerer Verfasser (eine Verfasserin?) viele Gedanken aus dem Kolosserbrief aufgenommen und weiter entfaltet.

Das entscheidende Argument gegen die paulinische Verfasserschaft des Epheserbriefs ist allerdings seine Theologie, da der Verfasser zur Taufe eine andere Position vertritt als Paulus im Römerbrief: In Röm 6,3-8 sagt der Apostel aus einem paränetischen Interesse heraus, dass die Christen in der Taufe mit Christus gestorben sind und in der Auferstehung auch mit ihm leben werden (Futur).

Demgegenüber ist schon in Kol 2,12f eine deutliche Akzentverschiebung bei den Auferstehungsaussagen zu beobachten: In der Taufe sind die Gläubigen mit Christus nicht nur begraben, sondern durch den Glauben auch schon auferweckt und lebendig gemacht (Aorist). Durch die Umformulierung der bei Paulus ursprünglich futurischen Formulierung in eine Vergangenheitsaussage wird im Kolosserbrief auch die Teilhabe an der Auferstehung Christi als bereits vollzogenes Geschehen eingestuft. In Eph 2,5f ist schon überhaupt nicht mehr vom Sterben und Begrabenwerden mit Christus die Rede, sondern nur noch in Vergangenheitsformen (Aorist) vom bereits begonnenen gegenwärtigen Leben mit ihm („mit Christus lebendig gemacht … mit auferweckt … mit eingesetzt im Himmel").

Historisch wird der Epheserbrief nach dem gegenwärtigen Forschungsstand der neutestamentlichen Exegese daher meist als ein pseudepigrafisches Schreiben beurteilt, das nicht von Paulus selber verfasst wurde, sondern von einem Schüler des Apostels stammt. Die Charakterisierung einer Schrift als Pseudepigraf (griech. „mit falscher Überschrift") besagt, dass der in ihr angegebene Verfasser nicht der tatsächliche Autor ist. Während pseudonyme Schriften heutzutage einen falschen Namen benutzen, um die wahre Identität des ursprünglichen Verfassers geheim zu halten, ist ein Pseudepigraf ein Text, in dem sich der wirkliche Autor mit einer falschen Verfasserangabe hinter dem Namen einer bekannten Person verbirgt, um dadurch Autorität zu gewinnen.

Mit der modernen Kategorie einer literarischen Fälschung ist das Problem der Pseudepigrafie im Neuen Testament jedoch kaum angemessen zu erfassen. Das Interesse gilt nicht dem persönlichen Schutz des Verfassers, sondern der legitimierenden Funktion für den Text.

Deshalb wäre es theologisch verfehlt, den Epheserbrief einfach als Fälschung abzutun. Der Autor schreibt zwar in der Tat nicht im eigenen Namen, sondern nimmt mit dem Apostel

Paulus die Autorität einer anderen Persönlichkeit für seinen Brief in Anspruch. Doch wählt er dies Stilmittel, um im Sinne des Apostels die wesentlichen Anliegen der paulinischen Theologie aufzunehmen und für die eigenen Zeitgenossen in die veränderte Situation der nachapostolischen Zeit hinein zu übertragen. Die Pseudepigrafie ist daher als ein Versuch zu verstehen, über den Wechsel der Generationen hinweg gerade die Wahrheit des paulinischen Evangeliums treu zu bewahren und für die nachapostolische Situation der Kirche neu zur Geltung zu bringen.

Anders als heutige Verfasser, die unter einem Pseudonym an die Öffentlichkeit treten, will er eben nicht seine eigenen Gedanken entfalten, sondern eine umfassende und komprimierte Darstellung der paulinischen Verkündigung bieten. „Die Abfassung des Briefes unter dem Namen des Paulus beabsichtigt ja nicht eine literarische Fiktion, sondern sie ist der Ausdruck für den normativen Charakter der in diesem Brief festgehaltenen Paulustradition. Wie nach dem Tod des Apostels die Apostolizität zum Kennzeichen für die wahre Kirche wird, so bringt auch das paulinische Pseudonym den Anspruch wahrer apostolischer Verkündigung zum Ausdruck" (*Michael Gese*, 275).

Deshalb schreibt der Verfasser des Epheserbriefs gerade nicht unter seinem eigenen Namen, sondern tritt bewusst hinter dem Apostel Paulus zurück, um dessen Evangelium in die nachapostolische Zeit zu übersetzen.

Die Ortsangabe „in Ephesus" (1,1)

In den heutigen Bibelausgaben ist der Brief im Präskript zwar „an die Heiligen in Ephesus" adressiert (Eph 1,1), in einigen der wichtigsten alten Handschriften fehlt jedoch die Ortsangabe „in Ephesus", so z.B. im Papyrus 46 (um 200 n.Chr.) sowie in den ursprünglichen Fassungen des Codex Sinaiticus und des Codex Vaticanus. Dieser Handschriftenbefund lässt erkennen, dass der Epheserbrief ursprünglich nicht speziell an die Gemeinde in Ephesus gerichtet war, sondern allgemein „an die Heiligen und Gläubigen in Christus Jesus" (Eph 1,1), d.h. an alle Christen. Ein solches allgemeines Rundschreiben ist im Neuen Testament nicht ungewöhnlich, es begegnet z.B. auch im 1. Petrusbrief „an die auserwählten Fremdlinge der Diaspora" in ganz Kleinasien oder im Jakobusbrief „an die zwölf Stämme in der Diaspora". Auf der anderen Seite bezeugt um 200 n.Chr. der Kanon Muratori, eine der ältesten Auflistungen der neutestamentlichen Schriften, Ephesus als Bestimmungsort eines Paulusbriefs. Bei der Ortsangabe „Ephesus" handelt es sich daher wahrscheinlich um einen späteren Zusatz, der aber schon im zweiten Jahrhundert ergänzt worden sein dürfte.

Damit stellt sich die Frage, warum gerade „Ephesus" als Ortsangabe hinzugefügt wurde. Paulus hatte alle seine Briefe an namentlich genannte Ortsgemeinden in Galatien, Thessalonich, Korinth usw. adressiert oder im Philemonbrief zumindest an eine konkrete Hausgemeinde. Nur an die Gemeinde in Ephesus existierte kein Brief, obwohl Paulus hier mit einer Aufenthaltsdauer von mehr als zwei Jahren am längsten missioniert hatte (etwa 53-55 n.Chr.; Apg 19,8.10; 20,31). Die spätere Hinzufügung der Ortsangabe lässt sich dann so erklären, dass bei der Sammlung der Paulusbriefe im 2. Jh. das ursprünglich namenlose Rundschreiben durch die Hinzufügung des für die paulinische Mission so bedeutsamen Ortsnamen „Ephesus" an die anderen Paulusbriefe angeglichen wurde.

Dass man im Fehlen eines Schreibens an die Epheser schon in früherer Zeit einen Mangel empfand, bestätigt die von Lukas stilisierte Abschiedsrede des Paulus an die Ältesten von Ephesus in Apg 20,17-38, die der dortigen Gemeinde zumindest das geistige Testament des Apostels hinterließ. Auch der 1. Timotheusbrief ist für das Wirken des Timotheus „in Ephesus" bestimmt (1 Tim 1,3). In allen diesen Belegen spiegelt sich die Bedeutung von Ephesus als Zentrum der Paulusschule. „Was Paulus an die für ihn bedeutendste Gemeinde schreibt, muss das Herzstück seiner Verkündigung sein, das für alle Zeiten und an allen Orten seine Gültigkeit behält" (*Michael Gese*, 276).

Dass die Ortsangabe „Ephesus" in den ursprünglich als Rundschreiben verfassten Epheserbrief eingefügt wurde, soll den Adressatenkreis freilich nicht einschränken. Vielmehr gehen die späteren Abschreiber davon aus, dass das, was für die Christen in Ephesus bedeutsam erscheint, auch für Gemeinden an anderen Orten hilfreich ist.

Dementsprechend ist Eph 6,23f der einzige Briefschluss im ganzen Neuen Testament, in dem der abschließende Segenswunsch nicht mehr mit einer direkten persönlichen Anrede verbunden wird. Vielmehr gilt der Friedenswunsch in 6,23 allgemein „den Brüdern (und Schwestern)", so dass der Friede Christi hier im Sinne von 2,14-17 wirklich den Fernen und den Nahen zugleich zugesprochen wird. Darüber hinaus wird selbst die sonst übliche Beistandsformel „mit euch" in 6,24 durch eine unpersönliche Wendung ersetzt und ausgeweitet: „mit allen, die unseren Herrn Jesus Christus lieben".

Verfasser, Adressaten, Abfassungszeit und -ort

Die Adressaten werden in der zweiten Person („ihr") als Christen angesprochen, die „von Geburt" „Heiden" waren (Eph 2,11). Daher werden die Gemeinden, für die der Epheserbrief gedacht war, vor allem aus Heidenchristen bestanden haben.

Der Autor selbst scheint hingegen ein hellenistischer Judenchrist gewesen zu sein, denn er solidarisiert sich zwar mit den Adressaten als derjenige, der früher wie sie in Sünden lebte (2,3.5: „wir alle"; „uns"), aber er tritt selber nie als ehemaliger Heide in Erscheinung.

Entstanden ist der Epheserbrief etwa drei Jahrzehnte nach dem Tod des Paulus wahrscheinlich um 90 n.Chr. Stärkster Hinweis auf den zeitlichen Abstand zum Wirken des Paulus ist der Vergleich der Baumetaphorik für den Gemeindeaufbau in 1 Kor 3,9-11 und Eph 2,20. Während in 1 Kor 3,9-11 Paulus als „weiser Baumeister" auftritt und Christus als „Fundament" bezeichnet wird, sind in Eph 2,20 „die Apostel und Propheten" als die führenden Gestalten der Gründerzeit selber schon zum „Fundament" geworden, auf dem die Kirche aufgebaut wird (vgl. Offb 21,14). Mit den Propheten sind hier keine alttestamentlichen Gestalten, sondern frühchristliche Verkünder gemeint (vgl. 1 Kor 12,28; Apg 13,1; Eph 4,11).

Dass die Apostel und Propheten aus der Anfangszeit hier im Rückblick selber schon zum „Fundament" oder „Grundstein" der Kirche erklärt werden, markiert die grundlegende, fundamentale Bedeutung, die der apostolischen Verkündigung für die ganze Kirche beigemessen wird. Christus behält natürlich auch im Epheserbrief seine maßgebliche Funktion, aber das Bild wechselt vom „Fundament" (1 Kor 3,11) zum „Eckstein" (Eph 2,20; vgl. Jes 28,16; Ps 118,22), der beim Bau zuerst gesetzt wird, als normierende Größe die Grundlinien des Fundaments vorgibt und die Maße für das gesamte Gebäude festlegt.

Dass in Eph 2,20 auf die Apostel und Propheten der Gründerjahre bereits als Fundament der Kirche zurückgeblickt wird, findet seine Entsprechung nur wenige Verse später in der Erinnerung an die heilsgeschichtliche Bedeutung des paulinischen Apostolats. Denn in der Gestalt des „Paulus" (3,1) wurde „den heiligen Aposteln und Propheten" „das Geheimnis Christi" offenbart, das den Menschen früherer Generationen nicht bekannt war (3,5).

Damit wird das paulinische Evangelium nicht nur in seiner Offenbarungsqualität anerkannt (vgl. Gal 1,11f.15f), sondern zugleich seine einmalige fundamentale heilsgeschichtliche Bedeutung für alle spätere kirchliche Verkündigung hervorgehoben (Eph 2,20).

Auch dass die Apostel und Propheten als „heilig" charakterisiert werden (3,5), verrät mit diesem ehrenvollen Attribut zugleich schon eine zeitliche Distanz und kennzeichnet diese beiden Ämter „indirekt als Ämter der Vergangenheit" (*Gerhard Sellin*, 257).

Auf die Zeit nach der Zerstörung des Jerusalemer Tempels (70 n.Chr.) könnte auch hindeuten, dass der „Tempel" als Bild für die Kirche (im Sinne der Glaubensgemeinschaft, nicht als Gebäude) gebraucht wird (2,21). Dies Argument verliert jedoch an Überzeugungskraft, wenn man bedenkt, dass schon Paulus dieselbe Metaphorik längst vor der Tempelzerstörung in ähnlicher Weise auf die Gemeinde bezogen hat (1 Kor 3,16). Die Umschreibung der Kirche mit der Tempelmetaphorik könnte außerdem auf die Loslösung vom Judentum hinweisen, verrät aber vor allem die Einsicht, dass der Zugang zu Gott als Vater aller nicht mehr an den Tempel als zentralen Kultort gebunden ist, sondern durch Christus im Geist für alle Menschen offensteht (2,18; 4,6) und in der Feier des christlichen Gottesdienstes erfahren wird.

Abgefasst wurde der Brief zur Schriftlesung im Gottesdienst (3,3f), wo er in das Singen von Psalmen, Hymnen und geistlichen Liedern eingebunden ist (5,19).

Für den Gottesdienst als „Sitz im Leben" der Gemeinde spricht im Epheserbrief auch die auffällige Häufung von Gebetselementen von der Eingangseulogie (1,3ff) und Eingangsdanksagung (1,15ff) über die Fürbitten (1,16ff; 3,14ff; 6,18ff) bis zur Doxologie (3,20f) bzw. der doxologischen Grundausrichtung „zum Lob seiner Herrlichkeit" (1,6.12.14). Auf einen gottesdienstlichen Ursprung weisen auch die Bekenntnisformeln zu dem einen Herrn und einen Gott (vgl. Eph 4,5f mit 1 Kor 8,6) sowie das Zitat des Taufweckrufs aus 5,14: „Wach auf, der du schläfst ..." (vgl. auch die Erwähnung der Taufe in 4,5).

Die ersten möglichen Anspielungen auf den Epheserbrief sind bei *Ignatius von Antiochien* (110-114 n.Chr.) zu finden (IgnSm 1,2). Zudem gibt es Bezüge bei *Polykarp* (etwa 110-115 n.Chr.; 1,3; 10,2). Seine Bedeutung erlangte der Epheserbrief durch die Aufnahme in den Kanon der Kirche.

Der Abfassungsort des Epheserbriefs lag vermutlich in der Umgebung von Ephesus. Denn zum einen setzt der Epheserbrief den Kolosserbrief voraus, in dem außer Kolossä (Kol 1,1) auch die Gemeinden in den benachbarten Laodizea und Hierapolis erwähnt werden (Kol 2,1; 4,13). Zum anderen zeigt die später eingefügte Ortsangabe „in Ephesus" (Eph 1,1), dass der Epheserbrief schon bald im Missionsgebiet des Paulus in Kleinasien verbreitet worden sein muss, das in Ephesus seinen Ausgangspunkt hatte (vgl. zum zweijährigen Aufenthalt des Paulus in Ephesus Apg 18,23-19,20; 20,31).

Ephesus

Ephesus ist ein Ort an der ionischen Küste (im Westen der heutigen Türkei). Die Gegend wurde um 1000 v.Chr. von Athenern besiedelt, stand seit 133 v.Chr. unter römischer Herrschaft und war Hauptstadt der römischen Provinz Kleinasien (lat. Asia minor; vgl. „Asia" in 1 Kor 16,19; 2 Kor 1,8; Röm 16,5; Apg 19,1.10.22; Offb 1,4; 1 Petr 1,1). Mit über 100.000 Einwohnern gehörte Ephesus zu den größten und bedeutendsten Städten des römischen Reichs. In religiöser Hinsicht war Ephesus ein Zentrum des Artemiskults mit einem großen Tempel, der in der Antike zu den sieben Weltwundern zählte. Artemis (= lat. Diana) wurde in Ephesus nicht als jungfräuliche Göttin der Jagd verehrt, sondern als kleinasiatische Göttin der Fruchtbarkeit (Apg 19,28: „Groß ist die Artemis [Diana] der Epheser").

Der Bericht vom Aufruhr der Goldschmiede in Apg 19,23ff zeigt, dass ein ganzer Industriezweig von der Produktion von Votivdarstellungen lebte. In Ephesus gab es auch eine Synagoge, in der Judenchristen wie Apollos (Apg 18,24.26) und Paulus (18,19; 19,8) predigten. *Josephus*, aber auch zahlreiche Inschriften bestätigen die Existenz einer größeren jüdischen Gemeinde.

Für die frühe Christenheit gehört Ephesus zu den bedeutendsten Zentren außerhalb von Palästina. Paulus blieb hier mehr als zwei Jahre (etwa 53-55 n.Chr.; Apg 19,8.10; 20,31) und damit länger als an jedem anderen Ort seiner Missionsreisen. Die Wahl des Orts war typisch für seine Missionsstrategie. Paulus machte sich die Infrastruktur des römischen Reichs zunutze, reiste auf Straßen, die für das römische Militär gebaut wurden, und machte Station in Provinzhauptstädten wie Ephesus und Korinth, in Handelsplätzen wie Thessalonich oder in einer Militärkolonie wie Philippi. Stets handelte es sich um Zentren von politischer, wirtschaftlicher und religiöser Bedeutung.

Dort gründete er Gemeinden, die dann in die Umgebung ausstrahlten. So ließ Paulus in Röm 16,5 Epänetus als ersten Christen „aus der (Provinz) Asia" grüßen. Für eine Mehrzahl von Gemeinden in der ganzen Provinz sprechen auch die Grüße, die „die Gemeinden (Plural!) der

© Thomas Plaßmann

(Provinz) Asia“ dem Apostel an die Korinther aufgetragen haben (1 Kor 16,19). Von Ephesus aus dürften die Gemeinden in Kolossä, Laodizea und Hierapolis (Kol 1,2; 2,1; 4,13) gegründet worden sein.

Die herausragende Bedeutung von Ephesus für die paulinischen Gemeinden wird auch dadurch bestätigt, dass Lukas in der Apostelgeschichte das Vermächtnis des Paulus für seine Gemeinden als Abschiedsrede an die Ältesten von Ephesus stilisiert (Apg 20,17ff). Schließlich wird im 1. Timotheusbrief der engste Mitarbeiter des Paulus vor dessen Weiterreise nach Makedonien ermahnt, „in Ephesus“ zu bleiben (1 Tim 1,3). Alle diese Belege erweisen Ephesus als Hauptort der Paulusschule.

Am Ende des ersten Jahrhunderts war Ephesus zugleich Zentrum der johanneischen Gemeinden, in denen das Johannesevangelium und die Johannesbriefe ihre heutige literarische Endgestalt erhielten. An die sieben Gemeinden in der Provinz Asien sind auch die sieben Sendschreiben der Johannesoffenbarung gerichtet, das erste an die Gemeinde in ihrer Hauptstadt Ephesus (Offb 1,4; 2,1). Auch von *Ignatius* ist der längste Brief an die Christen in Ephesus gerichtet, was nochmals die außerordentliche Bedeutung dieser Stadt für die frühe Christenheit bestätigt.

Dies Nebeneinander unterschiedlicher Schultraditionen dürfte dazu beigetragen haben, dass die Frage nach der Einheit der Kirche in Ephesus eine besondere ökumenische Relevanz erlangte. Schon der lukanische Paulus streift die Einheitsthematik, wenn er den dortigen Presbytern die Verantwortung für „die ganze Herde“ einschärft (Apg 20,28).

Zu einem eigenen Thema wird die Einheit als ekklesiologische Herausforderung nur wenig später im Epheserbrief (2,11-18; 4,1-6). Im Johannesevangelium wird die Einheitsthematik durch das Bild von Hirt und Herde in Joh 10, die Fürbitte Jesu in Joh 17 und den Weideauftrag in Kap. 21,15-17 schon verstärkt auf die pastoraltheologischen Aufgaben der Gemeindeleitung zugespitzt.

Gliederung
Der Epheserbrief gliedert sich nach einem längeren Briefeingang (1,1-23) in einen lehrhaften (2,1 - 3,21) und einen ermahnenden Hauptteil (4,1 - 6,9).

1,1-23 Briefeingang

1,1f Präskript (ursprünglich ohne Ortsangabe)

1,3-23 Proömium

1,3-14 Eingangseulogie (vgl. 2 Kor 1,3ff)

1,15-23 Eingangsdanksagung und Fürbitte für alle Gläubigen

2,1 – 3,21 Erster, lehrhafter Hauptteil: Das Geheimnis Christi

2,1-10 *A) Biografische* Erinnerung*:* die Taufe als Lebenswende (2,6 Kernthese: mit auferweckt und mit eingesetzt im Himmel in Christus)

2,11-22 *B) Ekklesiologische* Erinnerung: die eine Kirche aus Juden und Heiden

3,1-13 *C) Apostolische* Erinnerung: Paulus als Offenbarungsempfänger für die Heiden

3,14-19 Fürbitte um die Erkenntnis der Liebe Christi

3,20f Doxologie

5,21 - 6,9 *Sozial*ethische Ermahnung: *Haustafel* (vgl. Kol 3,18; 4,1

4,1 – 6,9 Zweiter, paränetischer Hauptteil: Ermahnungen

4,1-16 *Ekklesiologische* Ermahnung zur Einheit des Leibes Christi

4,17 - 5,20 *Individualethische* Ermahnung: Der alte und der neue Mensch

5,1f Das Kernanliegen: Lebt in der Liebe Christi

5,14 Taufweckruf

5,19f Psalmen und Lobgesänge (vgl. Kol 3,16f)

6,10-24 Briefschluss

6,10-17 Schlussparänese: Der Kampf des Glaubens

6,18-24 Postskript mit Aufforderung zur Fürbitte, Empfehlung für Tychikus (vgl. Kol 4,7f) und Schlusssegen

---

1,1-23 Briefeingang

Nach dem Präskript, in dem die Ortsangabe „in Ephesus" in mehreren alten Handschriften fehlt, folgt das Proömium, das in einer für Paulus untypischen Doppelung sowohl eine Eulogie (1,3ff: „Gepriesen sei Gott ..."; vgl. 2 Kor 1,3) als auch eine Danksagung (1,15ff; vgl. Röm 1,8 u.ö.) umfasst. Die Eingangsgebete münden in einen hymnischen Schluss, der von der Erhöhung Jesu spricht (1,20-23) und damit schon die Kernthese von der Auferweckung der Christen (2,6) im ersten Hauptteil anklingen lässt.

2,1 – 3,21 Erster, lehrhafter Hauptteil: Das Geheimnis Christi

Grundlage ist eine soteriologische Aussage: „... er hat uns mit auferweckt und mit eingesetzt im Himmel in Jesus Christus" (2,6). Dieser Kernsatz wird im ersten Hauptteil in einem Dreischritt entfaltet, der auf die Vergangenheit zurückblickt:

A) 2,1-10 Der erste Abschnitt setzt mit einer biografischen Erinnerung ein, die die Adressaten auf ihre eigene Lebenswende in der Taufe anspricht.

B) 2,11-22 Es folgt die ekklesiologische Erinnerung, dass Christus durch seine Versöhnungstat am Kreuz die Feindschaft zwischen Heiden und Juden überwunden und in der einen Kirche aus der entzweiten Menschheit eine umfassende neue Einheit geschaffen hat (2,11-18). Die Kirche basiert auf den Aposteln und (frühchristlichen) Propheten als Grundstein (bereits Vergangenheit!) und auf Christus als dem maßgeblichen Eckstein. Sie ist aber kein fertiges Gebäude, sondern immer noch in einem dynamischen Prozess begriffen – metaphorisch ausgedrückt: im Wachsen (2,21), im Bau (2,19-22).

C) 3,1-13 Daran knüpft die apostolische Erinnerung an Paulus an, der das Geheimnis Christi offenbart bekam und den Heiden mitgeteilt hat. Abgeschlossen wird der erste Teil durch eine Fürbitte um die Erkenntnis Christi, die in eine Doxologie mündet (3,14-21).

4,1 – 6,9 Zweiter, paränetischer Hauptteil: Ermahnungen

Der paränetische Teil beginnt ekklesiologisch mit den Aufforderungen zur Einheit der Kirche sowie einer theologischen Begründung der Verkündigungsämter (4,1-16). Damit wird die These von der einen Kirche aus dem ersten Hauptteil konkretisiert (vgl. 2,11-22). Dann schließen sich Ermahnungen zum ethisch neuen Leben an, die mit dem aus der Taufliturgie übernommenen Weckruf: „Wach auf, der du schläfst, und steh auf von den Toten ..." (5,14) die soteriologische These aus 2,6 paränetisch weiterführen (vgl. 2,1-10). Sie beschreiben zunächst die Folgen für die individuelle Lebensführung (4,17 – 5,20) und gehen dann in eine Haustafel (5,21 – 6,9) für das soziale Zusammenleben über.

6,10-24 Briefschluss

Die Schlussparänese (6,10-17: „Im Übrigen ...") bündelt mit dem Bild von der Waffenrüstung Gottes die paränetischen Konsequenzen. Das Postskript (6,18-24) schließt nach der Aufforderung zur Fürbitte für die Verkündigung des Evangeliums (6,18-20) eine Empfehlung für Tychikus an (6,21f; vgl. Kol 4,7) und endet mit einem Friedens- und Gnadenwunsch als Schlusssegen (6,23f).

Das Briefkorpus (2,1 – 6,9) wird durch ein hinführendes Lob- und Dankgebet (1,3-23) und eine abschließende Paränese (6,10-17) gerahmt. Eine Gliederungsfunktion haben auch die Hinweise auf die Gefangenschaft des Apostels (3,1; 4,1; 6,20).

Kanon zur Bibelwoche

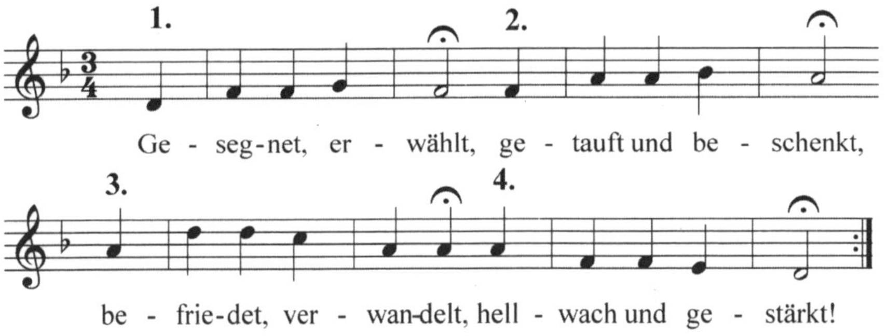

Kanon zu drei Stimmen von *Traugott Weber*

Auslegungen der einzelnen Abschnitte, Gedanken und Texte zum Nachdenken und Besprechen, Didaktische Entwürfe

I Epheser 1,1-14

Gesegnet und erwählt

Auslegung

Leitsatz
3 „Gelobt sei Gott, der Vater unseres Herrn Jesus Christus, der uns gesegnet hat mit allem geistlichen Segen im Himmel *durch Christus.*

I. Strophe
4 Denn *in ihm* hat er uns erwählt, ehe der Welt Grund gelegt war, dass wir heilig und untadelig vor ihm sein sollten;
in seiner Liebe
5 hat er uns dazu vorherbestimmt,
seine Kinder zu sein durch Jesus Christus nach dem Wohlgefallen seines Willens,
6 zum Lob seiner herrlichen Gnade,
mit der er uns begnadet hat *in dem Geliebten.*

II. Strophe
7 *In ihm* haben wir die Erlösung durch sein Blut,
die Vergebung der Sünden,
nach dem Reichtum seiner Gnade,
8 die er uns reichlich hat widerfahren lassen in aller Weisheit und Klugheit.
9 Denn Gott hat uns wissen lassen das Geheimnis seines Willens nach seinem Ratschluss,
den er zuvor *in Christus* gefasst hatte,
10 um ihn auszuführen, wenn die Zeit erfüllt wäre, dass alles zusammengefasst würde *in Christus,*
was im Himmel und auf Erden ist.

III. Strophe
11 *In ihm* sind wir auch zu Erben eingesetzt worden, die wir dazu vorherbestimmt sind nach dem Vorsatz dessen, der alles wirkt nach dem Ratschluss seines Willens;
12 damit wir etwas seien
zum Lob seiner Herrlichkeit,
die wir zuvor auf *Christus* gehofft haben.

IV. Strophe
13 *In ihm* seid auch ihr, die ihr das Wort der Wahrheit gehört habt,
nämlich das Evangelium von eurer Seligkeit –
in ihm seid auch ihr, als ihr gläubig wurdet, versiegelt worden mit dem Heiligen Geist,
der verheißen ist,
14 welcher ist das Unterpfand unsres Erbes,
zu unsrer Erlösung, dass wir sein Eigentum würden zum Lob seiner Herrlichkeit."

Kursiv: Christus-Aussagen zu Beginn und am Ende der Strophen. Unterstrichen: dreimalige Bestimmung zum Lob der göttlichen Herrlichkeit (Übersetzung: Lutherbibel in der revidierten Fassung von 1984. Dieser Text steht auch als Textvorschlag auf der CD-ROM).

Der ganze Abschnitt besteht im griechischen Urtext aus einem einzigen Satz, der in der deutschen Übersetzung – einer leichteren Verständlichkeit zuliebe – auf mehrere Sätze aufgeteilt wird.

Der Altphilologe *Eduard Norden* (1868-1941) hat Eph 1,3-14 als „das monströseste Satzkonglomerat" bezeichnet, das ihm „in griechischer Sprache begegnet ist" (Agnostos Theos, Leipzig u.a. 1919, 253 Anm.1).

1. Die Briefeingangseulogie
Normalerweise beginnt der Apostel Paulus seine Briefe mit einer Danksagung, in der er Gott für den Glauben der Gemeinde dankt (z.B. Röm 1,8; 1 Kor 1,4). Stattdessen steht im Epheserbrief ein Lobpreis mit der Eingangsformel: „Gelobt sei Gott."

Seiner Gattung nach wird der Abschnitt deshalb als „Briefeingangseulogie" charakterisiert. Eine „Eulogie" ist ein Lobpreis Gottes mit der Eingangsformel: „Gelobt sei Gott, der ..." plus Begründungssatz (griechisch: eulogētós ho theós, ho ...; Gen 14,20 u.ö.).

Das Verbaladjektiv „eulogētós" ist in der Septuaginta erstmalig belegt und daher wohl im 3. Jh. v.Chr. bei der Übersetzung des Pentateuch zur Wiedergabe des hebräischen Wortes „baruk" (Partizip Passiv) gebildet worden. Als Lobformel für Gott ist es durchweg mit „gelobt, gepriesen" zu übersetzen. Ein Verb fehlt, doch kann analog zu Röm 1,25 „ist" ergänzt werden.

Solche Lobsprüche sind im Alten Testament eine eigenständige Gattung. Zunächst wurden sie in alltäglichen Situationen nach der Erfahrung göttlicher Hilfe geäußert (Gen 24,27; 1 Sam 25,32.39; 1 Kön 1,48). Darin sind sie unserer Redensart „Gott sei Dank" vergleichbar. Später sind sie als Eulogien in den Kult hineingewachsen und haben in den Psalmen und Gebeten Bedeutung erlangt (Ps 66,20; 68,20). Im Psalter werden sie als feste Abschlussformel der ersten vier Psalmbücher verwendet (Ps 41,14; 72,18f; 89,53; 106,48). Da Gott in der dritten Person angeredet wird, handelt es sich um ein Bekenntnis zu Gott vor einem menschlichen Forum (nicht um ein Gebet mit direkter Gottesanrede).

Im Neuen Testament begegnen mehrfach kurze Eulogien (Röm 1,25; 9,5; 2 Kor 11,31). Der Lobgesang des Zacharias beginnt mit einer Eulogie (Lk 1,68). Eine Eulogie am Briefeingang findet sich erstmals bei Paulus in 2 Kor 1,3f: „Gelobt sei Gott, der Vater unseres Herrn Jesus Christus, der Vater der Barmherzigkeit und Gott allen Trostes, der uns tröstet in aller unserer Trübsal, damit wir auch trösten können, die in allerlei Trübsal sind, mit dem Trost, mit dem wir selber getröstet werden von Gott."

Diese Briefeingangseulogie tritt an die Stelle der sonst üblichen Briefeingangsdanksagung, mit der Paulus Gott für den Glauben der Adressaten dankt (Röm 1,8 u.ö.).

Ein Vergleich der Briefeingangseulogien zeigt eine Verschiebung von einer individuellen persönlichen Rettungs- und Trosterfahrung (2 Kor 1) hin zu einer allgemeinchristlichen Erwählungsgewissheit (Eph 1; vgl. auch 1 Petr 1). Im Briefeingang hat die Eulogie die Funktion einer Kontaktaufnahme zu den Adressaten. Im Lobpreis Gottes ruft der Verfasser die gemeinsamen Grundlagen der christlichen Existenz in Erinnerung. Durch die anschließende Danksagung und Fürbitte für die Gläubigen bekräftigt er die Beziehung und Verbundenheit in Christus.

Die mit „eulogētós" eröffnete Briefeingangseulogie beginnt in Eph 1,3 zunächst mit denselben Worten wie in 2 Kor 1,3 (und 1 Petr 1,3): „Gelobt (sei) der Gott und Vater unseres Herrn Jesus Christus." Verglichen mit dem paulinischen Briefformular, tritt die Eingangseulogie im Epheserbrief nicht mehr wie in 2 Kor 1,3 an die Stelle der sonst bei Paulus üblichen Danksagung am Briefeingang (Röm 1,8 u.ö.), sondern wird vor dieser in einer untypischen Doppelung eingefügt (vgl. Eph 1,15ff). Dabei hatte schon Paulus die herkömmliche Formel „baruk JHWH" bzw. „eulogētós ho theós" christologisch präzisiert, indem er Gott als den Vater Jesu Christi charakterisiert. Während der Apostel in 2 Kor 1,3-11 mit einem persönlichen Lobpreis Gott für seine Rettung aus einer lebensgefährlichen Bedrängnis in der Provinz Asien dankt, entfaltet die Eingangseulogie in Eph 1,3-14 allgemein und in einer umfassenden Geschichtsschau Gottes Heilswirken von der Erwählung vor Grundlegung der Welt bis zur endgültigen Erlösung.

Auf diese Weise wird das objektive Heilsgeschehen in Christus nicht nur mit einer persönlich gefärbten Lob- und Dankformel verbunden, sondern der Lobpreis des Segens in Christus zugleich zu einem Bekenntnis eigener Glaubenserfahrung zugespitzt. So wird der Segen als Gegenstand und Grund für den Lobpreis Gottes von vornherein nicht nur in das Gottesverhältnis eingebunden, sondern in seiner Eigenart als ein wechselseitiges Beziehungsgeschehen zwischen Gott und Mensch herausgestellt.

Dabei wird die aus der Vorsilbe (eu = gut) und einem Ausdruck des Redens zusammengesetzte Wortgruppe „eulogeín" im Neuen Testament verwendet, um durch ein „gutes Wort" Gott und Mensch zu einander in Beziehung zu setzen, d.h. um entweder Gott für eine Segenserfahrung zu loben und zu preisen oder um durch ein Segenswort einem Menschen Gottes Kraft zuzusprechen. Die Wortfamilie bezeichnet eine lebenfördernde, gemeinschaftstiftende und heilbringende Kraft, die von Gott herkommt und zu ihm hinführt, im Lobpreis zu ihm eine Beziehung herstellt und die Vollendung dieser Gemeinschaft im ewigen Leben mit ihm zum Ziel hat.

Bei aller Wechselseitigkeit hat diese Beziehung jedoch von göttlicher und menschlicher Seite jeweils eine etwas andere Gestalt, wie *Johann Albrecht Bengel* zu dem geradezu spielerischen Umgang mit den unterschiedlichen Bedeutungsaspekten in Eph 1,3 erklärt: „Anders hat Gott uns benedeit, anders benedeien wir ihn."

2. Der Segen

In Eph 1,3 wird die Wortfamilie „eulogeín" durch die dreimalige Verwendung (eulogētós, eulogēsas, eulogía) zum Leitmotiv für das göttliche Heilshandeln in Christus. Gelobt wird Gott für seinen Segen. Das deutsche Wort „segnen" leitet sich aus dem mittelalterlichen Kirchenlatein ab von „(cruce) signare" = „(mit dem Kreuz) bezeichnen." In der Bibel werden dafür die Wortfamilien hebr. „brk", griech. „eulogeín", lat. „benedicere" gebraucht, die in ihrer Grundbedeutung „gut reden" heißen und je nach Subjekt unterschiedlich zu übersetzen sind. Ist Gott das handelnde Subjekt, so heißt es „segnen", ist es ein Mensch, so ist das Verb mit „loben, preisen" wiederzugeben. Der jüdischen Tradition selbstverständlich ist die Wechselbeziehung zwischen Segenserfahrung und Gotteslob.

In deutschen Übersetzungen wird diese Wechselbeziehung wegen der Wiedergabe mit unterschiedlichen Worten kaum bewusst (Sir 50,20f; Lk 24,50f.53; Eph 1,3). Im Deutschen begegnet sie meist nur in Nachdichtungen biblischer Texte wie den Liedern „Brunn alles Heils" (EG 140; Num 6,24-26) oder „Es wolle Gott uns gnädig sein" (EG 280; Ps 67). Der Segensbegriff umfasst in der Bibel die heilvolle Zuwendung Gottes von der irdischen Fruchtbarkeit über die Bewahrung und das Gelingen der irdischen Existenz bis zur Gabe des ewigen Lebens.

Worin der Segen besteht, wird im griechischen Text von Eph 1,3-14 in einem einzigen Satz entfaltet. Die ausgedehnte Satzkonstruktion soll deutlich machen, dass der Segensstrom Gottes nicht aufzuhalten ist. Ja, man kann sogar sagen: „Diese umständliche Satzperiode bricht deshalb nie ab, weil sie die ununterbrochene und durch nichts zu unterbrechende Abfolge des göttlichen Heilshandelns zum Ausdruck bringen will. Durch die Betonung dieser Unverbrüchlichkeit soll den Empfängern nach dem Tod des Paulus Mut, Hoffnung und Heilsgewissheit zugesprochen werden.

Der Heilsplan zeigt auf, dass alles nach dem Willen Gottes abläuft und im Blick auf den Tod der Apostel kein Grund zur Beunruhigung besteht" (*Michael Gese*, 223).

Durch die außerordentliche Satzlänge und die theologische Dichte der Begrifflichkeit wirkt der Abschnitt inhaltlich stark überladen. Umso wichtiger erscheint es für das Verständnis, dass der Text seiner Gattung nach ein Lobpreis Gottes ist, nicht dogmatische Lehre. Die Briefeingangseulogie ist ihrem Gesamtcharakter nach eher mit den neutestamentlichen Hymnen und Christusliedern (Phil 2; Kol 1) vergleichbar als mit einer theologischen Argumentation wie im Römerbrief. Ein begeisterter Lobpreis kann überschwänglicher sein und weiter gehen als bedächtig nüchternes Argumentieren. Drei Mal wird die doxologische Ausrichtung mit denselben Worten als Zielbestimmung hervorgehoben „zum Lob seiner Herrlichkeit" (Eph 1,6.12.14). Gleichwohl kommt auch in dieser hymnischen Passage ein hohes Maß an theologischer Reflexion zum Ausdruck.

Der Text lässt sich in eine Themenangabe sowie vier Strophen gliedern, die mit einem Relativsatz („in welchem" ... V 4.7.11.13) beginnen und mit einem Lobpreis sowie dem Hinweis auf Christus enden. Der relative Satzanschluss ist in der Übersetzung so aufgelöst, dass jeweils mit der Wendung „in ihm" ein neuer Satz beginnt. Diese Verankerung des gesamten Heilsplans in Christus ist konstitutiv.

V 3 Leitsatz: Lobpreis Gottes für den Segen in Christus

V 4-6 Strophe I: Die Erwählung vor Grundlegung der Welt

V 7-10 Strophe II: Die Erlösung durch Christus

V 11-12 Strophe III: Die Einsetzung der Erben

V 13-14 Strophe IV: Das Hören des Wortes und die Versiegelung mit dem Geist

Die erste Strophe setzt mit der vorzeitlichen Erwählung und Bestimmung zur Gotteskindschaft der Gläubigen durch Christus ein. Die zweite Strophe beschreibt die objektive Seite des Heilsgeschehens in Christus, die dritte Strophe die subjektive Seite des Heilsgeschehens in den Gläubigen. Dabei differenziert die zweite Strophe beim Heilsgeschehen in Christus zwischen seiner Heilstat in der Erlösung am Kreuz, dem Heilswort in der Offenbarung des göttlichen Heilsplans und der Heilsvollendung am Ende der Zeiten. Außerdem findet die Offenbarung des Heilsplans (2. Strophe) ihre Entsprechung im Hören des Heilswortes (4. Strophe).

Die vierte Strophe wechselt von den umfassenden „Wir"-Aussagen (1. Person) zur direkten Anrede „ihr" (2. Person) und verstärkt damit die Zuspitzung des Heilsplans auf die gegenwärtige Situation der Hörer und Hörerinnen: Die gegenwärtige Situation ist die Zeit des Heilswortes (Wort der Wahrheit, Evangelium von der Errettung) und des Geistwirkens.

Das Wort „Segen" ist ein elementarer religiöser Begriff, der heute sehr viel häufiger gebraucht wird als in der Bibel. Im Neuen Testament wird das Wort „Segen" in Eph 1,3 erstmals als umfassender Oberbegriff für alles Heil gebraucht, das Christus gebracht hat. Deshalb ist betont von „allem" Segen die Rede. Worin der Segen besteht, wird durch die ganze Eulogie bis V 14 ausgeführt: von der Erwählung und Vorherbestimmung über die Erlösungstat Christi und die Offenbarung des göttlichen Heilswillens bis zur Einsetzung der Erben und Versiegelung mit dem Geist.

Für alle diese heilvollen Aspekte des Segens wird der göttliche Vater Jesu Christi durch die Eingangseulogie gepriesen. Weil dieser Segen durch den Heiligen Geist vermittelt wird, wird er schon eingangs als „geistlich" bezeichnet. Dabei steht in Eph 1,3 nicht der Gegensatz zu den leiblichen Gütern, die gar nicht erwähnt werden, im Vordergrund. Vielmehr besagt das Adjektiv „geistlich", dass dieser Segen alle Heilsgüter umschließt, die der Geist gewährt, ja selbst in der Gabe des Geistes besteht (vgl. Gal 3,14). Darum soll auch die Bemerkung, dass dieser Segen „im Himmel" seinen Ort hat, nicht primär den Gegensatz zu den irdischen Gütern betonen, sondern den Herrschaftssitz des auferstandenen und erhöhten Christus als göttliche Quelle des Segens hervorheben. Dabei kann der Verfasser des Epheserbriefs an die paulinische Deutung der Abrahamsverheißung in Gal 3,1-4,7 anknüpfen durch die Motive des Segens (Eph 1,3; Gal 3,8.14), der Sohnschaft (Eph 1,5; Gal 3,26; 4,4-7), der Gnade (Eph 1,6f; Gal 3,18), der Verheißung des Heiligen Geistes (Eph 1,13f; Gal 3,14; 4,6) sowie des Erbens (Eph 1,11.14.18; Gal 3,18.29; 4,1.7).

Exkurs
Segen im Galaterbrief

Der Segen besteht nach Gal 3,13f im Loskauf vom Fluch des Gesetzes. Bewirkt wurde er durch den stellvertretenden Tod Jesu am Kreuz. Inhaltlich umfasst er die Gerechtigkeit (Gal 3,6-14) sowie die Gabe des ewigen Lebens (vgl. 3,11.21) und die Freiheit in Christus (vgl. 3,13f), die durch den Geist (3,2.5.14; 4,6), den Glauben (sc. an Christus; vgl. 3,6-9.14.26) und die Taufe (3,27) empfangen werden. Vor allem hat der Loskauf vom Fluch aber die Gotteskindschaft zur Folge, durch die die Gottesbeziehung der Christen (4,4-7) und – angesichts der Spannungen im Zusammenleben der Gemeinden – auch ihr Verhältnis untereinander (3,26-29) auf eine völlig neue Grundlage gestellt sind.

Deshalb verbindet Paulus mit dem Segen der Gotteskindschaft nicht die allgemeine Vorstellung von den Menschen als Geschöpfen Gottes, sondern er verwendet den Begriff im spezifischen Sinn für die Existenz der Getauften. Denn durch die Sendung des Gottessohns (4,4) sind mit den Juden- auch die Heiden-Christen in Galatien Söhne (und sc. Töchter) Gottes geworden (3,26). „In Christus Jesus“ (3,14.26) sind nun auch die Heiden-Christen legitime Nachkommen Abrahams und daher in den Gemeinden als vollgültige und gleichberechtigte Erben des ihm verheißenen Segens anzuerkennen (3,26-29; 4,1-7).

Die Segensverheißung aus der Erzelterngeschichte wird im Epheserbrief nicht mehr wörtlich zitiert, dafür jedoch der Segen in Eph 1,3 als umfassender Begriff für das Heil vorangestellt und dann bis V 14 von der Erwählung vor Grundlegung der Welt über die Erlösung durch Christus bis zur Versiegelung mit dem Geist entfaltet. Ein Paulusschüler fasst hier die für den Apostel wichtigsten Aspekte zusammen, indem er durch die dreimalige Verwendung der Wortgruppe eulogeín die Wechselbeziehung von Lobpreis und Segen hervorhebt und den Segen zu einem alles Heil umfassenden Oberbegriff macht.

Wie die Segensverheißung an Abraham von Paulus pointiert auf Christus gedeutet wurde, so wird auch in der Eingangseulogie des Epheserbriefs der Segen von Christus her auf das Heil der Gläubigen hin ausgerichtet. Weil dieser Segen in dem Heil besteht, das Christus bewirkt hat, vom Vater ausgeht und durch den Geist vermittelt wird, tut sich ein trinitätstheologischer Horizont auf.

Exkurs
Trinitätstheologische Perspektiven

Im Neuen Testament finden wir noch keine ausgeformte Trinitätstheologie – diese wird erst in der Alten Kirche systematisch durchreflektiert –, aber schon deutliche Ansätze. In Gal 4,4-6 parallelisiert Paulus die Sendung des Sohnes und die Sendung des Geistes durch Gott und stellt diese zweifache Sendung im Kontext von Gal 3,1 – 4,7 als Erfüllung der Segensverheißung an Abraham dar. In dieser Parallelisierung wird eine Neigung erkennbar, den Geist nicht nur als Kraft zu betrachten, durch die Gott wirkt, sondern schon als eigenständiges göttliches Wesen zu begreifen, das neben Christus tritt und dessen Wirken fortsetzt. Die Sendungsaussage wird eben nicht nur auf den Sohn Gottes, sondern analog auch auf den Geist bezogen. Damit wird der Geist zwar noch nicht als „dritte Person“ im Sinne der späteren Trinitätslehre charakterisiert, aber doch schon ein Gefälle zu seiner Personifizierung sichtbar.

In 1 Kor 12,4-6 erscheint der Geist erstmals in einer durchgehenden Dreierreihe als dritte selbstständige Größe. Paulus führt hier die verschiedenen Gnadengaben, Dienste und Krafterweise in der Gemeinde auf denselben Geist, denselben Herrn und denselben Gott zurück, der alles in allem wirkt. So werden der eine Gott, der eine Herr und der eine Geist in dieser Dreierreihung nicht nur unterschieden, sondern auf gleicher Ebene als göttliche Wesen nebeneinander gestellt. Zugleich werden sie als Handlungseinheit begriffen.

Der Schlusssegen in 2 Kor 13,13 enthält noch keine trinitarische, aber schon eine triadische (dreigliedrige) Formulierung mit einem trinitätstheologischen Gefälle: „Die Gnade unseres Herrn Jesus Christus und die Liebe Gottes und die Gemeinschaft des Heiligen Geistes sei mit euch allen!“ Paulus geht es hier um die Gnade, die Liebe und die Gemeinschaft als Dimensionen des göttlichen Segens. Aber indem der Apostel Gott, den Herrn Jesus Christus und den Heiligen Geist in einem Atemzug aufreiht und durch die Genitivverbindungen als göttliche Urheber dieses Segens charakterisiert (genitivus auctoris), wird ein trinitarisches Gefälle sichtbar: Alle drei stehen auf einer Ebene, haben ein göttliches Wesen und wirken als Urheber des Segens zusammen.

Zugleich lassen die Begriffe Gnade, Liebe und Gemeinschaft erkennen, worauf es bei der Trinität ankommt: Die Beziehung zwischen Gott, Jesus und dem Heiligen Geist ist für das christliche Gottesverständnis von entscheidender Bedeutung. Dies Beziehungsgeschehen bleibt nicht auf den innergöttlichen Zusammenhang beschränkt, sondern ist ein wesentlicher Bestandteil des göttlichen Offenbarungshandelns unter den Menschen und hat auch Konsequenzen für den zwischenmenschlichen Umgang. Darum beginnt Paulus auch in Phil 2,1 seine Ermahnung zur Eintracht der Gemeinde in analoger Weise mit der Ermahnung in Christus, dem Zuspruch der Liebe (sc. Gottes; Röm 5,5; 8,39; 1 Kor 13,13) und dem Hinweis auf die Gemeinschaft des Geistes.

Eine voll ausgebildete trinitarische Formel mit Vater, Sohn und Heiligem Geist begegnet erstmals im Taufbefehl (Mt 28,19): „Geht und macht zu Jüngern alle Völker, indem ihr sie auf den Namen des Vaters und des Sohnes und des Heiligen Geistes tauft und sie alles zu halten lehrt, was ich euch geboten habe."

Zunächst wurde die christliche Taufe einfach „auf Christus" vollzogen (Röm 6,3; Gal 3,27), d.h. auf seinen Namen (vgl. 1 Kor 1,13-15; 6,11). Gemeint ist die Anrufung seines Namens, wie sie in der Apostelgeschichte im Rückblick auf die Taufe des Paulus berichtet wird (Apg 22,16). Diese ursprünglich eingliedrige Formel der Taufe „auf Christus" ist in Mt 28 zu einer dreigliedrigen Formel erweitert worden „auf den Namen des Vaters und des Sohnes und des Heiligen Geistes." Da Matthäus dem Geist sonst keine größere eigenständige Bedeutung zumisst, dürfte er diese trinitarische Formel schon aus der Tradition übernommen haben (vgl. Didache 7,1.3).

Eine verstärkte trinitätstheologische Reflexion wird im Johannesevangelium sichtbar. Denn dass in den Abschiedsreden Jesu der Heilige Geist als ein „anderer Paraklet" angekündigt wird (Joh 14,16), impliziert, dass Jesus der erste Paraklet sein muss (vgl. Jesus als „Paraklet" in 1 Joh 2,1). Dementsprechend verheißt Jesus den Jüngern für die Zeit nach seinem Weggang, dass der Heilige Geist sie alles lehren und sie an alles erinnern wird, was er ihnen (sc. in seinen Erdentagen) gesagt hat (14,26). Dieser Geist wird sie in alle Wahrheit führen (16,13) und das Kommende verkündigen (16,13). Damit erhält der Geist ebenso wie Jesus eine Offenbarungsfunktion. Nach Ostern wird er an die Stelle Jesu treten und fortführen, was Jesus auf Erden gewirkt hat. In diesen Aussagen kommt eine personale Auffassung des Heiligen Geistes zum Ausdruck.

Damit erreicht die Personalisierung der Geistvorstellung im Neuen Testament ihren Höhepunkt. Die Konsequenz, die trinitarische Struktur im Sinn einer Trinitätslehre auszugestalten, wurde erst in der Alten Kirche gezogen.

Trotz dieser dreigliedrigen Formeln, bleibt der monotheistische Charakter des christlichen Glaubens unbestritten. Schon Paulus konstatiert, dass in dieser Welt viele Herren und Götter existieren, es in Wirklichkeit aber nur einen Gott und einen Herrn gibt (1 Kor 8,5f). Durch die Anspielung auf das „Š^{e}ma' Jśrāel", das jüdische Grundbekenntnis aus Dtn 6,4 zur Einzigkeit JHWHs, wird bewusst an den jüdischen Monotheismus angeknüpft. In dieser jüdisch-paulinischen

Tradition steht auch Eph 4,4-6 mit dem dezidierten Bekenntnis zur Einheit Gottes, in der die Einheit der Kirche als Leib Christi begründet ist: ein Geist, ein Herr, ein Gott. Diese trinitätstheologische Perspektive klingt schon in der Briefeingangseulogie des Epheserbriefs an, wenn Gott als Vater Jesu Christi gepriesen, der Segen in Christus als „geistlich" bezeichnet, d.h. auf den Heiligen Geist zurückgeführt (Eph 1,3), und an die Versiegelung mit dem Heiligen Geist (sc. in der Taufe) erinnert wird (1,13f). Im Zentrum der Eingangseulogie steht aber der Lobpreis Christi.

Exkurs
Die Versiegelung mit dem Heiligen Geist

Das Verbum „versiegeln, mit einem Siegel versehen" meint in Eph 1,13 „mit einer Markierung versehen" (vgl. Offb 7,3ff). Dies Versiegeln dient der Kennzeichnung als Eigentum. In rabbinischen Texten kann das Wort „Siegel" metaphorisch für die Beschneidung gebraucht werden (vgl. Gen 17,11 die Beschneidung als „Zeichen des Bundes"). Zu einem feststehenden Begriff für die Taufe wurde die Wortfamilie erst in nachneutestamentlicher Zeit im Hirten des Hermas (1. Hälfte 2. Jahrhundert) 72,3 (sim VIII 6,3); 93,3 (sim IX 16,3); 94,4 (sim IX 17,4).

Ob ein direkter Bezug zur Taufe auch schon in Eph 1,13 (vgl. 4,30) vorliegt, ist in der exegetischen Literatur umstritten, da die Taufe nicht explizit erwähnt wird. Gleichwohl wird die Deutung auf die Taufe in den meisten Kommentaren zum Epheserbrief befürwortet, da auch im unmittelbaren Kontext mehrere Ausdrücke auf die Taufe hinweisen. Schon die beiden Partizipien „hören" und „zum Glauben kommen" bezeichnen durch die Aoristform einen einmaligen Akt in der Vergangenheit, sind aus der Missionssprache übernommen und beschreiben Vorgänge, die zur Taufe gehören.

Für die Annahme eines Taufbezugs spricht außerdem, dass das Verbum „versiegeln" schon in 2 Kor 1,21f einen Bezug zur Taufe erkennen lässt durch die Motive der Salbung (vgl. 1 Joh 2,20.27) und der Geistmitteilung (vgl. 1 Kor 6,11; 12,13; Tit 3,5). Jedenfalls geschieht die Versiegelung in Eph 1,13 „durch den Heiligen Geist", d.h. durch die Gabe des Geistes, die mit der Taufe vermittelt wird (1 Kor 6,11; 12,13; Tit 3,5; Joh 3,5; Apg 2,38 u.ö.). Alle diese Bezüge sprechen dafür, die Versiegelung durch den Heiligen Geist in Eph 1,13 als Umschreibung für das ganze Taufgeschehen aufzufassen.

Die Versiegelung bedeutet eine Markierung im Sinn einer Eigentumskennzeichnung und ist im Gefälle der Briefeingangseulogie als Ausdruck der göttlichen Erwählung zu verstehen. Die Versiegelung geschieht „durch den Heiligen Geist". Dass der Geist als „Geist der Verheißung" qualifiziert wird, weist auf die künftige Vollendung des Heils hin. Diese endzeitliche Perspektive wird im anschließenden Relativsatz durch die Rede vom Geist als Angeld des Erbes, d.h. der noch ausstehenden Vervollkommnung der Erlösung, bestätigt (Eph 1,14).

In der Neuapostolischen Kirche wird die Versiegelung als drittes Sakrament angesehen (neben Taufe und Abendmahl), durch Handauflegen eines Apostels vollzogen und als Mitteilung des Heiligen Geistes verstanden. Erst mit der Versiegelung ist nach neuapostolischem Verständnis die Aufnahme in die Gemeinschaft abgeschlossen. Was dies für die Anerkennung der Taufe bedeutet, wird zurzeit in der ACK BW diskutiert (Arbeitsgemeinschaft Christlicher Kirchen in Baden-Württemberg).

Hey kommt alle, heut' gibt's Gnade! Gratis!
johann mayr

3. Die Christologie

Die Briefeingangseulogie ist ein Lobpreis Gottes, der für das gepriesen wird, was er in Christus getan hat. Hymnische Aussagen haben immer etwas Hyperbolisches. Sie steigern die Großartigkeit des Gepriesenen. Die theologische Reflexion und Weiterentwicklung der paulinischen Christologie wird besonders im Vergleich mit früheren Formen des Lobpreises Christi deutlich.

Aufschlussreich ist zunächst der Vergleich mit dem Christushymnus in Phil 2,6-11, einem alten Christuslied, das bereits Paulus aus der Tradition übernommen hat und in seinen Gedankengang als Zitat einfügt. Der Hymnus gliedert sich in zwei Strophen mit der Selbsterniedrigung Christi bis zum Tod am Kreuz und der Erhöhung durch Gott einschließlich seiner Inthronisation und der (liturgischen) Anrufung als Herr der Welt. Der Hinweis auf die göttliche Gestalt Christi sowie auf seine Gottgleichheit schon vor seiner Entäußerung und Menschwerdung deutet an, dass Jesus längst vor seiner Menschwerdung bei Gott existiert haben muss. Diese Vorstellung wird in der Exegese als Präexistenz bezeichnet. Implizit vorausgesetzt ist in diesem Hymnus also die Präexistenz Christi bei Gott bereits vor seiner Inkarnation.

Der nächste Schritt ist der Christushymnus in Kol 1,15-20. Auch hier handelt es sich um ein älteres Lied, das der Verfasser des Kolosserbriefs zitiert. Hatte der Christushymnus in Phil 2 bereits die Präexistenz Christi bei Gott vor seiner Menschwerdung implizit vorausgesetzt, geht der Christushymnus in Kol 1 auf die Zeit vor der Erschaffung der Welt zurück und nennt Christus den Erstgeborenen (Sohn Gottes) vor aller Schöpfung. Damit wird Christus nicht erst seit seiner Erhöhung zum Herrn über Himmel und Erde eingesetzt, sondern er war auch schon am Anfang der Welt bei ihrer Erschaffung beteiligt. D.h. der Gedanke der Präexistenz Christi wird im Kolosserhymnus „nach vorn" verlängert und auf die Vorstellung seiner Schöpfungsmittlerschaft ausgeweitet.

Noch einen Schritt weiter zurück geht die Briefeingangseulogie in Eph 1,3-14. Die Vorstellung von der Existenz Christi schon vor aller Schöpfung wird um den Gedanken erweitert, dass selbst die Erwählung der Gläubigen bereits „vor Grundlegung der Welt" erfolgte (1,4).

4. Die Erwählung

Der Verfasser des Epheserbriefs spricht hier vom göttlichen „Auserwählen" (eklégesthai 1,4) und „Vorherbestimmen" (prohorízein 1,5.11) – ein Wort, das die Vulgata in Eph 1,5.11 und Röm 8,29f mit „praedestinare" übersetzt. Daher lässt sich zugespitzt formulieren: Die Vorstellung der Präexistenz Christi schließt auch den Gedanken der Prädestination der Christgläubigen zum Heil vor Grundlegung der Welt ein. Dabei wird der Gedanke der Vorzeitlichkeit im Griechischen durch die Vorsilbe „pro-" in Eph 1,4f.9.11 wiederholt hervorgehoben. Schon vor der Erschaffung der Welt steht das Heilsziel der Erlösung und Vergebung (1,7), der Versöhnung und des Friedens fest (2,14-18).

Damit werden die universalen Aussagen des Christushymnus aus Kol 1 in der Eingangseulogie des Epheserbriefs in den universalen göttlichen Heilsplan eingegliedert. Der Blick weitet sich in eine gesamtgeschichtliche Perspektive. Das Heilswerk Christi wird in einen Überblick über die Heilsgeschichte eingezeichnet. Der Gedanke der Präexistenz Christi schließt nun auch die Präexistenz eines göttlichen Heilsplans ein. Diese Heilsabsicht Gottes vor aller Zeit bezeichnet der Verfasser als „das Geheimnis seines Willens" (Eph 1,9; vgl. 3,3f.9; 5,32; 6,19), als seinen „Wohlgefallen" (1,5.9), als seinen „Heilsplan" (1,10; vgl. 3,2.9), als seinen „Ratschluss" (1,11; vgl. 3,11) und „Willen" (1,11).

Angesichts dieser Zuspitzung auf den Erwählungsgedanken, kann man aufgrund des Epheserbriefs mit *Karl Barth* „zum ausgesprochenen Prädestinatianer" werden (Epheserbriefvorlesung WS 1921/22, 15.12.1921, S.92).

Exkurs Prädestination

Im Lauf der Kirchengeschichte wurde die Frage der göttlichen Prädestination immer wieder diskutiert. Umstritten war insbesondere die Lehre der doppelten Prädestination, d.h. die Frage, ob es im göttlichen Willen neben der vorzeitlichen Erwählung zum Heil auch eine Verwerfung zum Unheil gibt. So definierte *Johannes Calvin* (Institutio 1559, III 21,5): „Unter Vorbestimmung verstehen wir Gottes ewige Anordnung, vermöge deren er bei sich beschloss, was nach seinem Willen aus jedem einzelnen Menschen werden sollte! Denn die Menschen werden nicht alle mit der gleichen Bestimmung erschaffen, sondern den einen wird das ewige Leben, den anderen die ewige Verdammnis vorher zugeordnet" (Übersetzung *Otto Weber*). Daher sprechen in der reformierten Kirche die Beschlüsse der Dordrechter Synode 1618/19 vom „Ratschluss der Erwählung und Verwerfung" (*Emanuel Hirsch*: Hilfsbuch zum Studium der Dogmatik, Berlin 1964^4, 374).

Von dieser Tradition geprägt, versucht *Karl Barth* den Wahrheitsgehalt dieser Lehre von der doppelten Prädestination in seiner Epheserbriefvorlesung im WS 1921/22 zu überprüfen (15.12.1921; S.94-96): „Man wird sich, wenn man die Intention, die Paulus hier hat, verstehen will, ebenso davor zu hüten haben, mit Calvin sofort einzufallen, dass diese Auswahl notwendig eine doppelte sei, dass der Auswahl ... durchaus eine Verwerfung entsprechen müsse, wie vor den mehr oder weniger krampfhaften Anstrengungen vieler neuerer Exegeten, dieser selbstverständlichen Konsequenz auszuweichen ..."

Umso bemerkenswerter ist die Kritik, zu der Barth sich in seiner Auslegung des Epheserbriefs an Calvin veranlasst sieht, auch wenn er sich dessen Logik nicht zu entziehen vermag: „Aber das eigentliche Interesse an der Prädestination – und darin entfernt sich auch Calvin gelegentlich von Paulus – ... ist die Aussage: Gott erwählt! ... ich bin von Gott erwählt! Dass damit die Möglichkeit mit ausgesagt ist: Ich könnte auch nicht erwählt oder vielmehr zum Unglauben und zur Verwerfung erwählt sein ... also die Möglichkeit, ja die Wirklichkeit der doppelten Prädestination, das sollte nicht bestritten werden, und insofern hat Calvin recht."

Entscheidend freilich bleibt die exegetische Einsicht, zu der Barth sich durch die Lektüre des Epheserbriefs veranlasst sieht: „Es liegt aber auf Seiten des Paulus eine große Sachlichkeit in der Art, wie er sich damit begnügt, dieses eklégesthai (erwählen) Gottes auszusagen, ohne seinen Doppelsinn bei jedem möglichen und unmöglichen Anlass zu entfalten und zu entwickeln."

In dieser exegetischen Beobachtung kann man Barth nur zustimmen. Man kann seinen Befund sogar noch ausweiten und feststellen, dass nirgends in der ganzen Bibel von einer doppelten Prädestination zum Heil oder Unheil die Rede ist. Im Alten Testament kann neben der Erwählung Israels zwar auch auf die Verstockung des Pharao (Ex 4-14) verwiesen werden. Aber selbst dessen Verstockung dient der Errettung Israels.

Eine direkte Gegenüberstellung von positiver und negativer Prädestination erfolgt erst in der frühjüdischen Apokalyptik (1Hen 41,8; 81,1f) und insbesondere durch die Zwei-Geisterlehre in Qumran (1QS III 13-IV 26). Aber auch diese Belege lehren keine doppelte Prädestination, sondern zielen auf die Gewissheit individueller Erwählung in einer geschichtstheologischen Perspektive. Auch der Apostel Paulus kann durchaus diejenigen, die gerettet werden, denen gegenüberstellen, die verloren gehen (1 Kor 1,18; 2 Kor 2,15). Aber wo er von der Vorherbestimmung redet, spricht er von der Prädestination zum Heil. Überhaupt ist bei Paulus allein von einer Bestimmung zum Heil die Rede, nicht auch von einer Bestimmung zum Unheil. Hauptbeleg ist die catena aurea (goldene Kette) in Röm 8,28-30. Mit dem Satz, dass denen, die Gott lieben, alle Dinge zum Guten wirken, nimmt Paulus eine in der Alten Welt weit verbreitete Sentenz auf.

So wird von *Rabbi Akiba* (gest. 135 n.Chr.) der Spruch überliefert: „Immer gewöhne sich ein Mensch zu sagen: Alles, was der Allbarmherzige tut, tut er zum Guten." Im Corpus Hermeticum heißt es: „Der wahrhaft Fromme, der über die Gnosis verfügt, wird alles ertragen. Denn für einen so Beschaffenen ist alles gut, auch wenn es nach Auffassung der anderen schlecht ist" (IX,4). Und der Philosoph *Plotin* (gest. 270 n.Chr.) lehrt: „Und ist der Leidende gut, so läuft das Unrecht am Ende auf ein Gutes hinaus" (Enn. IV,3,16) (Belege bei *Eduard Lohse*: Der Brief an die Römer, KEK 4, Göttingen 2003, 251).

Paulus gibt dem Satz aber eine neue Bedeutung, indem das Gute für ihn nicht mehr lediglich im glücklichen Ausgang besteht, sondern im endzeitlichen Heil. In Röm 8,28-30 redet der Apostel beim Vorherbestimmen (prohorízein; Vulgata: prädestinare) nur von der Prädestination zum Heil, das in der Verwandlung in die gleiche Gestalt wie der Auferstandene besteht, der beruft, gerecht macht und an seiner ewigen Herrlichkeit Anteil gibt. Selbst wo Paulus in Röm 9,19-29 die Gefäße des Zorns und die Gefäße der Barmherzigkeit einander gegenüberstellt, zielt der Gedankengang letztlich darauf, dass Gott „sich aller erbarme" (Röm 11,32).

Diejenigen, denen dies Heil zuteil werden soll, sind „die, die Gott lieben". Der Standpunkt der Prädestinationsaussagen ist innerhalb dieser Gottesliebe, d.h. des Glaubens. Die menschliche Liebe zu Gott beruht nicht auf einem menschlichen Entschluss, sondern sie ist das Ergebnis des göttlichen Ratschlusses.

Deshalb fügt Paulus in Röm 8,28 präzisierend hinzu, dass diejenigen, die Gott lieben, „nach dessen Ratschluss berufen" sind (katá próthesin klētoí). Die Prädestinationsaussagen sind Ausdruck der Erwählungsgewissheit und dürfen nicht mit der allgemeinen Lehre von der göttlichen Vorsehung und Kausalität verbunden werden, die dann notwendig die Kehrseite des Rätsels in Gott hineinträgt.

Dieser göttliche Ratschluss zur Berufung der Gläubigen bildet in Röm 8,28 den Ausgangspunkt für den nachfolgenden Kettenschluss vom Vorhererkennen (im Sinn der Erwählung) über das Vorherbestimmen, das Berufen und Rechtfertigen bis zur (endzeitlichen) Verherrlichung. Das letzte Ziel ist die volle Teilhabe an der göttlichen Herrlichkeit, in der die Gläubigen zum Ebenbild des Auferstandenen werden, an seiner Gestalt Anteil bekommen und mit ihm in die gleiche himmlische Existenzweise mit einem geistigen Leib verwandelt werden (vgl. 1 Kor 15,42-49). Dann werden sie in einer veränderten leiblichen Gestalt leben, die auch Jesus bei der Frage nach der Auferstehung der Toten beschreibt: „wie die Engel im Himmel" (Mk 12,25) bzw. „engelgleich" (Lk 20,36).

Für das Verständnis der Prädestination ist entscheidend, dass Paulus in dieser catena aurea nicht von einer doppelten Prädestination zum Heil oder

Unheil, sondern allein von der göttlichen Bestimmung zur Verwandlung in die gleiche Existenzweise mit dem Auferstandenen spricht. Er stellt keine allgemeine Theorie über die Erwählung und Verwerfung durch Gott auf, sondern führt vom Standpunkt des Glaubens aus die eigene Berufung zum ewigen Heil ganz auf den gnädigen Ratschluss der göttlichen Erwählung zurück.

In Eph 1,3-14 werden die Prädestinationsaussagen aus Röm 8,28-30 in der Weise aufgenommen, dass die einzelnen Ausdrücke des göttlichen Erwählungs- und Heilshandelns unterschiedlichen Zeitstufen zugeordnet werden:

Als Heilswille erfolgt die Erwählung bereits von Ewigkeit her vor Grundlegung der Welt, d.h. vor der Schöpfung (1,4f; 1. Strophe).

Als Heilstat wird sie inhaltlich durch das Christusgeschehen bestimmt von der bereits erfolgten Erlösung am Kreuz über die Offenbarung des Heilsplans (sc. durch den Apostel; vgl. 3,3ff) bis zur noch ausstehenden Vollendung in der Fülle der Zeiten (1,7-10; 2. Strophe). Das Ziel am Ende der Zeiten ist die Zusammenfassung aller Dinge in Christus (1,10). In einem beeindruckenden Bogen spannt sich der Heilsplan von der Zeit vor der Schöpfung bis zur endgültigen Erlösung (*Michael Gese*, 219). Auf die objektive Seite der Erlösung in Christus folgt unmittelbar die subjektive Seite des Heilsgeschehens in der Berufung der Gläubigen (1,11f; 3. Strophe).

Schließlich wird die Erwählung mit der direkten Anrede in der zweiten Person („ihr") auf die Gegenwart der Hörer/Hörerinnen, d.h. die Zeit der Kirche, zugespitzt als Zeit des Heilswortes (1,13f; 4. Strophe).

Von Anfang bis Ende ist die Eingangseulogie von den göttlichen Gedanken des Wohlgefallens und der Gnade, der Erwählung und des Heils bestimmt. Die treibende Kraft ist die Liebe Gottes (Eph 1,4; 2,4), der in Christus, seinem „Geliebten", uns seine Gnade erwiesen hat (1,6). Gott ist der Agierende, der aus seiner Liebe handelt, der Mensch der Empfangende, der sich in seiner ganzen Existenz dem Reichtum der göttlichen Gnade (1,6.7; 2,7) verdankt: „Aus Gnade seid ihr selig geworden" – mit diesen Worten aus Eph 2,5.8 lässt sich die Textintention der Eingangseulogie zusammenfassen (vgl. 1,6f.13) und damit zum nächsten Text überleiten.

Mancher, der sich vor dem Gericht Gottes zu sehr gefürchtet hat, wird sich in der Ewigkeit ein klein wenig schämen müssen, dass er dem Herrn nicht noch mehr Gnade zugetraut hat.

Johann Albrecht Bengel

Gedanken und Texte zum Nachdenken und Besprechen

- Schaffe in mir gott ein neues herz
  und gib mir einen neuen geist
  dass ich dich loben kann
  ohne zu lügen
  mit tränen in den augen
  wenns denn sein muss
  aber ohne zu lügen

  Dorothee Sölle

(aus: *Dieselbe*: Loben ohne lügen, Gedichte.

- Vom Himmel zur Erde und zurück: Der Segen als die Beziehung, die Bewegung von Gott zu uns und von uns zu Gott.

- Im Segenskreislauf baut uns Christus die Brücke von der Erde zum Himmel und zurück und ermutigt uns durch seinen Zuspruch, dass wir uns dem Anspruch stellen.

- Heilig heißt, Gott zugehörig. Das impliziert, so zu leben, dass erkennbar wird: Wir leben in Beziehung zu Gott, von Gott her und auf Gott hin, in Verantwortung vor Gott.

- *So gleicht's sich aus*

Der neue Pastor hält sehr viel von sich und seiner Predigt. Im Augenblick hat er einen Disput mit dem Metzger: „Hören Sie, gestern war meine Haushälterin bei Ihnen und hat Fleisch gekauft", sagt er. „Sie haben ihr aber gar kein schönes Stück gegeben. Das ist jetzt schon das vierte oder fünfte Mal passiert! Wenn wir wirklich ein gutes Stück Fleisch haben wollen" – er versucht, den Metzger mitten ins Herz zu treffen –, dann müssen wir ins nächste Dorf gehen." „Sehen Sie", strahlt der Metzger und klopft dem Pastor vertraulich auf die Schulter, „dann geht's Ihnen genauso wie mir. Wenn wir eine gute Predigt hören wollen, müssen wir gleichfalls ins Nachbardorf gehen!"

(aus: Das große Buch des christlichen Humors, S. 38.

- Weisheit ist etwas anderes als Wissen und Verstand und Lebenserfahrung. Weisheit ist das Geschenk, den Willen Gottes in den konkreten Aufgaben des Lebens zu erkennen.

  Dietrich Bonhoeffer

(aus: *Dietrich Bonhoeffer:* Illegale Theologenausbildung: Finkenwalde 1935-1937.

- Im Lobpreis von Eph 1 wird Gott in den drei Dimensionen seines Wirkens gepriesen: als der schöpferische und segnende Vatergott, als der erlösende und die Sünden vergebende Gottessohn Jesus Christus und als der die Gemeinde bauende und stärkende Heilige Geist Gottes.

- Eph 1 eröffnet einen weiten Horizont und verweist auf das unsichtbare Fundament der Gemeinde (Erwählung). Erst in den weiteren Kapiteln kommt das „Kleingedruckte" der Alltags- und Gemeindewirklichkeit. Aber auch das steht in dem weiten Horizont von „Schöpfung – Erwählung".

- Es war einmal ein armer Holzhacker, der lebte glücklich und zufrieden mit seiner Familie in einem kleinen Haus am Rand des Waldes. Obgleich er sich mit Holzfällen nur mühsam sein tägliches Brot verdiente, klang nach Feierabend für gewöhnlich Lachen und Singen aus dem kleinen Haus, so dass die Leute sich verwunderten.

Eben dies aber verärgerte den König des Landes, dessen Weg zum Schloss ihn täglich am kleinen Haus vorbeiführte. „Was haben Tagelöhner zu lachen?" fragte er grimmig und schickte eines Tages seinen Diener mit einer Botschaft zum Holzhacker: „Mein Herr und König befiehlt dir, bis morgen fünfzig Säcke Sägemehl bereitzustellen. Wenn du das nicht vermagst, sollst du samt deiner Familie umkommen."

„Ich vermag es ganz gewiss nicht", jammerte der Holzfäller. Seine Frau jedoch tröstete ihn: „Lieber Mann, wir haben es gut gehabt in unserem Leben. Wir hatten Freude aneinander und mit unseren Kindern und versuchten, auch andere daran teilhaben zu lassen. Es ist wahr, wir vermögen die Säcke nicht zu füllen. Deshalb lass uns auch in dieser Nacht ein Fest feiern mit unseren Kindern und Freunden zusammen. Wie wir gelebt haben, so wollen wir auch sterben."

Und so feierten die armen Leute im kleinen Holzfällerhaus ihr schönstes und glücklichstes Fest. Nach Mitternacht ging ein um der andere der Gäste schlafen. Zuletzt blieben der Holzfäller und seine Frau zurück. Traurigkeit überkam sie, als die Morgenröte am Horizont aufstieg. „Nun ist es aus mit uns“, klagte die Frau. „Lass gut sein“, tröstete sie ihr Mann. „Es ist besser, glücklich und in Frieden zu sterben, als ein Leben in Traurigkeit und Angst zu verbringen.“

Da klopfte es an die Tür. Der Holzfäller öffnete weit, um den erwarteten Diener des Königs einzulassen. Zögernd trat der Hofbeamte näher und sagte nach einer kurzen Stille: „Holzhacker, stell zwölf eichene Bretter bereit für – einen Sarg. Der König ist in dieser Nacht gestorben.“

Armenisches Märchen

● Bevor der Verfasser des Epheserbriefs sich in den späteren Kapiteln seines Briefs darüber auslässt, welche Verhaltensweisen seiner Meinung nach einer christlichen Gemeinde ziemen, schreibt er seinen Adressaten ins Herz, was sie durch Christus sind und durch ihn haben.

● Christus ist das Bild, in dem sich unsere Erwählung widerspiegelt. Wenn der Gemeinde zugesagt wird, „ihr seid in Christus erwählt“, dann geht es nicht darum, dass es zwei Arten von Menschen gibt, die erwählten und die nicht erwählten, sondern dass die so Bezeichneten in ihrem Glauben, in ihrer Christusbeziehung vergewissert werden sollen.

● In Christus erwählt: Jeder Mensch hat eine Bestimmung. Es geht darum, aus seiner eigenen Berufung (Begabung) das Beste zu machen.

● Die tiefste Erfahrung von sich selbst, zu der der Mensch in seiner Natur und in der Gesellschaft vordringt, lautet nicht Freiheit, sondern Ohnmacht. Die tiefste Erfahrung vom Gelingen menschlichen Lebens ist nicht eine Erfahrung von eigener Macht, sondern von Gnade. Die tiefste Erfahrung des Menschen ist nicht der Mensch, sondern Gott.

Carl Friedrich von Weizsäcker

Bausteine zur Gestaltung

● Wer mit einem Kurzfilm einsteigen will, sei auf **Entdeck den roten Faden deines Lebens** von *Christian Fussenegger* (s.u. Medienempfehlungen S. 117) hingewiesen.

● *Gestaltete Mitte:*
Grüne, gelbe, rote, graue und schwarze Tücher liegen ineinander verwoben in der Mitte. In der Mitte steht auch eine brennende Kerze. Darum herumliegen Papierstreifen mit den Stichworten: gesegnet, erwählt, Kinder Gottes, vorherbestimmt zum Lob Gottes, Erlösung, Vergebung der Sünden, Erben, mit dem Heiligen Geist versiegelt. Die TeilnehmerInnen betrachten zunächst die Mitte unter der Frage:
* Welche der Stichworte sind mir für meinen Glauben wichtig? Warum?

Danach tauschen sie ihre Gedanken in Kleingruppen oder im Plenum aus.

● Kleingruppen erhalten die Aufgabe, folgende Fragen zu überlegen:
* Was hat uns Gott in/durch Jesus Christus geschenkt?
* Wie wirkt sich das in meinem Leben, meinem Glauben aus?

● Unser Glaube ist immer auch ein angefochtener Glaube, zum Beispiel durch Menschen, Ereignisse oder persönliche Widerfahrnisse.
* Welche Sätze aus der Bibel oder welche persönlichen Erlebnisse fallen Ihnen ein, von denen Sie sagen, sie haben mir geholfen, haben mich in meinem Glauben gestärkt?

Die Ergebnisse werden stichwortartig festgehalten.

● Im Neuen Testament wird u.a. von den Christinnen und Christen gesagt, dass sie von Gott in Christus Erwählte sind.
* Was verbinden Sie mit diesem Erwähltsein?
* Was löst die Aussage in mir aus: „Ich bin durch Gott in Christus erwählt“?

In Kleingruppen besprechen die TeilnehmerInnen eine dieser Fragen. Ihre Ergebnisse ordnen sie dann unter den zwei Rubriken: hilfreiche Erkenntnisse – Fragen und Probleme und stellen sie im Plenum vor.

● In Einzelbesinnung denken die TeilnehmerInnen über die Frage nach: Was bedeutet es mir, gesegnet zu sein? Danach erfolgt ein Austausch in Kleingruppen oder im Plenum.

● In Kleingruppen tragen die TeilnehmerInnen zusammen, was für sie die Grundlagen einer christlichen Gemeinde sind und welche biblischen Aussagen ihnen dazu einfallen. Die Ergebnisse halten sie auf einem großen Papierbogen fest.

● *Textlesung:*
Eph 1,1-14 wird vorgelesen. Die TeilnehmerInnen lesen den Text noch einmal für sich und unterstreichen die Aussagen, die sie für ihren Glauben für wichtig erachten und die, mit denen sie Schwierigkeiten haben. Im Plenum werden dann zuerst die Aussagen zusammengetragen und besprochen, die für den Glauben als wichtig angesehen werden. In einem weiteren Gesprächsgang werden die Aussagen aufgegriffen, die Schwierigkeiten bereiten.

● *Fragen zur Texterschließung:*
* Mit welchen Worten wird im Text das Handeln Gottes beschrieben? Welches Ziel verfolgt Gott mit seinem Handeln?
* Das Handeln Gottes wirkt sich auf die Gemeinde aus. Unterstreichen Sie die Worte, mit denen diese Auswirkungen beschrieben werden. Welche davon sind Ihnen für Ihren persönlichen Glauben wichtig?
* Was erwartet Gott durch sein Handeln von den Christinnen und Christen, von der Gemeinde?
* Welche Aussagen sind dem Verfasser im Hinblick auf die christliche Gemeinde/Kirche wichtig?

● *Gesprächsimpulse:*
Der Text beschreibt in biblischem Sprachgebrauch, was wir durch Gott in Christus sind. Er verfolgt das Ziel, die Gemeinden und damit auch die einzelnen Christenmenschen in ihrem Glauben zu vergewissern.
* Welche Aussagen sind mir für meinen Glauben hilfreich?

Eph 1 hält uns vor Augen: Gottes Erwählung ist Grund zur Freude und gleichzeitig Herausforderung.
* Wie wirkt sich diese Freude in meinem Leben und im Leben meiner Gemeinde aus?
* Inwiefern ist die Erwählung eine Herausforderung für mein Leben, meinen Glauben?

● Die Teilnehmer und Teilnehmerinnen erhalten folgenden Text von *Katharina Wiefel-Jenner* und bedenken ihn in der Stille.

„Ich soll ein Teil in Gottes Plan sein?
Ich soll etwas Besonderes sein?
Ich? Die Unscheinbare?
Ich? Der Machtlose?
Ich? Die Mutlose?
Ich? Der ständig Übergangene?
Ich? Eine, über die sich die anderen
immer nur amüsieren?
Ich? Dem niemand zuhören mag?
Ich? Die man mobbt?
Ich? Einen, den man verachtet?
Was will Gott mit mir beginnen?“

Nach einer Zeit der Stille kann, wer mag, ein Gebet sprechen und ein Teelicht in die Mitte stellen.

● Wer den Abend mit einer Bildbetrachtung schließen möchte, sei auf das Bild von *Susanne Ledendecker* und die Betrachtung von *Jörg Meuth* hingewiesen (s. u. S. I).

Lieder

Gelobt sei Gott im höchsten Thron	EG 103
Gelobet sei der Herr	EG 139
Geheimnis des Glaubens	EG 189
Gott hat das erste Wort	EG 199
Herr Christ, dein bin ich eigen	EG 204
Preis, Lob und Dank	EG 245
Jesu, der du bist alleine	EG 252,1-2.6
Nun singe Lob, du Christenheit	EG 265/GL 638
Nun lob, mein Seel	EG 289/GL 929 (Eigenteil HH)
Singt das Lied der Freude über Gott	EG 306
Großer Gott, wir loben dich	EG 331/GL 257
Gott gab uns Atem	EG 432/GL 941 (Eigenteil HH)
Herr, wir bitten: Komm	EG 572 (bayer. Anhang)
Segne uns, o Herr	EG 573 (bayer. Anhang)
Den Herren will ich loben	GL 261
Dank sei dir, Vater	GL 634
Ich bin getauft und Gott geweiht	GL 635

Didaktischer Entwurf zu Epheser 1,1-14

Verfasser: Wolfgang Baur

Thematischer Schwerpunkt

Der erste Text gibt die Generalthemen des Briefs vor:

- Gottes guter Plan mit seiner Schöpfung;
- seine Initiative zur Verwirklichung des Plans gegen die Macht der Sünde;
- die Herausforderung an alle Menschen, sich auf diesen guten Plan einzulassen.

Innerhalb dieser Abläufe gibt es drei Dimensionen: Himmel - Erde - Unterwelt. Innerhalb dieser „Stockwerke" widerstreiten gute und hinderliche Kräfte. Schon von Anfang an ist aber das Gute (Gott) dem Bösen (Dämonen und Sünde) überlegen. Von diesem Geheimnis wissen nur die Glaubenden (Getauften). Sie sollen Gott dafür „gut nennen" (= loben, segnen) und in ihrem eigenen Leben den Pfad des Guten verfolgen.

Vorbereitung/Materialien

Bunte Tücher (auch schwarze sollten dabei sein), Papier, Buntstifte, Kerze.

Zur Gestaltung des Abends

Liturgischer Beginn

Öffnen – Text trifft Wirklichkeit

Den Plan Gottes gestalten: Die TN werden eingeladen, gemeinsam als Bodenbild mit Tüchern ein Bild der Welt zu gestalten, wie sie sie sehen: Gute, problematische Teile, eigener Standort - ist „Göttliches" darin zu sehen? Auch der Bereich des Himmels und eventuell andere Dimensionen können einbezogen werden.

Im Gespräch gehen dann je zwei TN der Frage nach:

* Gibt es für diese Schöpfung, für jeden einzelnen Menschen, einen Plan?
* Ist mir das bewusst? Wie wirkt das auf mein Leben?

Danach erfolgt ein kurzer Austausch im Plenum über den Plan Gottes mit uns und der Schöpfung:

* Wann begann er? Welche Geschichte hat er?
* Inwieweit ist er schon verwirklicht? Wird er jemals vollendet werden?

Vereinfachte Form: Auf einem großen Bogen Papier (oder auf A3-Blättern je zu zweit) das Weltbild malen.
Alternative 1: Das Bild „Schöpfung" von *Sieger Köder* betrachten und mit dem eigenen Weltbild vergleichen.
Alternative 2: Mit den Zitaten im Teilnehmerheft einsteigen und dazu Stellung nehmen.

Begreifen – Textlektüre und Textinformation

Der Text wird reihum gelesen. Dann wird der Text in zwei Gruppen genauer betrachtet:
* Gruppe I erhält folgenden Auftrag:
Unterstreichen Sie im Text die Worte, an denen etwas über einen Plan Gottes und seine Zielsetzung gesagt wird. Formulieren Sie, was Gott nach der Auskunft des Epheserbriefs genau will. Schreiben Sie dies Ziel auf ein Plakat.
* Gruppe II erhält folgenden Auftrag:
Unterstreichen Sie im Text alle Worte, an denen etwas über die Aufgabe des Menschen und seine Beziehung zu Gott gesagt wird. Formulieren Sie, welche Bestimmung der Mensch nach der Auskunft des Epheserbriefs hat. Schreiben Sie dies Ziel auf ein Plakat.

Nach etwa 15 Min erfolgt ein Austausch im Plenum anhand der beiden Plakate. Dazu wird der Text zuerst nochmals laut gelesen: In der Auswertung können die Hauptaspekte und der implizite Gedanke der Dreiheit und Einheit Gottes auch optisch am Bodenbild verdeutlicht werden:

- der Wille/Plan Gottes (durchgehende leuchtende Farbe in allen Dimensionen);
- die Präsenz Christi in allen Ebenen (weitere Farbe);
- das Wirken des Geistes in allen Dimensionen.

Zu den Stichworten „Erlösung, Rettung" wird auch deutlich zu machen sein, dass der Plan Gottes nicht einfach „aufgeht", sondern, dass sich offenbar hinderliche Kräfte in den Weg stellen (quergestreifte dunkle Tücher können das andeuten). Doch Gott setzt den Plan durch – und zwar durch Christus (die „Christusstreifen" über die dunklen Streifen legen).

Als Aufforderung und Ermutigung für den einzelnen Menschen bleibt nun, sich auf die Gemeinschaft mit Gott und Christus einzulassen, die stärker ist als die dunklen Mächte.

Mitnehmen – Mit dem Text weitergehen – Was trägt der Text aus? (gleichzeitig liturgischer Abschluss)

L erinnert daran, dass wir als Getaufte die Zusage Gottes haben: „Ich bin bei euch alle Tage bis an der Welt Ende". Auch wenn nicht Getaufte dabei sind, gilt für sie die Einladung dazu. Diese Gegenwart Gottes verbindet uns. Die TN werden eingeladen, sich aus dem Bodenbild eines der „göttlichen" Tücher zu nehmen. Die Tücher werden im Kreis miteinander verknotet.

Die TN werden eingeladen, einen Satz aus dem Text als Segensverheißung zu sagen. Zum Beispiel: „Gott, du hast uns erwählt vor der Erschaffung der Welt" oder „Du hast uns bestimmt zum Lob deiner Herrlichkeit."

Abschluss zum Beispiel mit dem Kanon „Die Herrlichkeit des Herrn währet ewiglich."

II Epheser 2,1-10

Getauft und beschenkt

Auslegung

Mit Eph 2,1-10 beginnt der erste, lehrhafte Hauptteil des Epheserbriefs (Kap. 2 – 3), der sich in drei Abschnitte gliedert. Der erste Abschnitt 2,1-10 erinnert die Christen an die Lebenswende in ihrer Taufe. Von der Taufe ist zwar nicht explizit die Rede. Aber die Formulierungen in 2,5f nehmen Wendungen aus Röm 6,3f und Kol 2,12f auf, die ausdrücklich auf die Taufe Bezug nehmen.

Darüber hinaus dürfte der Argumentationsgang zugleich von Röm 5,8-11 und Röm 1,18-3,31 beeinflusst sein. Denn in Eph 2,3.11ff wird das Motiv von Gottes Zorngericht über Heiden und Juden aufgenommen (2,3: „Wir alle ... waren Kinder des Zorns von Natur wie auch die anderen") und in 2,8-10 folgt eine Zusammenfassung der paulinischen Rechtfertigungslehre aus Röm 3,21-30.

Der Text kontrastiert den Rückblick auf die einstige heidnische Lebensweise vor der Bekehrung (Eph 2,1-3) mit der Beschreibung der christlichen Existenz (2,4-7) und ergänzt einen Nachtrag, der die paulinische Rechtfertigungslehre summarisch zusammenfasst (2,8-10). Der Abschnitt enthält die theologische Grundlegung für die später folgende Paränese, speziell für die ethischen Ermahnungen, die sich an den in der Taufe erneuerten Menschen wenden (4,17-6,9).

1. Die heidnische Vergangenheit (2,1-3)

Der Abschnitt beginnt mit einem Rückblick auf die heidnische Vergangenheit (Eph 2,2: „einst"), die durch die Taufe überwunden ist. Mit dem Ausdruck „tot durch eure Übertretungen und Sünden" wird in metaphorischer Weise der Zustand des gottlosen, sündigen Menschen beschrieben (Eph 2,1.5; vgl. Kol 2,13; Lk 15,24.32; Offb 3,1). Die Formulierung erinnert an Röm 6,11 („dass ihr der Sünde gestorben seid"), ist aber in zweifacher Hinsicht verändert: Während in Röm 6,11 von der Sünde im Singular als einer personifizierten Macht die Rede war, wird das Wort in Eph 2,1 – parallel zu den „Übertretungen" – im Plural gebraucht, so dass die Sünde nun in einzelnen Taten besteht. Damit verschiebt sich die Betonung von der Ohnmachtserfahrung gegenüber der Sünde bei Paulus im Epheserbrief zu einzelnen ethischen Verfehlungen.

Außerdem wird der Dativ in Eph 2,1 nicht mehr wie in Röm 6,10f relational als Dativus incommodi verstanden („tot der Sünde"), sondern als Dativus instrumentalis: „tot durch eure Verfehlungen und Sünden" (*Gerhard Sellin,* 167). Der Gegensatz von „tot" (2,1.5) und „lebendig" (2,5: „lebendigmachen") stammt aus der hellenistisch-jüdischen Bekehrungstheologie (JosAs 8,3.9; 12,1; 20,7) und zielt schon auf die grundlegend veränderte, völlig neue Lebensorientierung der Christen, die in der Paränese für den neuen Menschen ab Eph 4,17ff mit einer entsprechenden Gegenüberstellung von heidnischen Lastern und christlichen Tugenden entfaltet wird (s.u.).

In Eph 2,2 wird die sündhafte Lebensweise durch einen Relativsatz näher erläutert. Das Verbum „wandeln" ist metaphorisch gebraucht für den Lebenswandel, die Lebensführung. Konkret gemeint ist der Lebenswandel „in" der Sphäre der Sünden und Übertretungen, wie der Relativsatzanschluss zeigt („in welchen"). Durch die Präposition „katá" wird anschließend die Norm, Ursache und Macht bezeichnet, die diesen Lebenswandel bestimmt. Durch die Vergangenheitsform des Verbums „ihr wandeltet" und die Partikel „einst" wird die verfehlte Lebensweise der heidnischen Vergangenheit zugeordnet (2,2.3.11.13), die „jetzt aber" durch das neue Leben mit und in Christus überwunden ist (2,5f.13; vgl. 5,2: „Wandelt in der Liebe"; 5,8: „Wandelt als Kinder des Lichts").

Die Macht, die diesen Lebenswandel bestimmt, wird in Eph 2,2 mit drei Wendungen benannt: 1. als „Äon dieser Welt", 2. als „Führer der Herrschaft der Luft" und 3. als „Geist, der jetzt in den Söhnen des Ungehorsams wirkt".

1. Der „Äon dieser Welt" ist eine personifizierte Größe. Mit dem „Äon" ist der „Gott" (2 Kor 4,4) bzw. „Herrscher" oder „Fürst dieser Welt" (Joh 12,31; 16,11) gemeint, d.h. der Teufel. Mit dem Genitiv „Kosmos" wird die Welt als Herrschaftsbereich dieses Äons charakterisiert.

2. Beim „Führer der Herrschaft der Luft" gilt die Luft als Aufenthaltsbereich, der von Dämonen, Engeln und Geistern bewohnt wird. Konkret gemeint sind die bösen, widergöttlichen Mächte, die den Teufel als Anführer haben (vgl. Eph 6,12 die Herrscher über die bösen Geister im Himmel; Mk 3,22f par Satan als Anführer der Dämonen und entsprechende Wendungen in Qumrantexten).

3. Der „Geist, der in den Söhnen des Ungehorsams wirkt", ist der oberste Anführer der Dämonen. Diese widergöttliche Macht war nach Eph 2,2 nicht nur „einst" im sündhaften Lebenswandel der Adressaten am Werk, sondern wirkt auch „jetzt" in der Gegenwart an den Nicht-Erweckten weiter. „Der Wechsel vom ‚Einst' zum ‚Jetzt' hat sich ja nur bei den Bekehrten, zu denen die Adressaten gehören, vollzogen, insofern sie von der bösen Macht durch Christus befreit sind.

Die Bereiche des Unheils und des Heils sind also nicht absolut-zeitlich getrennt, sondern existieren auch nebeneinander. Der böse ‚Geist' wirkt ‚jetzt' unter den ‚Söhnen des Ungehorsams'. ... Die Wendung ‚Söhne des Ungehorsams' bezieht sich nicht bloß auf die Vergangenheit der Adressaten als einstige Heiden, sondern auf alle, die (jetzt noch) vom widergöttlichen, verderblichen Geist beeinflusst werden" (*Gerhard Sellin,* 171f).

Während in Eph 2,1f nur die Adressaten auf ihren vorchristlichen Lebenswandel angesprochen wurden, schließt der Verfasser sich in V 3 selber mit ein: „Auch wir alle sind einst gewandelt in den Begierden unseres Fleisches, indem wir den Willen des Fleisches und der Gedanken ausführten." Die Rede von den „Begierden" hat Paulus als Ausdruck für die Sünde in Röm 7,7f aus dem 9. und 10. Gebot in Ex 20,17 par Dtn 5,21 übernommen: „Du sollst nicht begehren." Indem Paulus Haus, Frau, Knecht, Magd, Rind, Esel usw. als Objekt des Begehrens weglässt, werden die Begierden zum Inbegriff der Sünde. Das Begehren geht weit über das sexuelle Verlangen hinaus und umfasst auch andere Formen der Gier, der Habsucht (pleonexía), der Zügellosigkeit und Ausschweifung (asélgeia; Eph 4,19.22).

Ursprungsort und Sitz der Begierden ist das Fleisch (Eph 2,3). Ein Lebenswandel in den Begierden des Fleisches bedeutet, dass der Wille des Fleisches getan, ausgeführt, erfüllt wird (vgl. Röm 13,14; Gal 5,16). Parallel zum Willen werden mit den „Gedanken" in Eph 2,4 die Erwägungen im Inneren eines Menschen erwähnt. Worin die Begierden konkret bestehen, wird in der Paränese ab 4,17ff weiter ausgeführt, insbesondere in den Lasterkatalogen von 5,3.5: Unzucht, jede Art von ethischer Unreinheit oder Habsucht, törichtes Geschwätz, Götzendienst (s.u.).

Im letzten Satzglied von Eph 2,3 hält der Verfasser - mit kaí consecutivum angeschlossen - die Folgen dieses einstigen Lebenswandels fest: „Und so waren wir von Natur Kinder des Zorns wie auch die übrigen." Das Wort „Zorn" bezeichnet keinen unkontrollierten Wutausbruch, sondern ist ein apokalyptischer Begriff für das göttliche Endgericht (1 Thess 1,10; Röm 1,18; 5,9 u.ö.), das über die Söhne des Ungehorsams kommt (Kol 3,6; Eph 5,6; vgl. 2,2). Nach Röm 1,18 wird Gottes Zorngericht offenbart über die Gottlosigkeit und Ungerechtigkeit aller Menschen, die die Wahrheit durch Ungerechtigkeit niederhalten - Heiden wie Juden (vgl. Röm 1,18-3,20). „Kinder des Zorns" sind die Menschen (und waren die Christen) „phýsei", d.h. von Natur (vgl. Gal 2,15; 4,8; Röm 2,27).

„Auch wenn es hier nicht um eine Erbsündenlehre geht, kann man doch nicht bestreiten, dass der ‚natürliche Mensch' ohne Christus nach dieser Aussage der Verurteilung im Gericht verfällt. Das entspricht zwar der ganzen Tendenz von Röm 1 - 8, ohne dass aber an dieser Stelle noch irgendwie einsichtig gemacht wird, warum der ‚natürliche' Mensch ohne die cháris theoú (= Gnade Gottes; U.H.) (vgl. V.5.8) das Heil prinzipiell verfehlt bzw. warum er nur Werke der Sünde vollbringt und ‚tot' ist" (*Gerhard Sellin*, 174). Der Hinweis auf die Natur des Menschen „erlaubt keine protologischen Spekulationen (göttliches Strafverhängnis nach der Ursünde) oder anthropologische Reflexionen (über die Naturanlage solcher Menschen), sondern bezieht sich auf die natürliche Verfassung, in der sich jene Menschen befanden oder noch befinden. Es ist die gleiche Wesensart, die in Weish 13,1 den Heiden wegen ihrer mangelnden Gotteserkenntnis und ihres Götzendienstes nachgesagt wird: Sie sind ‚töricht von Natur aus'" (*Rudolf Schnackenburg*, 93). „Wie auch die übrigen" (2,3) ist eine Wendung, die bereits Paulus als Bezeichnung für die Nicht-Christen gebraucht hat (1 Thess 4,13).

Ohne das Wort „phýsei" (von Natur) wieder aufzunehmen, wird in Eph 4,17f deutlich, dass mit der heidnischen Lebensweise eine Existenz in verfinstertem Verstand, entfremdet von einem Leben mit Gott und in Verstockung des Herzens gemeint ist. „Kinder des Zorns" (2,3) sind nämlich „die Kinder des Ungehorsams" (2,2), über die der Zorn Gottes kommt (5,6). Positives Gegenstück sind die „Kinder des Lichts" (5,8), die Licht sind im Herrn und deren Frucht lauter Güte und Gerechtigkeit und Wahrheit ist (5,8f). Damit ist der Rückblick auf die überwundene heidnische Lebensweise abgeschlossen.

2. Die Gegenwärtigkeit des Heils im Leben der Getauften (2,4-7)

Eph 2,4 setzt neu ein mit dem Hinweis auf Gott als das entscheidende Subjekt alles Heilshandelns. Dass er reich an Erbarmen ist, erinnert an den Reichtum seiner Gnade (Eph 1,7; 2,7) und Herrlichkeit (1,18; 3,16) sowie an den unausforschlichen Reichtum Christi (3,8). Vom „Erbarmen" ist im Epheserbrief nur in 2,4 die Rede, doch wird dieser Gedanke gleich anschließend durch den zweimaligen Hinweis auf die göttliche Gnade als alleinige Ursache des Heils wieder aufgenommen (2,5.8).

Wie schon in der Briefeinganseulogie Gottes Liebe der letzte Grund seiner Erwählung bereits vor Erschaffung der Welt war (1,4), so ist auch jetzt in 2,4 „seine große Liebe, mit der er uns geliebt hat", das leitende Motiv seines Heilshandelns, das in Eph 2,5f mit folgenden Worten zusammengefasst wird: „Gott ... hat auch uns mit Christus lebendig gemacht ... und uns mit auferweckt und mit eingesetzt im Himmel in Jesus

Choral zur Bibelwoche

Jesu, der du bist alleine (EG 252)

2. Ach dein Lebensgeist durchdringe,
Gnade, Kraft und Segen bringe
deinen Gliedern allzumal,
wo sie hier zerstreuet wohnen
unter allen Nationen,
die du kennest überall.

3. O wie lieb ich, Herr, die Deinen,
die dich suchen, die dich meinen;
o wie köstlich sind sie mir!
Du weißt, wie mich's oft erquicket,
wenn ich Seelen hab erblicket,
die sich ganz ergeben dir.

4. Ich umfasse, die dir dienen;
ich verein'ge mich mit ihnen,
und vor deinem Angesicht
wünsch ich Zion tausend Segen;
stärke sie in deinen Wegen,
leite sie in deinem Licht.

7. Sonderlich gedenke deren,
die es, Herr, von mir begehren,
dass ich für sie beten soll.
Auf dein Herz will ich sie legen,
gib du jedem solchen Segen,
wie es not; du kennst sie wohl.

8. Teuer hast du uns erworben,
da du bist am Kreuz gestorben;
danke, Jesu, wir sind dein.
Halt uns fest, solang wir leben
und in dieser Wüste schweben;
lass uns nimmermehr allein,

9. bis wir einst mit allen Frommen
dort bei dir zusammenkommen
und, von allen Flecken rein,
da vor deinem Throne stehen,
uns in dir, dich in uns sehen,
ewig eins in dir zu sein.

Text: *Gerhard Tersteegen* 1731
Melodie: EG 252: *Johann Löhner* 1691, bei *Adam Hiller* 1793
Satz: *Traugott Weber* 2010

Christus." Diese Aussage greift die Kernthese des Kolosserbriefs (Kol 2,12f) auf, die ihrerseits auf die Tauftradition in Röm 6,3f zurückgeht.

Aufschlussreich sind vor allem die theologischen Veränderungen, die der Verfasser des Epheserbriefs im Vergleich zu den paulinischen Formulierungen aus dem Römerbrief vornimmt. Deshalb haben wir uns zunächst einmal die Aussagen aus dem Römerbrief zu vergegenwärtigen, die durch den Hinweis auf den Tod und die Auferweckung mit Christus ihrerseits auf dem alten christologischen Bekenntnis in 1 Kor 15,3b-5 basieren,

3b „dass Christus gestorben ist *für*
unsere Sünden nach den Schriften
4 und dass er begraben wurde
und dass er auferweckt wurde am dritten Tage
nach den Schriften
5 und dass er dem Kephas erschienen ist, dann
den Zwölfen."

Dies Bekenntnis zum Tod und zur Auferstehung Jesu bildet die theologische Grundlage für die Aussagen, die Paulus in Röm 6,3f aus einer älteren Überlieferung zur Taufe übernimmt und in den folgenden Versen mit eigenen Worten weiter entfaltet:

3 „Oder wisst ihr nicht,
dass wir,
die wir *auf* Christus Jesus getauft wurden,
in seinen Tod getauft wurden?
4 Wir wurden also mit ihm begraben durch die
Taufe in den Tod,
damit,
gleichwie Christus von den Toten auferweckt
wurde durch die Herrlichkeit
des Vaters,
(so) auch wir in der
Neuheit des Lebens wandeln.
5 Denn wenn wir *mit* (ihm) verbunden sind in
der Gleichheit seines Todes,
dann werden wir es auch in der (Gleichheit seiner) Auferstehung sein.
6 Das wissen wir,
dass unser alter Mensch mitgekreuzigt wurde,
damit der Leib der Sünde vernichtet
werde, damit wir nicht mehr der Sünde dienen."

Durch die Taufe wird die Zugehörigkeit eines Menschen zu Christus begründet. Wer „auf Christus" (Röm 6,3; Gal 3,27), d.h. auf seinen Namen getauft ist (vgl. 1 Kor 1,13-15; 6,11), hat Gemeinschaft „mit ihm" (Röm 6,4f). Als Getaufter erhält er – in Anlehnung an das alte Bekenntnis in 1 Kor 15,3b-5 – Anteil am Tod und an der Auferstehung Jesu.

In Röm 6 führt Paulus weiter aus, was es bedeutet, dass ein Mensch nach seiner Taufe „in Christus" (6,11.23) lebt, d.h. in die Schicksalsgemeinschaft des Todes und der Auferweckung Jesu hineingenommen ist:

Mit dem Eintauchen stirbt zunächst einmal der alte Mensch, er wird in seiner Sünden- und Todesverfallenheit mit Christus „mitgekreuzigt" (Röm 6,6) und „mitbegraben" (6,4). Weil Christus „pro nobis" (für uns) gekreuzigt wurde (vgl. 1 Kor 1,13), erhält der Täufling, indem er mit Christus mitgekreuzigt und mitbegraben wird, selber Anteil an der „extra nos" (außerhalb von uns) begründeten Vergebung der Sünden, Gerechtmachung und Versöhnung mit Gott, die der stellvertretende Tod Jesu „für uns" gebracht hat (Röm 5,6-11).

Aus dieser Heilstat Jesu ergibt sich in Röm 6 zugleich die ebenfalls „extra nos" (außerhalb von uns) verankerte Hoffnung, dass der Getaufte durch das Wirken des Geistes mit Christus schon jetzt an der eschatologisch erneuerten Wirklichkeit teilhat (Röm 6,11). Dieser Neubeginn ist mit der Auferstehung Jesu angebrochen und wird durch die Taufe symbolisch nachvollzogen. Wer getauft wird, für den beginnt „mit Christus" ein neues Leben. Nun ist er „mit ihm zusammengewachsen" (sýmphytos), wird für immer mit ihm verbunden sein. Als Getaufter wird er ihm nicht nur im Tod, sondern durch die Auferweckung auch im ewigen Leben gleich werden (6,4f). Damit werden die Getauften zwar noch von ihrem irdischen Leben Abschied nehmen müssen, aber sie werden nicht für immer im Tod bleiben, sondern auferstehen und mit Christus leben in Ewigkeit.

Wegen dieser lebenschaffenden Wirkung handelt es sich bei der Taufe um einen Akt der Neuschöpfung. Denn „unser alter Mensch" existiert nun „in Christus" als „neue Kreatur" (2 Kor 5,17; Gal 6,15). Die Taufe erweist sich als Schöpfungsakt, der nur mit der Erschaffung der Welt oder der Gabe des Lebens vergleichbar ist. Damit vermag für Paulus der Glaube „in Christus" schon vorwegzunehmen, was der übrigen Schöpfung erst noch bevorsteht, wenn der neue Äon in einem neuen Himmel und einer neuen Erde zur Vollendung kommt (vgl. Offb 21).

Nun werden die Getauften durch den Geist Gottes „in der Neuheit des Lebens" wandeln (Röm 6,4; vgl. 7,6), die durch den Heiligen Geist schon ganz im Zeichen der eschatologischen Vollendung steht. Wo der Geist Gottes wohnt, da herrschen Gerechtigkeit, Leben und Friede (Röm 8,1ff). Nicht mehr das ängstliche Harren, Seufzen und Sehnen der Kreatur nach Erlösung bestimmt die Existenz der Getauften, sondern die herrliche Freiheit der Kinder Gottes, die von der Hoffnung auf das Offenbarwerden der göttlichen Herrlichkeit erfüllt ist (Röm 8,18ff).

In der Taufe geschieht zugleich ein Herrschaftswechsel (Röm 6,9.12). Der Getaufte ist – in den sozialen Kategorien von Sklaverei und Freiheit ausgedrückt – nicht mehr unter der tödlichen Herrschaft der Sünde versklavt (vgl. 5,14.17.21; 6,6.9.14-23), sondern durch den stellvertretenden Sühnetod Jesu aus dieser Abhängigkeit befreit (3,25f; 6,18.22; 8,2).

Dieser Herrschaftswechsel ist ein eindrückliches Beispiel dafür, wie „Herr-Sein" und „herrschen" im neutestamentlichen Sprachgebrauch durch das Christusgeschehen inhaltlich völlig neu interpretiert wird. Nun „herrscht" über den Getauften nicht mehr die Sünde, sondern die Gnade (5,21; 6,14). Wer getauft ist, lebt nicht mehr „unter dem Gesetz", sondern „unter der Gnade" (6,14). Christus ist der „Herr" seines Lebens, der ihn von der Macht der Sünde frei gemacht hat und ihm Gerechtigkeit und ewiges Leben schenkt (10,9-13).

Damit ist die Macht der Sünde „ein für alle Mal" (ephápax) gebrochen (6,10), auch wenn ihre vollständige Vernichtung noch auf sich warten lässt. Wegen dieser Spannung zwischen „schon" und „noch nicht" bedürfen die Getauften weiterhin der Paränese (6,12ff; 12,1ff). In der drastischen Rede vom Absterben und Auferstehen, vom Herrschaftswechsel und der Neuschöpfung findet die Erfahrung einer völligen Lebenswende ihren Niederschlag, die die Bekehrung zu Christus für die ersten Christen mit sich brachte – bei Paulus sein Berufungserlebnis vor Damaskus (Gal 1,11-17; 1 Kor 15,8-10; Apg 9).

Die durch die Taufe neu geschaffene Existenz hat für Paulus ethische Konsequenzen: Der Getaufte gehorcht nicht mehr wie ein Sklave der Sünde (Röm 6,6.16f.19f), sondern ist befreit von deren Herrschaft. In der Gemeinschaft mit Christus führt er ein eschatologisch erneuertes Leben (6,4) und dient der göttlichen Gerechtigkeit durch ein entsprechendes moralisches Verhalten (6,16.18f; vgl. V 22). Die neue Präsenz Christi wird in den paränetischen Aussagen von Röm 6 und 8 sowie insbesondere ab Kap. 12 für die Lebensgestaltung der Christen ethisch fruchtbar gemacht.

Diese Aussagen aus Röm 6 werden von einem Schüler des Paulus in Kol 2,12f aufgenommen, zugleich aber in bemerkenswerter Weise verändert:

12 „Mit ihm (wurdet ihr) begraben in der Taufe,
in der ihr auch mitauferweckt wurdet durch den Glauben an die Kraft Gottes,
der ihn von den Toten auferweckt hat.
13 Und euch,
die ihr auch tot seid (in) den Sünden und der Unbeschnittenheit eures Fleisches,
hat er mit ihm lebendig gemacht,
indem er uns alle Verfehlungen vergeben hat."

In Röm 6,3-8 hatte Paulus aus einem paränetischen Interesse heraus dargelegt, dass die Christen in der Taufe mit Christus gestorben sind und in der Auferstehung auch mit ihm leben werden (Futur). Demgegenüber ist in Kol 2,12f eine deutliche Akzentverschiebung bei den Auferstehungsaussagen zu beobachten: In der Taufe sind die Gläubigen mit Christus nicht nur begraben, sondern durch den Glauben auch schon auferweckt und lebendig gemacht (Aorist). Durch die Umformulierung der bei Paulus ursprünglich futurischen Formulierung in eine Vergangenheitsaussage wird im Kolosserbrief auch die Teilhabe an der Auferstehung Christi als bereits vollzogenes Geschehen eingestuft.

Diese neue Auffassung richtet sich gegen die Tendenz, das Opfer Christi zu entwerten, wie es die gegnerischen Lehren von den übermenschlichen Kräften der „Weltelemente" (stoicheía toú kósmou; Kol 2,8.20) mit sich bringen, d.h. von Kräften, die von den Gestirnen des Kosmos ausgehen. Um einer solchen Minderung der Heilsbedeutung Jesu durch den Einfluss anderer Mächte entgegenzutreten, wird mit aller Vehemenz die Gegenwärtigkeit des Heils, d.h. das Schon-jetzt-auferstanden-Sein mit Christus, hervorgehoben. In dieser Frontstellung liegt der Schlüssel zum Verständnis des Kolosserbriefs. Noch einen Schritt weiter geht der Verfasser von Eph 2,5f:

5 „Uns, die wir tot waren durch die
Verfehlungen,
hat er zusammen mit Christus lebendig gemacht
– durch Gnade seid ihr gerettet –
6 und zusammen auferweckt
und zusammen eingesetzt in den Himmeln in
Christus Jesus."

In Eph 2,5f ist schon nicht mehr vom Sterben und Begrabenwerden mit Christus die Rede, sondern nur noch in Aoristformen vom bereits begonnenen gegenwärtigen Leben mit ihm („mit Christus lebendig gemacht ... mit auferweckt ... mit eingesetzt im Himmel"). Wie dies neue Leben aussieht, wird in Eph 2 noch nicht beschrieben, sondern erst in der Paränese in Kap. 4 – 6 in der Bitte um einen Lebenswandel, der der Berufung würdig ist, konkreter ausgeführt (2,10; 4,1).

Unmittelbar aufgenommen werden die Aussagen von Eph 2,5f vor allem in dem Appell, den alten Menschen mit seinen heidnischen Begierden und Lastern abzulegen und den neuen Menschen in Gerechtigkeit und Heiligkeit anzuziehen, wie es der Lehre Christi und der Wahrheit in Jesus entspricht (4,17-24; s.u.). Näher ausgestaltet wird dieser neue christliche Lebenswandel im paränetischen zweiten Briefteil in dreifacher Hinsicht:

- ekklesiologisch in der Bitte um Geduld und Liebe in der Kirche (4,1-17);
- individualethisch in der Ermahnung zu Wahrhaftigkeit und Liebe im Umgang mit dem Nächsten (4,25–5,20);
- sozialethisch in den Anordnungen für das Zusammenleben in der Haustafel (5,21 – 6,9).

Aufschlussreich sind die Veränderungen von Eph 2 gegenüber Röm 6: Für Paulus war der Akt der Neuschöpfung bzw. der Vorgang des Herrschaftswechsels entscheidend. Im Hintergrund stand für den Apostel die Erfahrung seiner eigenen Lebenswende vor Damaskus, die in mancher Hinsicht für die Bekehrungserfahrung der ersten Generation typisch war.

Doch im Unterschied zu Paulus, ist, bei allem Kontrast zwischen „einst" und „jetzt", im Epheserbrief nicht mehr der Vorgang des Herrschaftswechsels ausschlaggebend, sondern das Ergebnis, nämlich der vollzogene Ortswechsel: Die Getauften sind schon mit Christus auferweckt, leben bereits mit Christus und haben – mit ihm eingesetzt im Himmel – teil an seiner Herrschaft.

Paulus hatte daran appelliert, den Herrschaftswechsel, der in der Taufe geschehen ist, nun auch im eigenen Lebenswandel nachzuvollziehen. Der Verfasser des Epheserbriefs argumentiert mit dem Christsein, mit der Gegenwärtigkeit des Heils, mit dem, was durch die Taufe schon geworden ist.

Damit verschiebt sich der Akzent vom Vorgang des Herrschaftswechsels in der Taufe auf den heilvollen Zustand des Getauftseins, des Christseins. Bezeichnenderweise wird auch nicht mehr der Vorgang der Neuschöpfung in der Taufe erwähnt, sondern in Eph 2,10 nur auf das Ergebnis des Geschaffenseins hingewiesen: „Wir sind sein Geschöpf (poíēma), geschaffen in Christus." Durch die Taufe ist das Heil im Leben der Christen bereits eine gegenwärtige Wirklichkeit geworden.

In dieser Veränderung spiegelt sich im Epheserbrief die gewandelte Situation späterer Generationen wider, die selber schon in einer Familie mit christlichen Eltern aufgewachsen sind (vgl. das Zusammenleben mehrerer Generationen in der Haustafel 6,1-4). Für diesen Personenkreis ist nicht mehr der Bekehrungsvorgang, sondern die Gegenwärtigkeit des Heils bestimmend: Der sachliche Gegensatz zwischen der Existenz mit und ohne Christus wird durch das Kontrastschema zwischen der heidnischen Vergangenheit und der jetzigen christlichen Existenz im Epheserbrief zwar aufgenommen und sogar noch typisierend verschärft. Doch das Hauptinteresse gilt nicht mehr der biografischen Wende im Leben des einzelnen Christen, sondern der Heilsteilhabe als einem gegenwärtigen Faktum.

Der Gedankengang wird so sehr auf die Situation des Getauftseins zugespitzt, dass der rituelle Vollzug der Taufe gar nicht mehr explizit erwähnt, sondern in traditionellen Formulierungen umschrieben, der Sache nach bereits vorausgesetzt und nur noch in Vergangenheitsaussagen als Ergebnis festgehalten wird.

Daher handelt es sich beim Epheserbrief auch nicht um eine Taufansprache (vgl. den Weckruf aus der Taufliturgie in Eph 5,14), sondern um ein Schreiben für Getaufte, die längst durch den Heiligen Geist (sc. bei ihrer Taufe) versiegelt worden sind (1,13; 4,30). Sie sollen an das mit der Taufe erlangte Heil erinnert (2,5f) sowie zu einer ihrer Berufung gemäßen Lebensführung ermahnt werden (2,10; 4,1).

Deshalb werden in Eph 2 auch nicht mehr so unmittelbar wie in Röm 6 die ethischen Konsequenzen aus dem Herrschaftswechsel in der Taufe gezogen, sondern es wird nur auf deren Resultat hingewiesen, das in der vollen Heilsgemeinschaft mit dem lebendig gemachten, auferweckten und zur Rechten Gottes sitzenden Christus besteht. Die ethischen Konsequenzen werden erst in der Paränese ab 4,1 ausführlicher dargelegt.

Bei dieser präsentisch zugespitzten Eschatologie ist freilich zu beachten, dass in der Soteriologie des Epheserbriefs sehr sorgfältig zwischen der objektiven und der subjektiven Seite des Heilsgeschehens differenziert wird. In Eph 2,5f wird nur die subjektive Zueignung des Heils im Leben eines einzelnen Menschen beschrieben, während die objektive Seite des Heilsgeschehens in Christus erst in 2,14-18 entfaltet wird (s.u.).

Zusammen mit dieser Differenzierung, bleibt auch die von Paulus geläufige eschatologische Spannung zwischen „schon“ und „noch nicht“ erhalten. Denn bei aller gegenwärtigen Zueignung des Heils besteht der eschatologische Vorbehalt darin fort, dass das volle Ausmaß des Heils auch im Epheserbrief dem Bereich menschlicher Erfahrung sowohl räumlich als auch zeitlich weiterhin entzogen ist: Zum einen wird der Ort des Heils bei Christus „im Himmel“ lokalisiert und bleibt damit dem menschlichen Zugriff unerreichbar (2,6), zum anderen steht die Vollendung immer noch aus und wird erst „in den kommenden Zeiten“, d.h. im neuen Äon, eintreten (2,7). Damit ist die Kontrastierung zwi-

Wenn wir von einer inneren Freudigkeit erfüllt sind, welche, wie die Morgensonne, die Welt überscheint und alle Begebenheiten, Verhältnisse und Kreaturen zur eigentlichen Bedeutung erhebt, so ist dieses freudige Licht vielmehr die wahre göttliche Gnade, in der allein alle Tugenden und großen Gedanken gedeihen, und die Welt ist wirklich so bedeutsam, jung und schön, wie sie unser Gemüt in sich selber anschaut.

Joseph von Eichendorff

schen der einstigen heidnischen Lebensweise (2,1-3) und der gegenwärtigen christlichen Existenz (2,4-7) abgeschlossen.

3. „Aus Gnade seid ihr selig geworden!“ (2,8-10)

Was nun in Eph 2,8-10 folgt, ist ein Nachtrag, der durch die Parenthese in V 5 schon vorbereitet wurde: „Aus Gnade seid ihr selig geworden.“ Das Seligwerden ist ein anderer Ausdruck für die Errettung, das Heil. Damit wird zusammengefasst, was die Taufe gebracht hat.

Beim Abschnitt Eph 2,8f handelt es sich um eine summarische Kurzparaphrase von Röm 3,21-30 (*Gerhard Sellin,* 184), die in veränderter, aber doch adäquater Weise die Grundgedanken der paulinischen Rechtfertigungslehre weiterführt und dabei insbesondere den bedingungslosen Geschenkcharakter des paulinischen „sola gratia“ (allein durch Gnade) hervorhebt. Das betont vorangestellte „(allein) durch Gnade“ (Eph 2,5.8; vgl. 1,6f; 2,7; 3,2.7f; 4,32) erinnert an den paulinischen Wortgebrauch im Zusammenhang der Rechtfertigungslehre (Röm 3,24; 5,1f). Allein Gottes Erbarmen und seine Liebe (Eph 2,4) sind die Ursache für die Errettung und das Heil (1,13; 6,17). Empfangen wird das Heil „(allein) durch Glauben“ (Eph 2,8; vgl. Röm 3,22.25; Gal 2,16; Phil 3,9 sowie Gal 2,16; Röm 5,1: „aus Glauben“).

Der Glaube ist das Medium des Heilsempfangs. Was Christen und Christinnen „durch den Glauben“ widerfährt, wird „durch den Geist“ herbeigeführt (Eph 3,16f). Der Glaube ist eine Gabe und Wirkung des Geistes, nicht ein Werk oder die Entscheidung des Menschen. Das Heil kommt „nicht aus euch“ (Eph 2,8), „nicht aus Werken“ (Eph 2,9; vgl. Gal 2,16; Röm 3,28), es ist Gottes „Gabe“, sein „Geschenk“ (Eph 2,8; vgl. Röm 3,24: „geschenkweise“).

Deshalb ist aller menschliche Selbstruhm ausgeschlossen (Eph 2,9; vgl. Röm 3,27; 4,2; 1 Kor 1,29; 3,21). Der Ruhm gebührt allein Gott bzw. Christus, der für seine Heilstat zu ehren, zu loben und zu preisen ist (Röm 5,11; 1 Kor 1,30f; 2 Kor 10,17; vgl. Jer 9,22f). Die Erlösung des Menschen ist Gottes Geschenk, im Blick auf das Heil ist der Mensch passiv, der Empfangende. Darum wird der Gnadengedanke der göttlichen Barmherzigkeit und Liebe (Eph 2,4) wiederholt betont hervorgehoben: „aus Gnade“ (2,5.8), „durch den überschwänglichen Reichtum seiner Gnade“ (2,7).

Umso mehr fällt angesichts dieser durch und durch paulinisch geprägten Ausdrucksweise der Wechsel in der Begrifflichkeit auf: „Aus Gnade seid ihr selig geworden (sesōsménoi)“ heißt es nun in Eph 2,5.8 statt in Röm 3,24: „Gerechtfertigt (dikaioúmenoi) seid ihr durch seine Gnade.“ Damit vollzieht sich ein Wandel von der alttestamentlich-jüdisch geprägten Rechtfertigungsterminologie zu präsentischen Heilsaussagen, die eher hellenistischen Erlösungsvorstellungen entgegenkommen.

Überhaupt fällt auf, dass das Wortfeld der Gerechtigkeit im Epheserbrief ausgespart wird. Auch das Gesetz wird im Zusammenhang der Heilsaussagen nicht mehr erwähnt (nur einmal in Eph 2,15). Und statt von den „Werken des Gesetzes“, d.h. den Werken, die die Tora für ein vor Gott untadeliges Leben zu tun verlangt (Röm 3,20.28; Gal 2,16; 3,2.5.10), ist im Epheserbrief nur noch unspezifisch von „Werken“ die Rede (Eph 2,9).

Die Aufmerksamkeit des Verfassers wendet sich nun den „guten Werken“ zu, auf die er im darauf folgenden Vers zu sprechen kommt (Eph 2,10). Damit zeichnet sich ein Wechsel in der Fragestellung gegenüber den paulinischen Briefen ab. Das Interesse gilt im Epheserbrief nicht mehr speziell den Werken, die die Tora für das Heil zu tun fordert, sondern umfassender jeder Art von guten Werken, die dem Nächsten zu erweisen sind. Damit wird im Übergang von V 9 zu V 10 zugleich ein Wandel in der Thematik von der Soteriologie zur Ethik erkennbar. Im Epheserbrief geht es nicht mehr um die Werke, die zum Erlangen der Gerechtigkeit und des Heils notwendig sind, sondern nur um die guten Werke, d.h. die Werke der Barmherzigkeit oder sozialen Wohltätigkeit.

In diesem Sinn konnte auch Paulus schon die Geldsammlung für die Armen der Jerusalemer Gemeinde als „gutes Werk“ bezeichnen (2 Kor 9,8; vgl. den Exkurs bei *Paul Billerbeck:* Kommentar zum Neuen Testament aus Talmud und Midrasch IV/1, München 1928, 536-558). Der Plural „gute Werke“ begegnet in diesem pointiert ethischen Sinn jedoch noch nicht bei Paulus, sondern erst bei seinen Schülern als Oberbegriff für die Früchte des Glaubens (so Eph 2,10 und in den Pastoralbriefen 1 Tim 2,10; 5,10.25; 6,18; Tit 2,7.14; 3,8; vgl. im Singular 2 Tim 2,21; 3,17; Tit 1,16; 3,1, aber auch Kol 1,10; 2 Thess 2,17). In der nachpaulinischen Literatur werden die „guten Werke“ zu einem feststehenden Begriff der Paränese (Hebr 10,24; 1 Petr 2,12). Im gleichen Sinn sagt auch Jesus in der Bergpredigt im Anschluss an die Seligpreisungen: „So lasst euer Licht leuchten vor den Leuten, damit sie eure guten Werke sehen und euren Vater im Himmel preisen“ (Mt 5,16).

Aus diesen Veränderungen im Sprachgebrauch ergeben sich zwei Folgerungen für das Verständnis des Epheserbriefs: Zum einen lässt das Zurücktreten von Ausdrücken des „Gesetzes“ und der „Rechtfertigung“ darauf schließen, dass die Frage nach der Heilsbedeutung der Tora, die im Galater-, Philipper- und Römerbrief umstritten war, zur Abfassungszeit des Epheserbriefs nicht mehr aktuell ist. Ob es zum Erlangen der Gerechtigkeit und des Heils notwendig ist, die von der Tora geforderten Werke zu erfüllen (z.B. die Beschneidung oder das Einhalten der Sabbatgebote und der Reinheitsvorschriften beim Essen), ist ein Problem, das Autor und Adressaten nicht mehr umzutreiben scheint und deshalb im Epheserbrief auch nicht mehr diskutiert zu werden braucht. Festgehalten und durch Wiederholung bekräftigt wird nur der paulinische Kerngedanke, dass das Heil sich allein der göttlichen Gnade verdankt.

Damit wird im Epheserbrief nicht nur die Rechtfertigung durch Werke, die die Tora fordert, abgelehnt, sondern jede Form der Werkgerechtigkeit, und zwar völlig unabhängig von der jüdischen oder heidnischen Prägung. Gottes Gnade und Liebe gelten einem Menschen um seiner selbst willen als Person, nicht aufgrund von irgendwelchen Werken oder Taten. Gottes Wohlwollen einem Menschen gegenüber wird nicht durch das menschliche Wohlverhalten begründet, sondern verdankt sich allein dem Ratschluss der göttlichen Erwählung. Damit kann das Problem der Werkgerechtigkeit in der heutigen Leistungsgesellschaft völlig unabhängig von der jüdischen Frage nach der Bedeutung der Tora bei Paulus angesprochen werden.

Als Konsequenz aus der Rechtfertigungslehre gegenüber jeder Form von Werkgerechtigkeit ist festzuhalten: Die Würde eines Menschen beruht nicht auf seinen Werken, sondern liegt im Erwählungshandeln der göttlichen Gnade und Liebe schon vor Erschaffung der Welt begründet. Deshalb darf auch das menschliche Selbstwertgefühl nicht von den eigenen Werken abhängig gemacht werden. Ein Mensch ist nicht nur das, was er erarbeiten und sich leisten kann. Die Erwählung zum Heil gilt jedem Menschen unabhängig von seiner eigenen Leistungsfähigkeit. Die Würde, die einem Menschen zusteht, kommt ganz und allein aus Gottes Liebe und Gnade.

In der Soteriologie haben die „Werke" also nichts zu suchen, sehr wohl aber in der Ethik. Zum Heil können die Werke nichts beitragen, umso wichtiger werden die „guten Werke" als Leitmotiv christlicher Ethik (Eph 2,10). In dieser Wortverbindung verliert der Begriff der Werke seine antinomistisch polemische Funktion und wird zu einem positiven Ausdruck für die ethischen Früchte des Glaubens. Die „guten Werke" werden nun zum Kennzeichen für einen christlichen Lebenswandel, der in Eph 2,10 explizit zum Thema gemacht und in der Paränese ab 4,1 weiter entfaltet wird (vgl. peripateín = „umhergehen, seinen Lebenswandel gestalten, leben, wandeln" in 2,10 und 4,1; 5,2.8).

Nach der Soteriologie tritt in Eph 2,10 also die Ethik ins Blickfeld. Der Vers ist durch „gár" (denn) als Begründung für die vorangehenden Aussagen angeschlossen: „Denn sein Geschöpf sind wir." „Poíēma" (Geschöpf) ist - von „poieín" (machen) abgeleitet - ein Ausdruck für das, was Gott gemacht, geschaffen, gebildet hat (vgl. Gen 1 - 2). Im biblischen Sprachgebrauch begegnet dies Wort nur für die Werke der göttlichen Schöpfung (Röm 1,20). In Eph 2 wird das menschliche Geschaffensein (2,10) mit der göttlichen Gnade (2,5.8) in Verbindung gebracht.

Damit ist im Epheserbrief nicht nur das Schöpfungshandeln ganz von Gottes Gnade bestimmt, sondern auch sein Gnadenhandeln allein in Kategorien der Schöpfung angemessen zu beschreiben. Nicht nur im Blick auf die Rechtfertigung und das Heil, sondern in seiner ganzen Kreatürlichkeit lebt der Mensch aus der Gnade, aus dem Empfangen. Dieser Gedanke erinnert an die rhetorische Frage aus 1 Kor 4,7: „Was hast du, das du nicht empfangen hast? Wenn du es aber empfangen hast, was rühmst du dich dann, als hättest du es nicht empfangen?"

Die Rede vom Geschöpf-Sein wird noch durch die Wendung „geschaffen in Christus Jesus" präzisiert. Dieser Ausdruck zeigt, dass in Eph 2,10 nicht die uranfängliche Erschaffung des Menschen und sein kreatürliches Leben gemeint sind, sondern die Neuschöpfung in Christus, die in der Taufe die Christen mit Christus lebendigmacht (Eph 2,5f). Es geht um die christliche Existenz als „neue Schöpfung" (2 Kor 5,17; Gal 6,15), die in der Paränese für den „neuen Menschen" ab 4,17 weitergeführt wird (s.u.).

Uns ist der Einzelne wichtig. Um eine Person zu lieben, muss man ihr ganz nahe kommen. Wenn wir warten, bis ihrer viele sind, werden wir uns in der Menge verlieren und werden dieser Person niemals Achtung und Liebe bezeigen können. Für mich ist jede Person einmalig auf der Welt.

Mutter Teresa

Geschaffen ist dieser neue Mensch „zu guten Werken". Die Präposition „epí" bezeichnet die guten Werke als Ziel und Folge des göttlichen Schöpfungshandelns. Die Gläubigen werden zwar „nicht aus Werken" (2,9) gerettet, sind aber sehr wohl „zu guten Werken" (2,10) bestimmt. Diese guten Werke sind nicht mehr die Werke des Gesetzes, die die Tora für ein vor Gott untadeliges Leben verlangt, sondern die Werke der Barmherzigkeit und Nächstenliebe, die den Mitmenschen erwiesen werden sollen (4,25ff). Die guten Werke sind nicht Ursache der Erlösung und auch kein Beitrag zum Heil, sondern eine Frucht und Folge des göttlichen Gnadenhandelns an den Glaubenden. Ursache der guten Werke bleibt Gottes Gnade. Der ganze Gedankengang zielt auf einen Lebenswandel (2,10), der inhaltlich in der Paränese ab 4,1 entfaltet wird. Die guten Werke sind Kennzeichen einer christlichen Existenz.

Eine besondere Pointe des Epheserbriefs liegt darin, dass Gott diese guten Werke „zuvor bereitet hat". Bei dem Verbum „pro-hetoimázein" (zuvor bereiten) erinnert die Vorsilbe „pro-" an die Erwählungs- und Prädestinationsaussagen des Epheserbriefs (1,4.5.9.11; 3,11). Schon in Weish 9,8 wird das Verb „pro-hetoimázein" für den Tempel bzw. die Stiftshütte gebraucht, die Gott von Anfang an „zuvor bereitet" hat, d.h. vor aller Zeit in Gottes Ewigkeit. Ebenso spricht Paulus in Röm 9,23 als Ausdruck der göttlichen Erwählung von „den Gefäßen der Barmherzigkeit, die er zuvor bereitet hatte zur Herrlichkeit."

Dementsprechend reiht sich die Rede vom Zuvor-Bereiten auch im Epheserbrief in die Aussagen über den vorzeitlichen göttlichen Erwählungsratschluss ein (Eph 1,4ff). Die „guten Werke" sind also, noch bevor der Christ sie tun kann, längst von Gott selbst „vorwegbereitet". D.h. nicht nur die Errettung, die Erlösung und das Heil entspringen dem göttlichen Ratschluss vor aller Zeit, sondern auch die guten Werke der Gläubigen. Diese sind von Gott in dem Sinn vorbereitet, dass sie längst zuvor bereitet wurden vor Grundlegung der Welt. Damit werden auch die guten Werke letztlich allein auf Gott zurückgeführt.

Den Abschluss bildet ein Finalsatz: „damit wir in ihnen (= guten Werken) wandeln". Das Verbum „peripateín" (wandeln, umhergehen) wird im übertragenen Sinn für den Lebenswandel gebraucht, d.h. für die Art und Weise der Lebensführung. Durch die finale Konjunktion „hína" (damit) wird deutlich: „Gott ist zwar allein die Ursache der guten Werke, aber dem Christen bleibt die Konsequenz, in diesen bereitgestellten Werken ‚zu wandeln', die nicht sein Verdienst sind" (*Gerhard Sellin*, 188).

Die Zielformulierung ergibt eine Ringkomposition mit dem Beginn der Perikope: Das Wandeln in den guten Werken ist das positive Gegenstück zum Wandeln in den Sünden, Verfehlungen und Begierden der heidnischen Vergangenheit (2,1-3), die durch die Neuschöpfung des Menschen in der Taufe überwunden sind (2,4-7). Wie der in Christus neu geschaffene Mensch konkret leben soll, wird die Paränese ab 4,1ff zeigen (s.u.).

Fazit

Im Zentrum von Eph 2,1-10 stehen die Aussagen über die Gegenwärtigkeit des Heils in der christlichen Existenz. Durch die Taufe sind die Gläubigen bereits „mit Christus lebendig gemacht ... mit auferweckt ... mit eingesetzt im Himmel" (2,5f). Von der Taufe ist in Eph 2 zwar nicht ausdrücklich die Rede, doch ist diese Kernthese von den paulinischen Aussagen über die Taufe in Röm 6 geprägt.

Im Vergleich mit den paulinischen Aussagen in Röm 6, verschiebt sich der Akzent vom Vorgang des Herrschaftswechsels in der Taufe auf den heilvollen Zustand des Getauftseins, des Christseins. Durch die Taufe ist das Heil im Leben der Christen und Christinnen bereits eine gegenwärtige Wirklichkeit geworden: „Aus Gnade seid ihr selig geworden!" (2,5.8).

Mit diesen Worten werden zwei Mal die Grundgedanken der paulinischen Rechtfertigungslehre gebündelt und auf die gegenwärtige Heilsteilhabe zugespitzt. Die Seligkeit wird nicht aufgrund von Werken erlangt, sondern allein durch den Glauben an Christus empfangen. Die Teilhabe an der göttlichen Herrlichkeit ist allein Gottes Werk in der Versöhnung und Neuschöpfung durch Christus. Das Christsein verdankt sich ganz allein Gottes Barmherzigkeit und Liebe (2,4), kurz gesagt: seiner Gnade (2,5.7.8). Die christliche Existenz ist eine Gabe: „Gottes Geschenk" (2,8). Der Mensch wird nicht „aufgrund von Werken" gerettet (2,5.8), aber als neue Kreatur ist er „zu guten Werken" bestimmt (2,10).

Die guten Werke sind die Taten der Liebe, die in der Paränese der Kap. 4 – 6 entfaltet werden (4,2.16; 5,2.25.28). Sie sind Kennzeichen christlicher Existenz. Sie tragen nichts zum Heil bei, sind aber Ziel und Folge des göttlichen Erwählungshandelns von Anfang an. „Das paulinische Verhältnis von Gnade (Rechtfertigung) und Ethik ist dabei im Ganzen gewahrt. Neu gegenüber Paulus ist die protologische Verankerung auch der Ethik (wie schon der Eschatologie: V 7). Diese Auffassung von der ‚Präexistenz der Werke' stellt eine nicht mehr steigerbare Radikalisierung der paulinischen Rechtfertigungslehre dar. Sie ist in der Präexistenz der Liebe Gottes (1,4) angelegt" (*Gerhard Sellin,* 188).

Barmherzig sein fängt zu Hause an.

Gedanken und Texte zum Nachdenken und Besprechen

● Und wenn ich nicht wüsste,
wohin meinen Kopf zur Ruhe betten
in dieser törichten Zeit,
und kein Abend mein unruhiges Herz aufnähme
in die wohl tuenden Arme der Dämmerung,
so wird mein Gemüt doch gerettet
durch die Barmherzigkeit Gottes,
und meine Seele bleibt unverwundet durch seine Güte,
und meine Heiterkeit
darf ich allzeit ausüben
durch seinen Geist,
der so unendlich ist,
dass er kein Ende berührt,
auch wenn er im Kreise ginge.

Hanns Dieter Hüsch

(aus: *Hanns Dieter Hüsch / Uwe Seidel:* Ich stehe unter Gottes Schutz [Seite 14: Zwischen den Jahren]. © tvd-Verlag, Düsseldorf 2009[11])

● Das Provokante an Eph 2,1-10 sind seine Zuspitzungen, seine Schwarz-weiß-Malerei. Zuspitzungen ist eigen, dass in ihnen vieles nicht ausgewogen formuliert wird und plakative Formulierungen gewagt werden. Dadurch bieten sie den Vorteil, dass Entscheidendes deutlich zutage tritt.

● Woran wird das Lebendige meines, unseres Christseins sichtbar?

● Wer behauptet heute von sich: Ich gehöre zu Christus? Und was heißt das überhaupt, zu Christus zu gehören? Welche Rolle spielt dabei meine Taufe, was bedeutet sie mir?

● Das einzige, das zählt,
ist jene Umkehr des Herzens,
die eine Zukunft möglich macht.

Olivier Clement

● Wie finden die Menschen heute zu Gott? Meist nicht durch ein „Damaskus-Erlebnis" wie Paulus, eher wie die Emmaus-Jünger: Sie „kriegen langsam die Kurve".

● Nicht jeder Christ hat sich bei Billy Graham „bekehrt", aber die meisten Menschen können auf ein Vorher und auf ein Nachher ihres Lebens verweisen, haben eine Lebenswende vollzogen.

● Die Veränderung durch Gottes Barmherzigkeit will uns nicht zu beliebten Menschen machen, sondern zu liebesfähigen.

● Gott, der Schöpfer, hat uns die Chancen zum Tun der guten Werke bereit gestellt. An uns ist es, sie zu ergreifen.

Bausteine zur Gestaltung

● Wer mit einem Kurzfilm einsteigen will, sei auf **Die Entdeckung des Martin Luther** von *Christopher Paul* (s.u. Medienempfehlungen S. 118) hingewiesen.

● *Gestaltete Mitte:*
Ein schwarzes und ein weißes Tuch liegen nebeneinander. Auf der Schnittstelle beider befindet sich eine Taufschale mit Taufkanne. Des Weiteren stehen drei kleine Taufkerzen auf dem weißen Tuch. Die TeilnehmerInnen äußern sich über die Gedanken und Assoziationen, die diese „Mitte" in ihnen auslöst.

● In Kleingruppen erfolgt ein Austausch über:
* Was bedeutet mir meine Taufe?
* Wie wirkt sich die Tatsache, dass ich getauft bin, auf meine Lebensgestaltung aus?

● Im Plenum wird über die Frage gesprochen:
* Was unterscheidet christliches von nichtchristlichem Leben?

Die Ergebnisse werden auf einem Flipchart festgehalten.

● In Dreiergruppen tauschen sich die TeilnehmerInnen über die Frage aus:
* Welche Aussagen oder Erkenntnisse sind mir für meinen Glauben wichtig?

Die Sätze oder Stichworte werden auf Sonnen aus gelbem Papier geschrieben und nach der Gruppenphase im Plenum vorgestellt und in die gestaltete Mitte gelegt.

● In Einzelarbeit zeichnen die TeilnehmerInnen ihre Lebenslinie und markieren die Punkte, wo sich in ihrem Leben etwas gewendet hat. Dabei bedenken sie die Frage:
* Welche Rolle hat bei diesen Lebenswenden mein Glaube gespielt?

Danach stellen sie sich in Vierergruppen ihre Ergebnisse vor.

● Tot sein wird in unserer Sprache nicht nur für den leiblichen Tod eines Menschen verwendet, sondern auch im übertragenen Sinn.
* Welche Beispiele fallen Ihnen dazu ein?

Die Ergebnisse werden auf einem Flipchart festgehalten.

● *Textlesung:*
Die TeilnehmerInnen erhalten ein Textblatt. Nachdem der Text vorgelesen worden ist, lesen die Einzelnen noch einmal den Vers vor, bei dem sie hängen geblieben sind und erläutern kurz, warum.

● *Fragen zur Texterschließung:*
* Wie wird in diesem Abschnitt Gemeinde beschrieben? Welche Aussagen sind dem Verfasser im Hinblick auf die Gemeinde wichtig?
* Welche bildhaften Ausdrücke verwendet der Verfasser, um das Leben der Gemeindeglieder vor ihrem Christsein zu beschreiben? Wie hilfreich sind Ihnen diese Ausdrücke?
* Womit hat Gott seine Gemeinde beschenkt?
* Wie soll sich das Geschenk Gottes in der Gemeinde auswirken?
* Mit welchen Aussagen haben Sie Schwierigkeiten?

● *Gesprächsimpulse:*
Zu Beginn haben wir zusammengetragen, welche Aussagen oder Erkenntnisse uns für unseren Glauben wichtig sind.
* Was würden Sie nach der Beschäftigung mit Eph 2,10 noch hinzufügen?

Die Gedanken werden ebenfalls auf Sonnen aus gelbem Papier geschrieben und in die Mitte gelegt.

In Eph 2,1-10 wird der Gemeinde ins Herz geschrieben, was sich durch ihre Zugehörigkeit zu Christus in ihrem Leben verändert hat. Diese Erinnerung tut offenbar not.
* Was löst diese Erinnerung in Ihnen aus, wo fühlen Sie sich angesprochen?
* Welche Hilfen zur Glaubensvergewisserung finde ich in meiner Gemeinde, welche vermisse ich?

● Die TeilnehmerInnen erhalten eine A5 Karte, auf der steht: „Denn was wir sind, ist Gottes Werk; er hat

uns durch Jesus Christus dazu geschaffen, das zu tun, was gut und richtig ist. Gott hat alles, was wir tun sollen, vorbereitet; an uns ist es nun, das Vorbereitete auszuführen“ (Eph 2,10 Übersetzung der NGÜ).
Bei besinnlicher Musik bedenken sie den Vers.

● Wir werden nicht etwa zu ethischer Perfektion gezwungen, sondern zu einem Spaziergang eingeladen: Da gibt es ein Paradiesgärtlein guter Werke, von Gott geschaffen, und wir dürfen drin spazieren gehen, seit wir durch die Taufe da hinein versetzt (oder aufgetaucht) sind!
- Wozu regt mich diese Sichtweise im Blick auf mein Leben an?

● Wer den Abend mit einer Bildbetrachtung schließen möchte, sei auf das Bild von *Susanne Ledendecker* und die Betrachtung von *Jörg Meuth* hingewiesen (s. u. S. II).

Lieder

Ich möcht', dass einer mit mir geht	EG 209
Du hast mich, Herr, zu dir gerufen	EG 210
Strahlen brechen viele	EG 268
Gott wohnt in einem Lichte	EG 379/GL 290
Erneure mich, o ewigs Licht	EG 390
In dir ist Freude	EG 398
Christus, das Licht der Welt	EG 410
Das ist der Tag, den Gott gemacht	GL 220
Zieh an die Macht, du Arm des Herrn	GL 304
Im Frieden dein, o Herre mein	GL 473
Morgenstern der finstern Nacht	GL 555

Didaktischer Entwurf zu Epheser 2,1-10

Verfasser: Dr. Rosemarie Micheel / Wolfgang Baur

Thematischer Schwerpunkt

Eph 2,1-10 beschreibt das Wesen und den Auftrag des glaubenden Menschen in einer feindlichen Umwelt. Während dort mit anderen Maßstäben gemessen wird, braucht sich der glaubende Mensch nur an der Liebe Gottes zu „messen“ und mit dieser Liebe auch anderen Menschen zu begegnen. Alles andere ergibt sich von selbst, denn Gott hat „vorgesorgt“! Die Bibelarbeit soll die Teilnehmenden dazu anregen, über ihr Christsein nachzudenken:
- Woran mache ich meinen Glauben fest? Gibt es Punkte, die ich nennen kann?
- Was habe ich dafür „mitbekommen“ (von Eltern, Freunden, Paten, von Gott)?
- Was bedeutet es mir, zu Christus zu gehören? Welche Rolle spielt dabei meine Taufe? Welchen Stellenwert hat sie für mich?

Gestaltete Mitte

Ein Geschenkpaket und ein leerer Korb; diverse Gegenstände darum herum: Gesangbuch, Bibel, Farbstifte, Brille, Radiergummi, ein paar Zettel, um etwas darauf zu schreiben oder zu zeichnen … lauter Dinge, die man symbolisch in den Korb legen kann als Dinge, die mir für mein Leben als Christ mitgegeben wurden oder die ich selbst eingepackt habe. Außerdem eine nicht angezündete Kerze und Streichhölzer.

Vorbereitung

Zusätzlich werden Herzen aus Papier (Durchmesser rund 10 cm) und Stifte für die zweite Phase (Beschriftung der Inhalte der Geschenkbox) bereit gehalten.

Zur Gestaltung des Abends

Liturgischer Beginn

Zu Beginn wird „Christus, das Licht der Welt“ (EG 410,1-4) gesungen, danach der Bibelwochenpsalm (Ps 98) im Wechsel gebetet.

Öffnen – Text trifft Wirklichkeit

Der Korb in der Mitte wird gefüllt: Die TN sind eingeladen, Gegenstände in den Korb zu legen, die etwas bezeichnen, das sie für ihren Weg als Christen von irgendwoher mitbekommen haben. Auch Zettel mit weiteren Dingen oder Haltungen, Erfahrungen usw. können beschriftet werden. Die einzelnen Symbole können kurz erklärt werden.

Am Ende wird die Frage gestellt:
* Ist in meinem Korb alles drin, was ich benötige, um als Christ zu leben?

Begreifen – Textlektüre und Textinformation
In Dreiergruppen tauschen sich die TeilnehmerInnen über folgende Fragen aus:
* Welche Kräfte und Maßstäbe spielen im Text eine Rolle?
* Sind diese für heutiges Leben noch bedeutsam? Was bedeutet es mir, zu Christus zu gehören?
* Wie wirkt sich meine Christuszugehörigkeit auf meine Lebensgestaltung aus?
* Welche Rolle spielt dabei meine Taufe, welchen Stellenwert hat sie für mich?
* Welchen Inhalt hat das „Geschenk Gottes“, von dem der Text spricht, Ihrer Meinung nach?

Die letzte Frage soll von allen Gruppen bearbeitet werden. Jede Gruppe bringt ein bis drei Elemente ein, die ihrer Meinung nach in der Geschenkbox Gottes enthalten sind. Sie schreibt die Geschenke auf ein Papierherz. Diese Herzen werden dann im Plenum um die Geschenkbox und den Korb gelegt. Es folgt ein Austausch darüber, wie (un-)bewusst uns dies andauernd neue Geschenk Gottes ist, und wie das Wissen davon unser Leben verändern kann.

Mitnehmen – Mit dem Text weitergehen – Was trägt der Text aus?
Im Mittelpunkt des Abschlusses steht der Vers 10, der eine Konsequenz aus dem „Leben als Beschenkte“ darstellt. Je zwei TN unterhalten sich im Gehen (nicht stehen bleiben, eventuell auch den Raum verlassen) über diese Aufforderung:
* „Gott hat alles, was wir tun sollen, vorbereitet; an uns ist es nun, das Vorbereitete auszuführen.“
* Was hat er für die kommende Woche für Sie vorbereitet?

Liturgischer Abschluss
Nach einer Zeit der Stille können die Teilnehmenden ein Teelicht anzünden und es mit einem gesprochenen oder stillen Gebet in die Mitte stellen.
Lied: Du hast mich, Herr, zu dir gerufen (EG 210)
Segen: Es segne und behüte uns Gott,
Grund, der uns trägt,
Kraft, die uns aufrichtet,
Atem, der uns beseelt –
Vater, Sohn und Heiliger Geist.

III Epheser 2,11-22

Befriedet und beheimatet

Auslegung

Nach der biografischen Erinnerung an die vollzogene Lebenswende in der Taufe (2,1-10) folgt in dem neuen Abschnitt 2,11-22 der zentrale Teil innerhalb der ersten Briefhälfte (Eph 1 – 3). Er enthält die ekklesiologische Erinnerung, dass Christus durch seine Versöhnungstat am Kreuz die Feindschaft zwischen Heiden und Juden überwunden und in der einen Kirche aus der entzweiten Menschheit eine neue umfassende Einheit geschaffen hat. Der Abschnitt gliedert sich in drei Teile:

V 11-13 Die heidnische Vergangenheit
V 14-18 Die Einheit durch Christus
V 19-22 Die Kirche als Haus Gottes

1. Die heidnische Vergangenheit (2,11-13)

Der gesamte Abschnitt zielt auf die Einheit der Kirche in Christus. Er geht vom traditionellen Gegensatz zwischen Heiden und Juden aus. Dieser Gegensatz ist ganz vom jüdischen Standpunkt aus formuliert, denn er spricht die Adressaten auf ihre heidnische Vergangenheit an, dass sie „von Geburt einst Heiden" waren (2,11). Anders als in 2,1-10, wird dieser Gegensatz zu den Heiden nicht mehr unter einem ethisch-moralischen, sondern unter einem ethnisch-religiösen Blickwinkel entfaltet. Es geht nicht mehr um das ethische Verhalten, sondern um die heilsgeschichtliche Lage der Heiden vor ihrer Bekehrung zu Christus.

Das deutsche Wort „Heiden" hat einen sehr viel negativ-polemischeren Unterton als der facettenreiche griechische Ausdruck „tá éthnē". Das Wort ist im biblischen Sprachgebrauch ein Komplementärbegriff, denn Heiden gibt es nicht an sich, sondern nur als Gegenüber zu den Juden. Auch vom christlichen Standpunkt des Paulus dient der Begriff der Heiden nie als umfassende Bezeichnung für Nicht-Christen, sondern immer noch ausschließlich für Nicht-Juden. Der ethnisch-religiöse Aspekt ist vorherrschend, wenn der Begriff „Heiden" (éthnē) bei Paulus im Gegensatz steht zu den Juden (Röm 3,29; 9,24; 1 Kor 1,23; Gal 2,15), zu Israel (Röm 9,30f; 11,25) oder dem eigenen Volk (2 Kor 11,26) sowie den Unbeschnittenen (Röm 15,8f; Gal 2,8f sowie Eph 2,11).

Damit übernimmt der Apostel den Sprachgebrauch der Septuaginta, der eine inneralttestamentliche Bedeutungsverschiebung weiterführt. Denn das hebräische Äquivalent „gojim" bezeichnete an und für sich die „Völker, Nationen" im neutralen Sinn (so auch in der Verheißung an Abraham Gal 3,8.14; Röm 4,16-18). Doch in der nachexilischen Literatur erhielt das Wort eine zunehmend religiöse Bedeutung und wurde nun vom jüdischen Standpunkt aus für die „heidnischen Völker" verwandt, die JHWH nicht dienen, ohne die Tora leben und einen frevelhaften Lebenswandel führen.

Diese traditionell jüdisch geprägte Vorstellung der Heiden findet auch im Epheserbrief ihren Niederschlag. „Die Heiden" sind unbeschnitten (Eph 2,11). Die Beschneidung ist das Zeichen des Bundes (Gen 17) zwischen Gott und seinem Volk. Als Unbeschnittene sind die Heiden „ausgeschlossen vom Bürgerrecht Israels" und „Fremde außerhalb des Bundes" (Eph 2,12). Sie sind also von den Heilsgütern Israels ausgeschlossen, die Paulus in Röm 9,4f aufzählt, wie z.B. dem Bund, der Tora, den Verheißungen, dem Gottesdienst u.a. Die Heiden haben kein Bürgerrecht in Israel und leben „ohne Gott" (Eph 2,12), weil sie den wahren, lebendigen Gott nicht anerkennen, der sich am Sinai offenbart und dort mit Israel seinen Bund geschlossen hat (Ex 19-24).

„Ohne Gott" führen die Heiden ein Leben ohne die Tora, nämlich ohne „das Gesetz mit seinen Geboten und Satzungen" (Eph 2,15), die Israel am Sinai offenbart wurden. „Ohne Gott" führen sie aber auch ein Leben ohne die „Verheißungen" (2,12), die allen voran Abraham versprochen bekam (Gal 3f; Röm 4). Deshalb haben die Heiden auch „keine Hoffnung" (Eph 2,12), nämlich weder auf die Verheißungen des Bundes (2,12) noch erst recht auf die Auferstehung der Toten und das ewige Leben, wie Paulus den Thessalonichern angesichts der Todesfälle in der Gemeinde zum Trost in Erinnerung ruft (1 Thess 4,13ff). Daher gilt im Epheserbrief: „Solange die Heiden noch keine Christen, d.h. solange sie ‚ohne Christus' waren, hatten sie keinen Anteil an den Vorzügen Israels: am ‚Bürgerrecht', der Verheißung, dem Hoffnungsgut, kurz: dem Gottesglauben" (*Gerhard Sellin,* 199).

Eigenartig ist im Epheserbrief das Bild der Juden. Wie bereits festgestellt, ist die Rede von den Heiden ein Komplementärbegriff, denn Heiden gibt es nicht an sich, sondern nur im direkten Gegenüber zu den Juden. Umso mehr fällt auf, dass im Epheserbrief zwar gut paulinisch die heilsgeschichtlichen Vorzüge Israels aufgezählt werden wie Beschneidung und Bund, Tora und Verheißung (2,11f.15; vgl. Röm 9,4f; Phil 3,5f), im Unterschied zu Paulus „die Juden" als Begriff aber nirgends erwähnt werden.

Weder werden „die Juden" als eigener Personenkreis genannt, wie es bei „den Heiden" der Fall ist (Eph 2,11; 3,1.6.8.; 4,17; vgl. dagegen „Juden" und „Heiden" in Röm 3,29; 9,24; 1 Kor 1,23; Gal 2,15), noch werden die Adressaten als Judenchristen auf ihre vorchristliche jüdische Vergangenheit angesprochen, wie es bei den Heidenchristen geschieht (Eph 2,1-3.11-13; 4,17-19.22; 5,8). Auch beim „Bürgerrecht Israels" (Eph 2,12) ist der Stammesname nicht einfach Synonym für die Juden, sondern ein theologisch-heilsgeschichtlich gefüllter Ausdruck für das erwählte Volk Gottes.

So sehr sich der Verfasser des Epheserbriefs traditionell jüdisch geprägter Ausdrucksweise bedient, relativiert er doch den jüdischen Standpunkt in mehrfacher Weise. Die Beschneidung wird distanzierend als „so genannte Beschneidung" bezeichnet. Sie wird als „mit Händen gemacht" qualifiziert (vgl. Kol 2,11), d.h. mit einem Ausdruck, der aus der Götzenpolemik stammt (vgl. in der LXX Jes 16,12; 21,9; 46,6; Weish 14,8, aber auch bezogen auf den Tempel Mk 14,58; Apg 7,48; 17,24; Hebr 9,11.24). Und sie wird durch den Zusatz „im Fleisch" als eine äußerliche Handlung abgetan, die bloß am Körper vollzogen wird und ohne geistliche Bedeutung bleibt (vgl. Röm 2,29).

Alle Beharrlichkeit, alle Bereitschaft, immer wieder neu anzufangen, hat das eine Ziel, eine tiefe Einsicht herzustellen, denn das christliche Leben ist nichts anderes als ein steter Neubeginn, ein tägliches, ja manchmal stündliches Zurückkehren in die Gnade dessen, der nach jedem Versagen verzeiht, um alle Dinge neu zu machen.

Frère Roger

(Quelle unbekannt)

Aufs Ganze gesehen, wird der traditionelle Gegensatz zwischen Juden und Heiden im Epheserbrief zwar aufgenommen, aber zugleich in bezeichnender Weise verändert. Paulus hatte mit diesem Gegensatzpaar das Verhältnis zwischen Juden und Heiden innerhalb der Gemeinde erörtert, d.h. zwischen Judenchristen und Heidenchristen. Konkret ging es dabei um Fragen des Zusammenlebens dieser beiden Personengruppen angesichts der Beschneidungsforderung der Tora (Gal 2,3; 5,2ff; 6,12ff), der jüdischen Speisegebote (Gal 2,11ff; 1 Kor 8-10; Röm 14f) und des Einhaltens von Festtagen (Gal 4,10; Röm 14,5f).

Im Epheserbrief jedoch geht es ganz offensichtlich nicht mehr um das konkrete Zusammenleben von Juden- und Heidenchristen in den Gemeinden, denn die erwähnten Fragen der Toraauslegung werden nicht mehr angeschnitten. Wie in Röm 9,4f erscheinen die Juden in Eph 2,11ff zwar noch als Träger der heilsgeschichtlichen Vorzüge Israels. Einer Abwertung des Judentums wird also nicht das Wort geredet. Doch die Frage, die Paulus in Röm 9 – 11 so umgetrieben hatte, was aus den Verheißungen und dem Heil für Israel geworden ist, scheint den Verfasser des Epheserbriefs nicht mehr zu beschäftigen. Das konkrete Gegenüber sind nur noch die Heiden (Eph 2,11; 4,17), nicht mehr die Juden.

Der Epheserbrief ist ganz für Heidenchristen gedacht. Das Gespräch mit Judenchristen ist für den Verfasser offensichtlich keine theologische Herausforderung mehr. Die Frage nach der bleibenden Erwählung Israels neben der Kirche wird nicht mehr gestellt. Als Kontrastfolie dient nur ein Lebenswandel „wie die Heiden" (Eph 4,17), der für die Adressaten mit ihrer vorchristlichen Vergangenheit „einst" überwunden sein sollte (2,1-3.11-13; 5,8), für die gesellschaftliche Umgebung aber immer noch bestimmend ist (4,17-19; 5,3-12). „Zwar misst der Brief den ehemaligen Mangel der Heiden an den Vorzügen des Heilsvolkes, aber diese Vergleiche sind seltsam asymmetrisch aufgebaut... Eph 2,11-22 stellt asymmetrisch gegenüber: Einst wart ihr keine Juden, jetzt seid ihr Christen" (*Theo K. Heckel:* Juden und Heiden im Epheserbrief, in: Kirche und Volk Gottes. FS Jürgen Roloff, *hrsg.* v. *Martin Karrer* u.a., Neukirchen-Vluyn 2002, 176-194, hier 190f).

Der herkömmliche Gegensatz zwischen Juden und Heiden wird im Epheserbrief einerseits mit dem zeitlichen Kontrastschema „einst" – „jetzt" (Eph 2,2.3.11.13), andererseits mit dem räumlichen Gegenüber „nah" – „fern" verbunden (2,13.17): Die einst Ferne waren, sind nun Nahe geworden durch das Blut Christi (2,13). Damit geht es im Epheserbrief nicht mehr wie bei Paulus um das direkte Gegenüber von Juden(-Christen) und Heiden(-Christen) innerhalb der Gemeinde, sondern um die in Christus vollzogene heilsgeschichtliche Wende von der heidnischen Vergangenheit zur gegenwärtigen Existenz, die eine christliche ist. Bei den Briefempfängern handelt es sich um Christen, die „von Geburt einst Heiden" waren (2,11). Sie werden auf ihr gegenwärtiges Heil „in Christus Jesus" (2,14) angesprochen, während ihre Vergangenheit „ohne Christus" noch heidnisch war, d.h. ohne die Vorzüge Israels (2,12; vgl. 2,1ff; 4,17ff).

Entscheidend ist in Eph 2,11-13 nicht mehr wie in 2,1-3 der moralische Unterschied zwischen Juden und Heiden, sondern der Heilsgewinn der gegenwärtigen christlichen Existenz im Vergleich zur heidnischen Vergangenheit. Dieser zeitliche Gegensatz von „einst" und „jetzt" wird mit dem räumlichen Gegenüber „nah" – „fern" (2,13.17) verknüpft, das aus Jes 57,19 stammt: „Friede, Friede denen in der Ferne und denen in der Nähe, spricht der Herr; ich will sie heilen." Die Rede von den „Fernen" enthält eine Anspielung auf die „fernen" Völker oder Inseln (Mi 4,3; Jes 5,26; 49,1; 66,19; Jer 31,10), wie in der nachexilischen Prophetie die im Exil lebenden Israeliten bezeichnet werden, die nach Jerusalem zurückkehren (Sach 6,15; Jes 60,4.9; vgl. 43,6; 49,12). Umgekehrt sind mit den Nahen dann die Israeliten gemeint, die daheim in Jerusalem weilen, dem Ort der göttlichen Gegenwart im Tempelkult.

Im Epheserbrief sind mit den „Fernen" die Heiden gemeint, die einst von den Heilsvorzügen Israels ausgeschlossen waren (Eph 2,12), nun durch den Tod Christi aber dem Heil und damit Gott genauso nahe gekommen sind wie die, die schon immer die „Nahen" waren. Durch Christus haben jetzt „beide" (2,14.16.18) gleichermaßen Zugang zum Vater (Eph 2,18). Nun sind die Heiden heilsgeschichtlich den Juden gleichgestellt. Nun bekommen sie denselben Zugang zu den Heilsvorzügen, den Israel schon immer hatte. Damit sind „Juden" und „Heiden" zwar beide noch ohne Christus, aber der heilsgeschichtliche Vorrang Israels gegenüber den Heiden bleibt auch im Epheserbrief erhalten.

2. Die Einheit durch Christus (2,14-18)

Überwunden wurde der alte Gegensatz zwischen Heiden und Juden „durch das Blut Christi" (2,13), d.h. durch seinen heilswirksamen Tod. Gemeint ist der Kreuzestod Jesu als Ursache für den Frieden und die Versöhnung (2,16). Dieser Gedanke wird im zentralen Mittelteil weiter entfaltet (2,14-18). In diesen Versen liegt der inhaltliche Schwerpunkt des ganzen Abschnitts.

Durch seinen Kreuzestod hat Christus die Feindschaft zwischen Juden und Heiden überwunden. Diese Feindschaft wird durch das Bild von der Mauer bzw. dem Zaun umschrieben. Die Mauer war im Judentum eine Metapher für die Tora als Unterscheidungsmerkmal zwischen Juden und Heiden (Spr 28,4 LXX; Aristeasbrief 139.142). Die Tora hat trennende Wirkung, weil sie durch die Reinheits- und Beschneidungsvorschriften einerseits nach innen das Zusammengehörigkeitsgefühl innerhalb der Gemeinschaft stärkt, andererseits aber die Tischgemeinschaft mit unreinen Heiden verbietet und damit nach außen abgrenzt.

Diese trennende Wirkung wird im Epheserbrief in auffallend zugespitzter Weise als „Feindschaft" bezeichnet (2,14.16). Doch wird die Wortwahl verständlich, wenn man bedenkt, dass der Begriff der Feindschaft das Gegenstück zur Versöhnung darstellt, die nach Eph 2,16 Christus durch seinen Tod am Kreuz herbeigeführt hat (vgl. Röm 5,6-11). Durch seinen Tod am Kreuz hat Christus die Mauer der Feindschaft eingerissen, die durch die Tora mit ihren Geboten und Satzungen zwischen Juden und Heiden bestand. Durch den Kreuzestod Jesu Christi ist das jüdische Gesetz wirkungslos geworden und hat seinen Gültigkeitsanspruch für die Christen verloren (Damit zeichnet sich eine deutliche Verschiebung gegenüber Paulus ab, für den eine so generelle Aussage über die Aufhebung der Tora unvorstellbar gewesen wäre; vgl. Röm 3,31!). Das Niederreißen der Mauer bedeutet zugleich das Ende aller bisherigen religiös begründeten Feindseligkeit zwischen Juden und Heiden.

Versöhnung und Friede wurden durch Christus gestiftet: „Er ist unser Friede" (Eph 2,14). Er ist der im Alten Testament verheißene Friede-Fürst, der bei den Propheten angekündigt war und ein Reich des Friedens, des Rechts und der Gerechtigkeit aufrichten wird (Jes 9,5f; Mi 5,1-4). Er hat Frieden gestiftet zwischen beiden Seiten (Eph 2,15). Er versöhnte die beiden in einem Leib mit Gott (2,16). Er hat das Evangelium des Friedens gebracht (Eph 2,17; vgl. Jes 52,7). So ist durch ihn der Friede den Fernen und den Nahen zuteil geworden (vgl. Eph 2,17 mit Jes 57,19). Friede begegnet hier umfassend als Inbegriff für die Erlösung und Vergebung (Eph 1,7), die Errettung und das Heil (2,5.8), die Christus durch sein Blut, d.h. durch seinen Tod am Kreuz, gebracht hat (1,7; 2,13-16).

Worin der Friede besteht, wird in den folgenden Sätzen weiter ausgeführt. Dieser Friede hat nicht nur wie bei Paulus eine religiöse Bedeutung in der Versöhnung zwischen Gott und den Menschen (so Röm 5,6-11; 2 Kor 5,18-20), sondern auch eine ethnische Relevanz in der Versöhnung zwischen Juden und Heiden. Die Versöhnung hat nicht nur vertikal gesehen eine religiöse Dimension „mit Gott" (Eph 2,16) durch den neu eröffneten „Zugang zum Vater" (2,18), sondern „in einem Leib" (2,16) auch horizontal betrachtet eine soziale Bedeutung für die verfeindeten Menschengruppen.

Als Hintergrund ist zu bedenken, dass die Idee des Friedens seit *Alexander dem Großen* zu einer religiös-politischen Gesamtideologie wurde, unter *Augustus* an Bedeutung zunahm und nach der Zerstörung Jerusalems 70 n.Chr. auch im Judentum eine besondere Aktualität gewann (vgl. *Eberhard Faust:* Pax Christi et Pax Caesaris. Religionsgeschichtliche, traditionsgeschichtliche und sozialgeschichtliche Studien zum Epheserbrief, NTOA 24, Freiburg, Schweiz / Göttingen 1993).

Der Friede Christi betrifft sowohl die Heiden als auch die Juden, jedoch mit dem – Jes 57,19 entlehnten – Unterschied, dass die Heiden „fern" waren, die Juden „nah" (Eph 2,13.17). Nun aber sind „beide" (2,14.16.18) „in Christus Jesus" (2,13). Nun sind in Christus auch die Heiden nicht mehr als „Fremde" (Eph 2,12.19) „vom Bürgerrecht Israels ausgeschlossen" (2,12), sondern „Mitbürger der Heiligen" (2,19).

So ist aus den verfeindeten Personenkreisen durch Christus eine neue Gemeinschaft geschaffen worden, nämlich der Leib Christi (2,16), d.h. die Kirche. Hier liegt das eigentliche Argumentationsziel des ganzen Abschnitts. Was durch Christus entstand, ist eine neue Einheit. Das Abstraktum „Einheit" wird zwar erst in Eph 4,3.13 fallen, aber der Sache nach finden sich schon in Kap. 2 mehrere Aussagen, die mit variierenden Formulierungen immer wieder die Einheit der Kirche hervorheben: Christus hat „die beiden" (Juden und Heiden) „zu einem" gemacht (2,14), „die zwei" „zu einem neuen Menschen" geschaffen (2,15), „die beiden" „in einem Leib" mit Gott versöhnt (2,16), so dass „die beiden" „in einem Geist" den Zugang zum Vater haben (2,18).

Die beiden Wendungen „in einem Leib“ (2,16) und „in einem Geist“ (2,18) ergänzen einander, nehmen die Doppelwendung „ein Leib und ein Geist“ in Eph 4,4 vorweg und erinnern an die für die paulinische Ekklesiologie zentralen Stellen in 1 Kor 12,12f und Röm 12,4f. Da „in dem einen Geist“ in Eph 2,18 nun „beide“ den Zugang zum Vater haben, sind in der „Wir“-Aussage des Verbums („wir haben“) Juden- und Heidenchristen gemeinsam eingeschlossen (2,18).

Die Rede vom „neuen Menschen“ wird im Neuen Testament meist im individuellen Sinn für einen Einzelmenschen gebraucht (Eph 4,24; Kol 3,10). In Eph 2,15 ist sie jedoch kollektiv gemeint im Sinn von „Menschheit, Menschengeschlecht“. Die neue Menschheit ist eine, weil sie aus Heiden und Juden besteht. Sie ist neu, weil es sich um eine neue Schöpfung handelt (so Paulus in 2 Kor 5,17; Gal 6,15), die Christus „gemacht“ (Eph 2,14) bzw. „geschaffen“ hat (2,15).

Die Bedeutung der Versöhnungstat Christi ist nur in den Kategorien göttlichen Schöpfungshandelns angemessen zu erfassen. Diese neue Menschheit existiert „in ihm“ (2,15), d.h. in Christus Jesus (2,13). Anders ausgedrückt: Diese neue Menschheit existiert „in dem einen Leib“ (2,16), d.h. in der Kirche, die im Epheserbrief durchgehend im universalen Sinn als Gesamtkirche zu verstehen ist und Christus zum Haupt hat (1,22f; 4,15). In der Kirche ist die eine Menschheit schon geschaffen, deren Vollendung für den gesamten Kosmos noch aussteht.

Der Friede Christi eröffnet den Zugang zum Vater (Eph 2,18). Das Wort „prosagogē“ (Zugang) begegnet im Neuen Testament außer in Eph 2,18 und 3,12 nur noch in Röm 5,2 und bezeichnet stets den Zugang zu Gott. Das zugehörige Verb „proságein“ heißt „(zum Heiligtum / vor Gott) bringen“ und ist in der Septuaginta ein kultischer Fachausdruck für das Hinzutreten des Kultpersonals zum Heiligtum, das Herantreten vor Gott (LXX Lev 16,9; Hes 42,14; 44,13.15). Die Rede vom „Zugang“ hat im Epheserbrief also einen kultischen Hintergrund. Im Neuen Testament wird das Bild vom Zugang öfter für das Hinführen zu Gott durch Christus gebraucht (1 Petr 3,18). Wie der Priester zum Opferaltar tritt (Lev 9,7f; Num 18,3), d.h. vor Gott (Lev 9,5), so sollen auch die Glaubenden zu Christus als dem lebendigen Stein (sc. am Haus Gottes, dem Tempel; 1 Petr 2,4) oder zum Thron der Gnade „herzutreten“ (Hebr 4,16).

Durch Christus haben sie die Freiheit „zum Eingang in das Heiligtum“ (Hebr 10,19.22), treten herzu (10,22) und kommen zur Stadt Gottes, dem himmlischen Jerusalem mit seinen vielen tausend Engeln (Hebr 12,22f). So ermöglicht der durch Christus eröffnete „Zugang“ auch im Epheserbrief eine „(vertrauensvolle) Freimütigkeit“ (parrēsía) im Umgang mit Gott (Eph 3,12). Der Zugang vollzieht sich „im Vertrauen durch den Glauben an ihn (Christus)“ (3,12). Offenheit, Freimütigkeit und Vertrauen haben ihren Grund in Gottes Vatersein (2,18; 4,6).

Die Bezeichnung Gottes als „Vater“ ist im Epheserbrief relativ häufig (8mal; vgl. Röm 4mal). Der „eine Gott“ ist der „Vater aller“ (4,4; vgl. 1 Kor 8,6). Für die Christen ist er „unser Vater“ (Eph 1,2), weil er der „Vater unseres Herrn Jesus Christus“ ist, der uns durch Christus „zur Gotteskindschaft“ bestimmt hat (1,5; vgl. Gal 3,26; 4,4-7). Der Zugang zum Vater findet sich im Gebet (s.u. zu Eph 3,14f), wie es Jesus im Vaterunser gelehrt hat (Mt 6,9). Ebenso wie Jesus im Garten Gethsemane (Mk 14,36), haben auch die ersten Christen „Abba, lieber Vater!“ gerufen (Röm 8,15; vgl. Gal 4,6). Die Vateranrede ist ein Ausdruck des Vertrauens.

Im Gebet zum Vater wird der Zugang, der im Tempelkult durch den Zutritt ins Allerheiligste allein dem Priester vorbehalten war, in der christlichen Gemeinde für alle Gläubigen Wirklichkeit – ein Gedanke, der anderswo als Priestertum aller Gläubigen bezeichnet wird. Damit wird nach der horizontal gedachten Versöhnung unterschiedlicher Menschengruppen nun die vertikale religiöse Dimension der Versöhnungstat und des Friedens Christi ins Blickfeld gerückt.

Die intensive Ausrichtung auf den Gedanken der Einheit zeigt, dass der Verfasser eigentlich nur deshalb an den einstigen Gegensatz zwischen Juden und Heiden in den ersten christlichen Gemeinden erinnert, um das gegenwärtige Einssein in Christus vier Mal umso stärker hervorheben zu können (Eph 2,14-18). Daher geht es im Epheserbrief – anders als bei Paulus – nicht mehr um Fragen des Zusammenlebens zwischen Juden- und Heidenchristen innerhalb der Gemeinden, sondern um die „Einheit des Geistes" (4,3), die es nach dem Tod des Apostels in der weltweit verstreuten Universalkirche zwischen den einzelnen Ortsgemeinden als „Band des Friedens" zu wahren gilt (4,3).

Prägend für die Formulierungen im Epheserbrief waren die Aussagen des Paulus in Gal 3,28 über die Existenz der Getauften „in Christus", und zwar unabhängig von ihrer religiösen, ethnischen oder sozialen Herkunft: „Hier ist nicht Jude noch Grieche, hier ist nicht Sklave noch Freier, hier ist nicht Mann noch Frau; denn ihr seid allesamt einer in Christus Jesus" (vgl. 1 Kor 12,13). Damit geht es sowohl im Galater- und 1. Korintherbrief als auch im Epheserbrief um die Einheit der Kirche. Ein wichtiger Unterschied besteht freilich darin, dass im Galater- und im 1. Korintherbrief die Spannungen im konkreten Zusammenleben der örtlichen Gemeinden bearbeitet werden, im Epheserbrief jedoch der Gedankengang ganz auf die universale gesamtkirchliche Einheit zwischen den unzähligen Ortsgemeinden ausgerichtet ist.

Anders als in der Vorlage in Gal 3,28, handelt es sich bei dem Gegensatz von Juden(-) und Heiden(-christen) im Epheserbrief nicht mehr um eine aktuelle Problematik, wie die Fragen der Beschneidung, Reinheitsvorschriften oder Speisegebote im gegenwärtigen Gemeindeleben, sondern um einen Anknüpfungspunkt in der Vergangenheit, deren Auseinandersetzungen zur Abfassungszeit des Epheserbriefs aber nicht mehr virulent sind.

Aus der gelungenen, jedenfalls nicht mehr als Problem empfundenen, Integration von Juden- und Heidenchristen entwickelt hier ein Paulusschüler etwa um 90 n.Chr. ein Modell für die Einheit der Kirche, die nach dem Tod des Apostels zu einer großen Herausforderung für den Zusammenhalt einer großen Vielfalt von Einzelgemeinden geworden ist.

Weil Christus durch seinen Tod am Kreuz die alte Mauer der Feindschaft zwischen Juden und Heiden eingerissen und Versöhnung gestiftet hat, wird von ihm gesagt: „Er ist unser Friede." Er hat ein „Band des Friedens" geschaffen, das es nun auch zwischen den weit verstreuten Ortsgemeinden der gesamten Ökumene „zu wahren" gilt (4,3).

Die Aoristformen in Eph 2,13-18 zeigen theologisch pointiert: Die Einheit zwischen Juden und Heiden ist bereits vollzogen. Sie besteht schon „jetzt" in Christus Jesus, durch dessen Blut nahe geworden sind, die „einst" fern waren (2,13). Als Stifter dieser Einheit ist Christus durchgehend das Subjekt aller Aussagen. Durch seinen Tod am Kreuz „hat" er aus beiden eines gemacht, die Trennwand eingerissen (2,14), das Gesetz aufgehoben (2,15), die Feindschaft getötet (2,16) und durch das Evangelium Frieden verkündet (2,17; vgl. 6,15).

Damit wird die paulinische Vorstellung von der vertikal verstandenen Versöhnung mit Gott (Röm 5,10; 2 Kor 5,18f) konsequent in einem horizontalen Sinn auf die Aussöhnung der verfeindeten, sich gegenseitig verachtenden Teile der Menschheit ausgeweitet. Der ganze Gedankengang verfolgt ein einziges Ziel, nämlich in Christus, in dem einen Leib und einen Geist die entzweite Menschheit zu einer neuen Einheit zusammenzuführen, die allein durch den Kreuzestod Christi begründet ist und in ihrer Tragweite nur als Akt einer kollektiven Neuschöpfung begriffen werden kann.

Dies Einswerden ist freilich noch nicht abgeschlossen, sondern wirkt in der Gegenwart weiter, wie die Präsensformen andeuten: Christus „ist" unser Friede (Eph 2,14), und durch ihn „haben" beide in einem Geist Zugang zum Vater (2,18). Die Adressaten „sind" nicht mehr Fremde, sondern „sind" Gottes Hausgenossen (2,19). Zugleich wird die zeitliche Dimension von „einst" und „jetzt" mit den räumlichen Kategorien „fern" und „nahe" verbunden (2,3.13.17). Nun liegt die ganze Betonung auf der Gegenwart und Nähe des Heils, die beide in Christus gegeben sind und die Kirche zum Ort des Heilsgeschehens machen: In Christus (2,13; vgl. V 15), in dem einen neuen Menschen (2,15), in dem einen Leib (2,16), in dem einem Geist (2,18) ereignet sich

Immer diese Bedenkenträger! Die Kirche steht seit Jahrtausenden auf einem festen Fundament! Im Grunde bräuchten wir überhaupt keine Gläubigen!
johann mayr

das Heil, weil hier der ganze Bau zusammengefügt wird im Herrn (2,21). Dieser Gedanke wird im dritten Abschnitt V 19-22 entfaltet.

Noch ein weiterer Aspekt ist bemerkenswert: Beim Heilshandeln Christi wird im Epheserbrief differenziert zwischen seiner Heilstat durch seinen Tod am Kreuz und seinem Heilswort im Evangelium des Friedens. Die Heilstat Jesu am Kreuz ist ein Ereignis in der Vergangenheit (Aorist; 2,14-16). Auch das Evangelium vom Frieden hat Christus als Botschaft in der Vergangenheit gebracht (wiederum Aorist; 2,17).

Aber durch dies Evangelium wirkt er in der Gegenwart durch die Verkündiger weiter, die er als der Auferstandene eingesetzt hat (4,9f.11), allen voran Paulus als Apostel für die Heiden (3,5f.8). Die Soteriologie hat damit in der Heilstat Christi am Kreuz eine vergangene und in der Verkündigung seines Heilsworts eine gegenwärtige Dimension.

Diese Differenzierung zwischen dem grundlegenden christologischen Ereignis in der Vergangenheit und der Gegenwart als einer Zeit der Heilsverkündigung in der Kirche ist wiederum typisch für die Situation der zweiten Generation, in der der Epheserbrief entstanden ist. Eine solche Soteriologie, die Heilstat und Heilswort Christi ebenso unterscheidet wie verklammert, ermöglicht in gleicher Weise sowohl eine Differenzierung als auch eine Verknüpfung von Christologie und Ekklesiologie.

3. Die Kirche als Haus Gottes (2,19-22)

Die Verse 19-22 bilden den dritten und letzten Teil des Abschnitts Eph 2,11-22. In 2,19 zieht der Verfasser die Folgerungen aus 2,11-18 und verwendet mit dem Gegensatz zwischen den „Fremden", d.h. den Zugezogenen ohne Bürgerrecht, und den „Mitbürgern" im Vollsinn politische Kategorien, die an die gleichberechtigte Zugehörigkeit zur Gemeinde Israels mit seinen Verheißungen anknüpfen (2,12; vgl. 3,6). Die Heiden, die bisher vom „Bürgerrecht Israels ausgeschlossen" und „Fremde" waren (2,12), sind nun durch und in Christus (2,13ff) nicht mehr „Fremde und Beisassen", sondern „Mitbürger der Heiligen" (2,19).

Dieser Gedanke der Einbürgerung und vollen Teilhabe wird einige Verse später mit analogen Wortbildungen („Mit-") aufgenommen und mit stärker theologisch gefüllten Begriffen weiter ausgeführt. In Christus sind die Heiden „Miterben" (3,6), nämlich der Segensverheißung an Abraham (s.o. zum Segen in 1,3.14.18; Gal 3,6-4,7), „Mitglieder des Leibes", d.h. der Kirche (Eph 3,6; vgl. 2,16), und „Mitteilhaber der Verheißung" (Eph 3,6), die Israel auszeichnet (2,12), Abraham zuteil wurde (Gal 3,14) und in der Gabe des Heiligen Geistes besteht (Eph 1,13; Gal 3,14; 4,6). „Die Verheißung ist ... ursprünglich Israel gegeben, an deren politeía (= Bürgerrecht; U.H.) die Heiden nun gleichberechtigten Anteil bekommen (2,12), so dass sie auch gleichberechtigte Miterben sind" (*Gerhard Sellin,* 259). Damit erhalten durch und in Christus nicht nur die Heiden Anteil an den Heilsgütern Israels, sondern bleibt zugleich der heilsgeschichtliche Vorrang Israels gewahrt.

Wer mit den „Heiligen" und „Hausgenossen Gottes" gemeint ist, wird in der Exegese unterschiedlich gedeutet. Vielfach werden beide Worte auf die Judenchristen bezogen, im Gegensatz zu den Heidenchristen, die einst „vom Bürgerrecht Israels ausgeschlossen" waren (2,12), nun aber „Mitbürger" im vollen Sinn geworden sind (2,19; vgl. 3,6). Dagegen spricht jedoch, dass mit dem Haus Gottes hier nicht einfach der Tempel in Jerusalem gemeint ist, sondern die Hausmetaphorik als Bild für die christliche Gemeinde gebraucht wird (vgl. Eph 4,19-22 mit 1 Kor 3,9-11). Außerdem steht die alttestamentlich-jüdische Erwartung eines eschatologischen Gottestempels im Hintergrund (vgl. Ez 40 – 48 u.ö.; *Michael Gese,* 195-198).

Möglich ist deshalb auch die Deutung der „Hausgenossen Gottes" – wörtlich genommen – auf die im himmlischen Thronsaal anwesenden Engel, die nach 1 Thess 3,13; Kol 1,12; Eph 1,18 ebenfalls als „Heilige" bezeichnet werden können (vgl. zu den Engeln im himmlischen Gottesdienst auch die Sabbatlieder aus Qumran). In der Gemeinschaft mit den Engeln sind die Gläubigen in den himmlischen Gottesdienst einbezogen. Nun haben ebenso wie die Engel auch die Glaubenden durch den Heiligen Geist im Gottesdienst Zugang zum Vater (Eph 2,18). In der Liturgie stimmen sie mit ihren Psalmen, Hymnen und geistlichen Liedern (Eph 5,19) in den Lobgesang der Engel ein.

Die angeredeten Gemeindeglieder sind in religiöser Hinsicht nicht mehr Ausländer, Gastarbeiter, Asylbewerber, sondern haben schon als Vollbürger ein Heimatrecht in der himmlischen Gottesstadt (Phil 3,20). Hier vollzieht sich die kultische Gemeinschaft mit den Engeln, mit denen die Gemeinde im Gottesdienst schon jetzt vereint ist (Hebr 12,22f).

Eph 2,20-22 nimmt Motive aus der Baumetaphorik in 1 Kor 3,9-11 auf, verrät durch die Veränderungen im Bildgebrauch aber zugleich den nachapostolischen Standort des Verfassers in der zweiten Generation. Hinter dem Bild vom Hausbau steht die Tempelmetaphorik. Wenn Paulus vom Tempel spricht, redet er die Gemeinde an (1 Kor 3,16). Der Tempel ist in der Bibel der Ort, an dem Gott wohnt, an dem er mit seinem Geist und seinem Segen gegenwärtig ist.

Durch den Tod Jesu hat der Tempel einen theologischen Bedeutungswandel erfahren. Im Alten Israel opferte man dort zur Sühne für die Sünden. Die Christen bekennen: Jesus ist zur Vergebung gestorben. Damit änderte sich auch die Bedeutung des Tempels für die ersten Christen. Der Tempel als Ort der göttlichen Gegenwart wurde zu einem Bild für die Gemeinde, in der Gott durch den Heiligen Geist gegenwärtig ist. „Wisst ihr nicht“, schreibt Paulus den Korinthern (1 Kor 3,16), „dass ihr Gottes Tempel seid und der Geist Gottes in euch wohnt?“

Dies Bild vom Hausbau nimmt der Verfasser des Epheserbriefs als Metapher für die Gemeindearbeit auf, jedoch in einer gegenüber 1 Kor 3 bezeichnend veränderten Weise. Paulus erscheint nicht mehr als der sachkundige Baumeister, der durch seine Gemeindegründungen den Grundstein gelegt hat, auf dem andere weiter aufbauen (1 Kor 3,10), sondern ist mit den „Aposteln und (sc. frühchristlichen) Propheten“ bereits selber zum „Fundament“ der Kirche geworden (Eph 2,20; 3,5; vgl. Mt 16,18; Offb 21,14). Seine grundlegende Bedeutung für die Kirche besteht darin, dass ihm zum ersten Mal das Geheimnis des Heilsplans offenbart wurde, den Gott von Ewigkeit her schon vor Grundlegung der Welt gefasst hatte, nämlich dass die Heiden in Christus Miterben des Segens sind, der dem Abraham verheißen war (3,2-5.9; s.o. zum Segen in 1,3-4.10-11.14.18 und der Abrahamverheißung in Gal 3,6-4,7). Die Apostel und Propheten haben zwar – im Anschluss an die alttestamentliche Tempelmetaphorik (Jes 28,16; vgl. Ps 118,22f) – eine grundlegende Funktion, aber Christus bleibt maßgeblich als „Eckstein“, der zuerst gesetzt wird, dadurch normierend für das übrige Fundament wirkt und den gesamten Bauvorgang bestimmt (Eph 2,20-22).

So baut die Kirche auf dem Fundament der Apostel und Propheten auf und hat Christus zum Eckstein, der den ganzen Bau zusammenhält (2,20f). In ihm ist die Einheit schon vorhanden, aber noch nicht fertig. Sie ist noch im Werden, noch in der Entwicklung – metaphorisch ausgedrückt – noch im Wachsen (2,21), noch im Bau (2,22). Damit ist das Einswerden keine statische, monolithische Größe, sondern ein lebendiger Prozess, der seine Dynamik der göttlichen Kraft in Christus verdankt (3,20f) und erst im Eschaton zu seinem Ziel und Ende gelangen wird.

Am Ende ist die Kirche ein Ort, an dem der Heilige Geist Wohnung nimmt und gegenwärtig ist (2,22). Dies geschieht, wo das Geheimnis Christi verkündigt, (vor-)gelesen und erkannt wird (3,3f). Erfahrbar wird dieser eine Geist im Bekenntnis des einen Glaubens an Christus als den einen Herrn und Gott (4,5f), im Ruf zur einen Hoffnung (4,4), in der einen Taufe (4,5) sowie im gemeinsamen und dadurch Gemeinschaft stiftenden Singen geistlicher Lob- und Danklieder (5,18-20). Der Heilige Geist erbaut nicht nur die fromme Seele des Einzelnen, sondern fügt die Glaubenden zur Gemeinschaft zusammen, die mit dem Bild vom Tempel (und den lebendigen Steinen; vgl. 1 Petr 2,5) beschrieben wird.

Die wiederholt gebrauchte Vorsilbe „syn-“ (Mit-Bürger, zusammenfügen, mitaufbauen) betont den Gemeinschaftsgedanken (2,19.21f). Die Gemeinschaft der Heiligen wird im Gottesdienst erfahren. Hier geschieht vertikal der Zugang zum

Vater (Eph 2,18), den Christus durch sein Versöhnungswerk eröffnet hat. Hier ist die Scheidewand zwischen Himmel und Erde durchbrochen. Von hier geht der Friede aus für Fern und Nah. Hier werden horizontal durch das Evangelium die Mauern der Feindschaft überwunden und alle bisher prägenden Unterschiede durch die Einheit stiftende Kraft Christi aufgehoben. Hier nimmt die neue Menschheit ihren Anfang, die Gott in Christus geschaffen hat (2,15) und am Ende der Zeit vollenden wird (1,10; 4,13).

Dabei umwirbt der Epheserbrief besonders die Fernen (2,13.17), die Unbeschnittenen, die Heiden (2,11; 3,1.6.8): Diese sollen wissen, dass sie ebenso zum Leib Christi gehören (1,23; 2,16; 3,6; 4,4.12ff), in der Kirche mit dem Auferstandenen vereinigt sind (1,22; 4,15) und durch ihn als Band des Friedens zusammengehalten werden (4,3), dass sie genauso wie die Nahen durch Jesus Söhne und Töchter des Vaters (2,18; 3,14f; 4,6) sind und so auch miteinander Geschwister.

Suche dir eine passende Zeit aus, in der du ganz allein bist und dich mit dir selber beschäftigen kannst. Wenn du dich vor überflüssigen Gesprächen und müßigem Umherlaufen hütest und nicht nach Neuigkeiten und Stadtgesprächen fragst, so wirst du hinreichend geeignete Zeit haben, um dich innerlich zu sammeln und dein Bewusstsein auf die Einheit des Ganzen zu richten.

Thomas à Kempis

Gedanken und Texte zum Nachdenken und Besprechen

● Das Feuer, das Jesus auf die Erde gebracht hat, ist er selbst, die Liebe: eine Liebe, die nicht nur den Einzelnen mit Gott verbindet, sondern auch die Menschen untereinander.

Chiara Lubich

(aus: Grenzenlos ist einzig die Liebe. Hundert Worte von Chiara Lubich, *hrsg. von Aldo Stedile*. © Verlag Neue Stadt, München 2002)

● Wir glauben nur aus Angst und weil wir es in der Schule so gelernt haben, an irgendwelche Grenzen. Es gibt keine Grenzen. Nicht für die Gedanken, nicht für die Gefühle. Die Angst setzt die Grenzen. Jesus sprengte die Gesetze und die Grenzen durch ein völlig neues Gefühl, von dem man vorher nie etwas gehört hat: die Liebe. Natürlich reagierten die Menschen mit Angst und Wut, so wie sie immer mit Angst reagieren und fliehen wollen, wenn sie von einem großen Gefühl überwältigt werden – obwohl sie sich vor Sehnsucht nach ihren kümmerlichen und abgestorbenen Gefühlen fast verzehren.

Ingmar Bergmann

● Die im Text angesprochene Israelthematik ist in der Regel für heutige Menschen schwer nachzuvollziehen. Nachvollziehbar aber sind die Klüfte und Mauern zwischen den verschiedenen Menschen aus verschiedenen Milieus.

● Welche Zäune erleben wir heute, welche richten wir als Gemeinde/Kirche auf? Welche sind zu überwinden, und wie können wir dazu beitragen?

● Herr, ich möchte den Mut
zum Bau von Brücken haben
zwischen mir und denen,
die ich nicht mag und nicht verstehen kann,
die mir misstrauen oder mich enttäuschen;
zwischen mir und denen,
mit denen ich im Streit lebe.
Brücken auch für die,
die untereinander streiten.
Brücken zwischen meinem Kreis
und anderen Kreisen,

meiner Generation und anderen Generationen,
meiner sozialen Gruppe und anderen Gruppen.
Brücken zu denen, die draußen sind,
den Enttäuschten, den in Vorurteil Befangenen,
den Abgefallenen, den Spöttern und Feinden.
Ich möchte den Mut
zum Brückenbau haben auch dort,
wo Brückenbau unpopulär ist,
quer hindurch durch die
eisernen Vorhänge der Angst
und der Selbstgerechtigkeit.
Ich bitte dich um den Mut zum Brückenbau!

Ernst Lange

(aus: Frieden. Abenteuer des Brückenschlags. *Hrsg. von Johannes Kuhn*. Quell Verlag, Stuttgart 1967)

● Kirche lebt in der Spannung von Kirche als geistlicher Größe und Kirche als Organisationsform. Zu dieser Thematik gehört auch die Spannung zwischen einem Individualglauben (ich und Jesus) und einem Gemeinschaftsglauben.

● Die Glaubwürdigkeit unseres Zeugnisses von dem in Christus geschenkten Frieden wird daran gemessen, wie wir als Gemeinde, Kirche mit unseren Konflikten und Differenzen umgehen.

● Die Antwort des Gerechten auf die Leiden, die ihm die Welt zufügt, heißt: segnen. Das war die Antwort Gottes auf die Welt, die Christus ans Kreuz schlug. Gott vergilt nicht Gleiches mit Gleichem, und so soll es auch der Gerechte nicht tun. Nicht verurteilen, nicht schelten, sondern segnen. Die Welt hätte keine Hoffnung, wenn dies nicht wäre. Vom Segen Gottes und der Gerechten lebt die Welt und hat sie eine Zukunft. Segnen heißt die Hand auf etwas legen und sagen: Du gehörst trotz allem zu Gott. So tun wir es mit der Welt. Wir verlassen sie nicht, wir verwerfen, verachten, verdammen sie nicht, sondern wir rufen sie zu Gott.

Dietrich Bonhoeffer

(aus: Konspiration und Haft 1940-1945. © 2001, Gütersloher Verlagshaus, Gütersloh, in der Verlagsgruppe Random House GmbH)

● Die HörerInnen und LeserInnen des Epheserbriefs werden auf ihre heidnische Vergangenheit angesprochen: Die heidnische Vergangenheit ist abgetan, sie sind nun von der durch Christus erwirkten Gegenwart bestimmt – Wer bestimmt mein Leben?

● Woran denken wir heute bei den Nahen und Fernen? An die Christen und Nichtchristen, an die regelmäßigen und seltenen GottesdienstbesucherInnen, an die Spannung zwischen den Konfessionen? Was heißt auf diesem Hintergrund: „Er ist unser Friede, der aus beiden eines gemacht hat"?

● *Sächsische Gemütlichkeit*
In Leipzig an der Ecke der Grimmaischen und der Petersstraße steht ein Mann von der Heilsarmee und hält Traktätchen feil. Ein Leipziger fragt ihn im Vorübergehen: „Nu hören Se mal, si hamm aber'ne butzsche Uniform an, Sie sind doch gar gee Soldade!" Kommt die stolze Antwort: „Ich bin von der Heilsarmee. Ich bin ein Soldat des Himmels." Klopft ihm der Leipziger auf die Schultern: „Mei Gutester, da hamm Se awer weit zu Ihrer Gaserne!"

(aus: Das große Buch des christlichen Humors, S. 173. © St. Benno-Verlag Leipzig, www.st-benno.de)

● Bauen wir nicht täglich unsere Zäune, Mauern auf? Und: Lassen wir sie täglich durch Christus abbrechen?

● Wenn Gott Menschen zu seinem Bau, seinen heiligen Tempel zusammenfügt, dann behält jeder und jede seine/ihre Ecken und Kanten.

Bausteine zur Gestaltung

● Wer mit einem Kurzfilm einsteigen will, sei auf **Frontière** von *Christian Fischer* (s.u. Medienempfehlungen S. 118) hingewiesen.

● *Gestaltete Mitte:*
Zwei verschiedenfarbige Tücher (z.B. gelb und braun oder dunkelgrün und hellgrün) liegen nebeneinander. Auf der Nahtstelle der beiden liegt ein Kreuz.
* Was kommt Ihnen beim Betrachten des Bilds in den Sinn?

Oder:
Auf einem bunten Untergrund wird aus Bildern mit unterschiedlichen Menschen der Umriss einer Kirche gebildet. Unter der Fundamentseite liegen Bilder von Aposteln und Propheten aus der Buchmalerei.

* Wie wirkt das Bild auf Sie?
* Was vermissen Sie?

● Zweiergruppen erhalten den Auftrag, ihr Bild von Gemeinde zu malen und dann im Plenum vorzustellen. Die Ergebnisse werden stichwortartig auf einem Flipchart festgehalten.

● In Fünfergruppen wird ein Schreibgespräch zu der Frage durchgeführt:
* Was verbinde ich mit dem Frieden Christi?

● In Kleingruppen wird besprochen:
* Was verbinden Sie mit dem Begriff Einheit?
* Worin besteht für Sie die Einheit der Kirche?
* Wovon wird diese Einheit getragen?
* Wodurch ist sie gefährdet?

Die Ergebnisse werden im Plenum besprochen und auf einem Flipchart festgehalten.

● Die TeilnehmerInnen bedenken zunächst für sich:
* Was bin ich am Bau Gottes? Was trage ich? Wovon werde ich getragen?

Danach erfolgt ein Austausch im Plenum.

● *Textlesung:*
Der Text wird von einer Person vorgelesen. Die TeilnehmerInnen werden gebeten, die Aussage anzustreichen, die ihnen am eindrücklichsten ist. Anschließend stellen sie ihre Aussage kommentierend im Plenum vor.

● *Fragen zur Texterschließung:*
* Welche Gruppen werden genannt? Was charakterisiert sie? Was trennt sie und was verbindet sie?
* Was wird in diesem Abschnitt über Christus ausgesagt? Was bedeutet er für die genannten Gruppen?
* Was macht den Frieden Christi aus, was bewirkt er?
* Welches Bild bzw. welche Bilder werden in Eph 2,11-22 für Gemeinde/Kirche verwendet?
* Wer bzw. was konstituiert die Einheit der Kirche? Was ist im Sinn von Eph 2,11-22 das Ziel der Einheit?
* Was bewirken die Aussagen von Eph 2,11-22 für Ihr Verständnis von Gemeinde/Kirche?

● *Gesprächsimpulse:*
Vergleichen Sie die Stichworte zum Thema „Einheit der Kirche“ auf dem Flipchart mit den Aussagen von Eph 2,11-22 dazu.
* Welche Unterschiede und Gemeinsamkeiten entdecken Sie?
* In welcher Weise sind Ihnen die Impulse aus Eph 2,11-22 hilfreich?

● Christus schenkt seiner Gemeinde/Kirche Frieden und Versöhnung.
* Wozu fordert mich dies Geschenk im Blick auf meine Gemeinde heraus?

● In Eph 2,11-22 wird auch das Thema der Ausgrenzung angesprochen. Der Hintergrund zu der dahinterliegenden Erfahrung ist in der frühen Christenheit ein anderer als unser heutiger. Aber die Frage bleibt:
* Wo grenzen wir als Gemeinde Jesu Christi Menschen aus bzw. erschweren ihnen den Zugang zu Jesus Christus?

● In der Stille bedenken die TeilnehmerInnen:
* Was freut mich an meiner Gemeinde? Wofür kann ich Gott loben?
* Worunter leide ich in meiner Gemeinde? Was will ich Gott klagen?
* Was kann ich zum Aufbau meiner Gemeinde beitragen? Worum will ich Gott bitten?

Lob, Klagen und Bitten werden nach der Besinnung laut oder still vor Gott gebracht. Es kann dabei ein Teelicht angezündet und in die gestaltete Mitte gestellt werden.

● Wer den Abend mit einer Bildbetrachtung schließen möchte, sei auf das Bild von *Susanne Ledendecker* und die Betrachtung von *Jörg Meuth* hingewiesen (s. u. S. III).

Lieder

Macht hoch die Tür	EG 1/GL 107
Brunn alles Heils	EG 140
Tut mir auf die schöne Pforte	EG 166
Herz und Herz vereint zusammen	EG 251
Christus, das Licht der Welt	EG 410
Verleih uns Frieden gnädiglich	EG 421
Solang es Menschen gibt auf Erden	EG 427/GL 300
Ich bin getauft und Gott geweiht	GL 635
Lasst uns loben	GL 637
Gott ruft sein Volk zusammen	GL 640
Eine große Stadt ersteht	GL 642

Didaktischer Entwurf zu Epheser 2,11-22

Verfasser: Wolfgang Baur

Thematischer Schwerpunkt

Der Text illustriert bildhaft das Kernthema des Briefs: die Einheit der Kirche aus Juden und Heiden. Diese Einheit ist einerseits in Christus fest gegründet, andererseits noch im Wachsen – scheinbar ein Widerspruch, da ein Haus (Bild für diese Einheit), ja nicht wächst. Wenn man aber die vielen „Umbaumaßnahmen" am Gebäude Kirche betrachtet, kann das Bild vom Haus sprechend werden ... Wer darf wo rein? Wer schließt sich ein? Wer öffnet dem Geist Tor und Tür? ... Hier geht es um eine bis heute aktuelle Herausforderung.

Vorbereitung/Materialien

Kärtchen mit den vier Positionen der Quadratmethode, eventuell zum Anheften, je nach TN-Zahl entsprechend viele Sätze; für das „lebendige Bild" Papier, Stifte, Tücher oder Bänder und weitere Gegenstände nach Belieben.

Zur Gestaltung des Abends

Liturgischer Beginn

Lied: Bau dein Reich (BEL 592)

Öffnen – Text trifft Wirklichkeit

Mithilfe der *Quadratmethode* nähern sich die Teilnehmenden dem Thema „Einheit" auf verschiedenen Ebenen: Vier TN arbeiten zusammen, sie sitzen sich jeweils kreuzweise gegenüber. Zwischen ihnen liegt ein Quadrat mit einer These. Rund um das Quadrat sind vier Positionen wie hier abgebildet angeordnet. Jeder TN nimmt eine Position ein und argumentiert in Bezug auf die in der Mitte dargestellte These. Als Thesen für unseren Text eignen sich zum Beispiel:

- alle Christen sind eins;
- Juden und Christen sind in Christus eins.

Es können auch beide Positionen parallel in verschiedenen Gruppen diskutiert werden.

Damit die Rollen klar verteilt werden, ist es sinnvoll, jeder Gruppe vier Kärtchen zu geben, auf denen die vier Positionen stehen, und von denen sich jede/r eine wählt. Alternativ können die Quadrate auch auf dem Boden oder auf einem Tisch abgelegt werden, und die TN setzen sich zu ihrer Position. Anschließend erfolgt ein kurzer Austausch im Plenum.

Alternative: Lebendiges Bild:
Die TN werden eingeladen, ein stehendes (oder bewegtes) Bild zu stellen, das ausdrückt, in welcher Einheit (oder Abgegrenztheit) die Christen untereinander und sie als Christen zu den Juden stehen. Als Hilfsmittel können zum Ausdruck von Einheit zum Beispiel zusammengeknotete Tücher oder Bänder benutzt werden, zur Darstellung von Abgrenzung Papierbögen mit der Aufschrift (Halt! Grenze o.ä.). Der Kreativität sind keine Grenzen gesetzt. Wenn das Bild fertig ist, folgt ein Austausch im Gespräch, was dargestellt wird und wie es den einzelnen DarstellerInnen dabei geht. Entspricht das Bild der Realität?

Begreifen – Textlektüre und Textinformation

Der Text wird reihum laut gelesen. In einer weiteren Gesprächsrunde wird zusammengetragen, welche Argumente aus dem Text zu den Perspektiven der Eingangsdiskussion/-darstellung passen und welche neu sind.

Falls die Alternative mit dem lebendigen Bild gewählt wurde, kann das Bild – entsprechend der Vorgabe des Textes – neu gestaltet werden. Folgende Leitfragen sind dabei hilfreich:

* Welche Elemente haben gefehlt und müssen neu eingefügt werden?
* Verschiebt sich die gesamte Aussage?
* Passt dies Bild zu unserer Wirklichkeit als Kirche?
* Was müsste sich verändern, damit der Text „eingelöst" wird?

Ja, weil ...

Nein, weil ...

Nein, aber ...

Ja, aber ...

Textbeobachtung

Der Text spielt mit verschiedenen Räumen, denen Personengruppen und Beziehungen zugeordnet sind. Um dies herauszuarbeiten, wird zunächst gesammelt und jeweils auf einzelne Karten oder Papierstreifen geschrieben:

* Welche Räume kommen im Text vor (Die Ferne, die Nähe, Haus Gottes, Bau, Tempel, Wohnung Gottes)?
* Welche Bauelemente werden darüber hinaus genannt (Mauer, Fundament, Schlussstein)?
* Welche Personen/Gruppen spielen eine Rolle (Heiden, Unbeschnittene, Gemeinde Israels, Juden, die Fernen, die Nahen, Fremde ohne Bürgerrecht, neuer Mensch, Mitbürger der Heiligen, Hausgenossen Gottes, Apostel, Propheten, Christus, Gott)?
* Begriffe des Ausgrenzens: getrennt, fremd, ausgeschlossen, Feindschaft, fern, hoffnungslos;
* Begriffe der Einheit: Nähe, vereinigen, Frieden stiften, versöhnen, einziger Leib, Zugang, zusammenhalten, wachsen, erbauen.

Gemeinsam wird versucht, die einzelnen Elemente in einem sinnvollen Ganzen anzuordnen. Beginnend mit den Räumen und den Personen, entsteht ein Bild, das die Dynamik des Textes illustriert. Nun kann im Gespräch herausgearbeitet werden, welches Bild von Kirche hier vorliegt:

* Ankerpunkt ist die Tat Jesu, die die Vorgeschichte Gottes mit seinem Volk (Propheten) und die Entwicklung (Apostel) hält;
* die Einheit aus Juden und Christen ist vollzogen (anders als noch bei Paulus selbst);
* die Einheit der Kirche steht in einem Wachstumsprozess.

Mitnehmen – Mit dem Text weitergehen – Was trägt der Text aus? (gleichzeitig liturgischer Abschluss)

Die drei Stellungnahmen zur Kirche im Teilnehmerheft lesen und eigene Positionen abfragen:

* Welchen Platz nehme ich in der Kirche ein?
* Welchen Platz nimmt die Kirche in all ihren Schattierungen (auch Christen anderer Konfessionen) in meinem Leben ein?

Das Bild im TNH betrachten und Hoffnungen/Wünsche formulieren:

* „Ich wünsche mir eine Kirche, in der ...“
* „Ich möchte mitbauen an einer Kirche, die ...
* „ ... “

Abschluss mit dem Lied BEL 592: Bau dein Reich in dieser Zeit (s. TNH).

IV Epheser 3,14-21

Verwurzelt und erfüllt

Auslegung

Der Abschnitt mit der Fürbitte in 3,14-21 bildet den Abschluss des ersten Hauptteils (2,1–3,21). Damit ist der lehrhafte Teil des Epheserbriefs von feierlichen Gebeten eingerahmt. Briefeingangseulogie (1,3-14) und Danksagung (1,15-23) bilden die Eröffnung, Fürbitte (3,14-19) und Doxologie (3,20-21) den Abschluss. Dieser gliedert sich in die Gebetseröffnung mit der Anrede Gottes als Vater (V 14-15), drei Fürbitten (V 16-19) und eine ausführliche Schlussdoxologie (Lobpreis V 20-21). Die drei Fürbitten werden durch „hína“ (dass [im Text unterstrichen]) eingeleitet und ergeben eine Steigerung von der Fürbitte um das Starkwerden im Glauben über die Fürbitte um die Erkenntnis der Liebe Christi bis zur Fürbitte um die vollkommene Erfüllung mit der Fülle Gottes.

Epheser 3,14-21

Gebetseröffnung

14 „Deshalb beuge ich meine Knie vor dem Vater,
15 der der rechte Vater ist über alles,
was da Kinder heißt im Himmel und auf Erden,

1. Fürbitte

16 <u>dass</u> er euch Kraft gebe nach dem Reichtum seiner Herrlichkeit,
stark zu werden durch seinen Geist an dem inwendigen Menschen,
17 dass Christus durch den Glauben in euren Herzen wohne
und ihr *in der Liebe* eingewurzelt und gegründet seid.

2. Fürbitte

18 <u>So</u> könnt ihr mit allen Heiligen begreifen,
welches die Breite und die Länge und die Höhe und die Tiefe ist,

19 auch die *Liebe Christi* erkennen,
die alle Erkenntnis übertrifft,

3. Fürbitte

damit ihr erfüllt werdet mit der ganzen
Gottesfülle.

Doxologie (Lobpreis)

20 Dem aber,
der überschwänglich tun kann über alles hinaus,
was wir bitten oder verstehen,
nach der Kraft,
die in uns wirkt,
21 dem sei Ehre in der Gemeinde und in Christus Jesus
zu aller Zeit, von Ewigkeit zu Ewigkeit!
Amen."

unterstrichen: griech. hína [dass, damit]
kursiv: Klammer
(Übersetzung: Lutherbibel in der revidierten Fassung von 1984)

1. Die Gebetseröffnung (3,14-15)

Das Beugen der Knie ist ein alter Gebetsgestus, der eine besonders intensive Art des Gebets anzeigt. Es bezeugt eine Verehrung, die nur Gott zukommt, nicht aber anderen Göttern wie Baal (1 Kön 19,18; Röm 11,4). Der Christushymnus im Philipperbrief (2,10) gibt mit dem Beugen der Knie in Anspielung auf Jes 45,23 eine universale allumfassende kosmische Anbetung durch alle Mächte im Himmel und auf Erden und unter der Erde zu erkennen. Auch in Eph 3,14 ist das Kniebeugen ein Ausdruck religiöser Verehrung und zugleich eine Intensivierung der Fürbitte bis in den körperlichen Vollzug des Gebets hinein.

Die Anrufung Gottes als Vater wird durch einen Relativsatz hervorgehoben, der die Art der göttlichen Vaterschaft inhaltlich qualifiziert. Ebenso wie im Alten Testament, ist auch im antiken Judentum eine deutliche Zurückhaltung gegenüber der Vorstellung von Gott als Vater zu spüren. Sie begegnet nur an ganz wenigen Stellen. Christliches Gebet ist in seiner letzten Tiefe das Gebet zum Vater, wie es Jesus im Vaterunser gelehrt hat (Mt 6,9). Die ersten Christen haben vom Geist bewegt „Abba, lieber Vater!" gerufen (Röm 8,15; vgl. Gal 4,6), wie es auch Jesus selber bei seinem Gebet im Garten Gethsemane getan hat (Mk 14,36).

Die Vateranrede ist ebenso Ausdruck der Verehrung wie der Vertrautheit. Durch den Relativsatz wird Gottes Vaterschaft inhaltlich ausgeführt. Die Luther-Übersetzung trifft den Sinn nicht ganz, besser *Hermann Menge*: „von dem jede Vaterschaft im Himmel und auf Erden ihren Namen hat". Es geht um die Ur-Vaterschaft Gottes, der die Welt erschaffen hat, sie erhält und für sie sorgt. Alles hat von ihm und durch ihn Bestand. Zu ihm beten heißt, mit dem Schöpfer und Lenker der Welt selbst in Kontakt treten. Gott erweist sich als „Vater" durch alle geistlichen Segnungen, durch die er die Gläubigen schon vor der Erschaffung der Welt in Christus zu seinen Kindern erwählt hat (Eph 1,3ff). In diesem Sinn ist er der „eine Gott und Vater aller", die er durch die eine Taufe in einem Leib und in einem Geist zu der einen Hoffnung berufen hat (4,4-6). Durch dies Erwählungshandeln erweist sich Gott als der wahre Vater.

2. Die Tempelmetaphorik

Die einzelnen Fürbitten sind stark von der Tempelmetaphorik bestimmt (V 17 Einwohnung; V 17 Gründung auf dem Tempelfundament; V 18 Maße des endzeitlichen Heiligtums; V 19 Erfüllung durch die Gottesfülle). Nach Jes 6 sitzt Gott als König der Welt auf seinem Thron im Himmel. Damit ist Gott in seiner Jenseitigkeit aller menschlichen Erfahrung entzogen, im Tempel aber durch den Saum seines Königsmantels gegenwärtig.

Darum ist der Tempel nicht nur vom Lobpreis der himmlischen Heerscharen erfüllt („Heilig, heilig, heilig"), sondern zugleich von der göttlichen Herrlichkeit (hebr. kabod): „Alle Lande sind seiner Ehre voll!" Gottes Herrlichkeit füllt nicht nur den Tempel aus, sondern den ganzen Kosmos. Daraus ist in der jüdischen Tradition die Vorstellung von der Shekhina entstanden, d.h. von der Einwohnung Gottes in der Welt (vgl. den Tempelweihspruch 1 Kön 8,12f). In Sir 24,8[12f] wird diese Vorstellung auf die personifizierte Weisheit übertragen, die von Gott in Israel bzw. Jakob Wohnung erhält.

Diese Erfahrung der göttlichen Gegenwart im Tempel wird in Eph 3 auf die Herzen der Gläubigen übertragen: Nun nimmt Christus nach dem Reichtum der göttlichen Herrlichkeit in den Herzen Wohnung und füllt sie mit der ganzen Gottesfülle aus. Damit geht es auch im Epheserbrief um das Gegenwärtig-Werden Gottes, der im Jenseits thront. Doch nun ist es nicht mehr das Haus auf dem Tempelberg, das Gott mit seiner Gegenwart ausfüllt, sondern die Gemeinschaft der Glaubenden, in deren Herzen Christus durch den Geist gegenwärtig ist.

Der Einzug der göttlichen Herrlichkeit im Tempel wird zu einem Bild dafür, wie Christus in den Herzen der Gläubigen ein Zuhause findet. Verwandt sind die Aussagen über Christus in Kol 2,9: „Denn in ihm wohnt die ganze Fülle der Gottheit leibhaftig" und in Joh 1,14: „Und das Wort ward Fleisch und wohnte unter uns, und wir sahen seine Herrlichkeit, eine Herrlichkeit als des eingeborenen Sohnes vom Vater, voller Gnade und Wahrheit."

3. Die erste Fürbitte: das Starkwerden im Glauben (3,16-17)

In der ersten Fürbitte werden die beiden Aussagen parallelisiert, dass Gott durch seinen Geist den inneren Menschen stärkt und dass Christus durch den Glauben in den Herzen Wohnung nimmt. Beide Aussagen in diesem Parallelismus interpretieren sich gegenseitig, die anthropologischen und christologischen Gedanken werden aufs Engste miteinander verzahnt.

Das Herz erscheint in Eph 3,16b.17a als Synonym für den inneren Menschen. Der innere Mensch wird gestärkt, indem Christus im Herzen Wohnung nimmt. So bewirkt der göttliche Geist im Herzen der Menschen den Glauben. Das Herz ist im biblischen Sprachgebrauch das Personzentrum des ganzen Menschen.

Die Vorstellung vom inneren Menschen hingegen stammt aus der platonischen Tradition, wird von Paulus aber radikal uminterpretiert und inhaltlich neu gefüllt. Der innere Mensch meint nicht die Innerlichkeit des Menschen, nicht die Seele und auch nicht etwa den guten oder unsterblichen Teil des Menschen, sondern den ganzen Menschen in seiner Beziehung zu Gott.

In Röm 7,22 wird der innere Mensch mit dem „Verstand" (noús V 23) und dem guten Willen (V 18f) gleichgesetzt. Aber er ist „fleischlich", d.h. in seiner vorfindlichen Existenz „im Fleisch" (7,18), ein Sklave der Sünde und als solcher ein Feind Gottes (5,10; 8,7). In Röm 7 ist der „innere Mensch" daher der ganze Mensch mit seinen besten Möglichkeiten, aber in seiner unerlösten Existenz. Was ihm fehlt, ist der Geist Gottes, dessen befreiende und erlösende, belebende und erfüllende Wirkung für die Glaubenden in Röm 8 entfaltet wird.

Anders ist der Gegensatz zwischen dem äußeren und dem inneren Menschen in 2 Kor 4,16 gelagert: Der „äußere Mensch" ist hier der Mensch in seiner geschöpflichen Vergänglichkeit. Dem wird der „innere Mensch" gegenübergestellt, der „Tag für Tag erneuert wird". Wiederum ist der „innere Mensch" nicht der innere, geistige oder unsterbliche Teil des Menschen, sondern der ganze Mensch, und zwar als „neue Kreatur" (2 Kor 5,17; Gal 6,15), die durch den Geist als endzeitliche Gabe Gottes erneuert ist und in der „Neuheit des Lebens" wandelt (Röm 6,4; 7,6).

Ebenso ist auch in Eph 3,16 der „innere Mensch" der „neue Mensch" (4,23), der durch den Geist Gottes „erneuert" (4,23) bzw. neu „erschaffen" ist (4,24). Der innere Mensch ist im Epheserbrief also der von Gott durch den Geist erneuerte Mensch, der in seinem Herzen mit dem Glauben beschenkt wurde. Dieser innere Mensch wird gestärkt, indem Christus im Herzen der Gläubigen Wohnung nimmt. Wohnt Christus im Herzen, so sind die Gläubigen in der Liebe verwurzelt und gegründet.

Dabei stellt sich die Frage, wessen Liebe in Eph 3,17 gemeint ist. Der Epheserbrief kann zwar von der Liebe Gottes (2,4; vgl. 5,2), der Liebe Christi (3,19; vgl. 5,2.25) und der Liebe der Christen (4,2.15.16; 5,2) reden. Doch nach dem Einwohnen Christi dürfte es in 3,17 die Liebe Christi sein, in der der Glaube verwurzelt und gegründet ist, zumal in V 19 „die Liebe Christi" als Objekt der Erkenntnis genannt wird. So bildet die Liebe Christi die Klammer zwischen der ersten und der zweiten Fürbitte.

Es ist die Liebe, mit der Christus uns geliebt und sich für uns als Opfer hingegeben (5,2) bzw. die Kirche geliebt und sich für sie hingegeben hat (5,25). Diese Liebe Christi ist die Wurzel und das Fundament, aus denen die Gläubigen ihre Stärke gewinnen.

Eigenartig wirkt die Verbindung der beiden Bildfelder vom Wachsen und Bauen. Doch begegnet die Verknüpfung beider Motive schon in Ps 92,14: „Die gepflanzt sind im Hause des Herrn, werden in den Vorhöfen unsres Gottes grünen." Die Kombination beider Bildfelder wird in der Rede der Weisheit in Sir 24,15-16 übernommen: „Ich habe vor ihm im heiligen Zelt gedient und danach auf dem Zion eine feste Stätte gefunden ... Ich bin eingewurzelt bei einem geehrten Volk, das Gottes Erbteil ist."

4. Die zweite Fürbitte: die Erkenntnis der Liebe Christi (3,18-19)

Nachdem die erste Fürbitte sich dem inneren Menschen zugewandt hatte, öffnet die zweite Fürbitte den Blick für die universalkosmische Weite. Zugleich vollzieht sich ein Übergang vom Wachsen des Glaubens zum Wachsen der Erkenntnis (Begreifen). Wieder interpretieren sich die beiden Infinitive „begreifen" und „erkennen" gegenseitig. Wieder wird durch die alles übertreffende Liebe Christi ausgeführt, was die Breite und Länge und Höhe und Tiefe umfasst. Dabei werden die Maßangaben meist im Sinn kosmischer Spekulationen über die Größe des Weltalls gedeutet.

Meditation macht nicht dumpf und teilnahmslos. Meditation macht stark und scharfsichtig.

Mahatma Gandhi

(Quelle unbekannt)

In der Parallelisierung der beiden Erkenntnisaussagen dürfte jedoch eher die Weite des durch Christus eröffneten Heilsraums gemeint sein. Ausgefüllt wird der ganze Raum durch die Liebe Christi. Der eigentümliche Fragesatz lässt sich als Aufnahme eines in der Apokalyptik verbreiteten Motivs verstehen, das die Vermessung des endzeitlichen Heiligtums beschreibt (vgl. Sach 2,5-9: Jerusalem auszumessen, wie lang und breit es werden soll; vgl. Hes 40,3-42,20; Jer 31,39; Apk 11,1; 21,15-17).

Die vier Maße betreffen nicht nur die vier Himmelsrichtungen, sondern die vier Dimensionen des Raums. Die Maße des Heils übersteigen Raum und Zeit, haben neben der universalen Weite auch die Zusammenfassung der Heilsgeschichte nach Gottes Heilsplan (Eph 1,10) im Blick (*Michael Gese*). Ausgangs- und Zielpunkt der gesamten Heilsgeschichte ist die Erwählung, Kinder Gottes zu werden (Eph 1,4f) und Gott als Vater anzurufen (3,14f). Deshalb wendet sich das Gebet an den Vater im Himmel. Dass wir Kinder Gottes sind, hat seinen Grund in der göttlichen Erwählung und Liebe schon vor Grundlegung der Welt. In der ganzen Fürbitte geht es darum, das unermessliche Ausmaß der Liebe Gottes zu erkennen, die sich in Christus gezeigt hat (Eph 1,4). Diese Liebe durchbricht alles Messbare.

Auffällig – und für unsere Ohren vielleicht ungewohnt – ist in der zweiten Fürbitte die Hervorhebung des Erkennens, setzen wir doch gern den Glauben dem Erkennen entgegen. Für den Verfasser des Epheserbriefs ist das Erkennen eine Steigerung, Weitung und Vertiefung des Glaubens, d.h. die Teilhabe am Heil. Da die Gottesbeziehung biblisch im Bild der liebenden Gemeinschaft dargestellt wird, klingt hier wohl die Bedeutungsvielfalt des hebräischen Begriffs jd' (= erkennen) an, wonach Erkennen auch für die liebende Vereinigung von Mann und Frau gebraucht wird und somit ein Einswerden mit dem zu Erkennenden meint.

Das Erkennen schließt das Erkanntwerden mit ein, das als Erfahrung vollkommenen Geliebt- und Verstandenwerdens aber erst im Eschaton kommen wird (1 Kor 13,12). Sie geschieht in der Gemeinschaft „mit allen Heiligen" (Eph 3,18), d.h.

mit allen Gläubigen und damit nicht nur in der Beschränkung auf den irdischen oder himmlischen Tempel (*Michael Gese*). Als „Mitbürger der Heiligen und Gottes Hausgenossen" (Eph 3,19) haben sie im Gottesdienst Gemeinschaft mit den Engeln (vgl. Hebr 12,22f).

5. Die dritte Fürbitte: Die Erfüllung mit Gottes Herrlichkeit (3,19)

Die dritte Fürbitte hat die vollkommene Erfüllung mit der Herrlichkeit Gottes zum Inhalt. Auch hier steht nicht die hellenistische Pleroma-Spekulation im Hintergrund, sondern wie in Jes 6 die alttestamentliche Vorstellung von Gottes Herrlichkeit und Heiligkeit, die den Tempel und die Welt erfüllt. Mit dem Gedanken der Fülle verbindet sich der Gedanke der Vollkommenheit. Nach Eph 4,13 zielt alles auf das Erlangen der vollkommenen Einheit des Glaubens, auf das volle Maß der Fülle Christi, das mit dem vollkommenen Lebensalter verglichen wird. Dann wird die Einheit und Gemeinschaft mit Gott und den Engeln vollkommen sein. Dann wird Gott „alles in allem" sein (1 Kor 15,28).

Die Fürbitten bauen aufeinander auf und beschreiben einen Weg des Gebets von der individuell-anthropologischen Ebene des persönlichen Glaubens über die Erkenntnis des Heilsraums der Liebe Christi bis zur vollkommenen Erfüllung mit der Fülle Gottes. Alle drei Elemente gehören zusammen und sollen sich bereichern. Dann kann nur noch eine Doxologie folgen.

6. Die Doxologie (3,20-21)

Eine Doxologie ist ein kurzer Lobspruch auf die Herrlichkeit Gottes, bei der das griechische Wort „dóxa" mit einem Ausdruck für Gott im Dativ verbunden ist wie z.B. Röm 11,36: „Ihm sei Ehre in Ewigkeit" oder Lk 2,14: „Ehre sei Gott in der Höhe und Friede auf Erden bei den Menschen seines Wohlgefallens." Wie in Röm 11,36, sind Doxologien häufig mit einer Ewigkeitsformel verbunden. Daraufhin antwortet die Gemeinde mit „Amen".

Die Doxologie in Eph 3,20f bietet in ihrem überschwänglichen Lobpreis eine Entsprechung zur großen Briefeingangseulogie in 1,3-14. Beide Gebete sind ein Lobpreis Gottes und ergeben zusammen eine Rahmung des ersten, lehrhaften Hauptteils.

Man könnte auch umgekehrt sagen: Alle lehrhaft argumentierenden Aussagen sind in das Lob Gottes eingebettet. Was über Bitten und Verstehen hinausgeht, ist das Geheimnis der Liebe Gottes, die in der Kirche und in Christus am Werk ist. Die Doxologie bekräftigt, dass die Kraft, die in uns wirksam ist, sich nicht menschlicher Anstrengung verdankt, sondern von Gott her kommt (2 Kor 4,7).

Bemerkenswert ist die Differenzierung, dass der Lobpreis „in der Kirche und in Christus Jesus" laut wird. Die Kirche ist der Leib Christi, in der Christus als „Haupt" im Gottesdienst gepriesen und verkündigt wird. Hier ist das Geheimnis des göttlichen Heilplans in Christus durch das Evangelium schon offenbar (Eph 3,3-13), das die Welt mit allen kosmischen Mächten erst am Ende der Zeiten in ihrer ganzen Fülle erkennen wird, wenn in Christus alles „rekapituliert", d.h. unter seinem „Haupt" endgültig befriedet und versöhnt sein wird, was im Himmel und auf Erden ist (1,9f.21-23; 4,13).

Dann wird Christus das Haupt nicht nur der Kirche, sondern der ganzen Welt sein. Dann werden Kosmos und Kirche zur Deckung kommen. Dann wird Christus sich endgültig als Kosmokrator erweisen, als der er im Gottesdienst schon jetzt anerkannt und besungen wird (vor allem in orthodoxen Kirchen mit Christus als Pantokrator in der Kuppel).

Alles theologische Nachdenken und Argumentieren des Epheserbriefs zielt, mündet und gipfelt über Bitten und Verstehen im Lobpreis Gottes. Wir sind „zum Lob seiner Herrlichkeit" bestimmt (Eph 1,6.12.14). Damit wird die letztlich doxologisch ausgerichtete Zielsetzung aller theologischen Ausführungen deutlich. Die Häufung der Gebete von der Eingangseulogie und -danksagung (1,3-14.15-23) über die Fürbitte und Doxologie (3,14-21) bis zur Aufforderung zum Liedersingen (5,19) und dem Aufruf zur Fürbitte am Briefschluss (6,18f) verweist auf den Gottesdienst als Sitz im Leben dieses theologischen Rundschreibens. Der Brief ist zur Schriftlesung

(3,3f) im Gottesdienst gedacht und dort in das Singen von Psalmen, Hymnen und geistlichen Liedern eingebunden (5,19). Auf die Doxologie antwortet die Gemeinde mit „Amen" (vgl. 1 Kor 14,16). Es handelt sich um einen Ruf, der in der Septuaginta an drei Stellen als Lehnwort aus dem Hebräischen beibehalten, ansonsten aber 20 Mal mit „génoito" übersetzt wird: „so sei es".

Exkurs
Der Gottesdienst

Der urchristliche Gottesdienst steht in der Tradition des opferlosen Wortgottesdienstes der jüdischen Synagoge (im Unterschied zum Opferkult der Priester, der mit der Zerstörung des Jerusalemer Tempels durch die Römer im Jahr 70 n.Chr. aufhört). Jesus ging am Sabbat in die Synagoge (Lk 4,16). Dasselbe tat Paulus, bis er Widerspruch erregte und die Synagoge verlassen musste (Apg 17,1f; 18,4). In Apg 18 wird exemplarisch geschildert, wie die ersten Christen in Korinth daraufhin ins Nachbarhaus des Titius Justus gingen (Apg 18,7). Da es noch keine Kirchen oder Gemeindehäuser gab, traf man sich in den Privathäusern einzelner Gemeindeglieder (1 Kor 16,15; Röm 16,5.10f.14f.23). Dort versammelte sich „die ganze Gemeinde" zum Gottesdienst (1 Kor 14,23; Röm 16,23).

Aus dem Synagogengottesdienst übernahmen die ersten Christen die Schriftlesung aus der Tora und den Propheten, deren Auslegung (Lk 4,17ff; Apg 2,14ff; 13,15ff.27; 15,21), die Psalmen (Lk 24,44; Apg 1,20; 13,33) und das Gebet mit seinen unterschiedlichen Gattungen, außerdem einzelne liturgische Elemente wie Friedenswünsche und Segensformeln, Eulogien und Doxologien, aber auch hebräische Rufe wie Halleluja oder Hosianna und das responsorische „Amen".

Im Epheserbrief sind von dieser jüdischen Tradition die Eingangseulogie (Eph 1,3-14) und die große Doxologie zum Abschluss des ersten Hauptteils (3,20f) beeinflusst, in einem weiteren Sinn aber auch das Anrufen des Herrn und das Bekenntnis zu dem einen Gott (s.u. zu 4,5f; vgl. 1 Kor 8,6; Dtn 6,4), das Singen der Psalmen, Hymnen und geistlichen Lieder (Eph 5,19; vgl. 1 Kor 14,26) sowie die anderen Gebete (3,14ff; 6,18f). Bei den Psalmen ist nicht nur an den alttestamentlichen Psalter zu denken, der das Gebetbuch der frühen Christenheit war und im Neuen Testament vielfach zitiert wird (z.B. Eph 4,8; vgl. 1,20.22), sondern auch an geistgewirkte Christuslieder wie die Hymnen in Phil 2,6-11, Kol 1,15-20 oder 1 Tim 3,16, Magnifikat und Benediktus (Lk 1,46-55.68-79) oder die Stücke der himmlischen Liturgie in der Johannesoffenbarung.

Herkömmliche jüdische Opferterminologie begegnet im Epheserbrief nur noch in übertragenem Sinn für die stellvertretende Hingabe Jesu uns zugute (Eph 5,2). Nirgends finden wir im Neuen Testament den vollständigen Ablauf eines urchristlichen Gottesdienstes beschrieben. Stets werden nur einzelne Elemente erwähnt. Einen lebendigen Eindruck von den Anfängen mit den unterschiedlichen Bestandteilen des urchristlichen Gottesdienstes vermittelt 1 Kor 14.

Die Gottesdienste fanden am „ersten Tag der Woche" statt (1 Kor 16,2; Apg 20,7), dem Tag der Auferstehung Jesu (Mt 28,1), d.h. am Sonntag. Das Herrenmahl wurde zusammen mit einer Sättigungsmahlzeit wie das letzte Mahl Jesu offensichtlich „in der Nacht" gefeiert, d.h. am Abend (1 Kor 11,20-23; Apg 20,7). Da beim Gottesdienst in 1 Kor 14 keine Mahlzeit erwähnt wird, könnte es sich hier um einen eigenständigen Wortgottesdienst handeln, wie er um 111 n.Chr. bei *Plinius dem Jüngeren* (Brief 10,96,7) beschrieben ist.

Demnach pflegen die Christen „an einem festgesetzten Tag (d.h. am Sonntag) vor Sonnenaufgang zusammenzukommen und Christus als ihrem Gott im Wechsel Lob zu singen (stato die ante lucem convenire carmenque Christo quasi deo dicere secum invicem) ... Danach sei es bei ihnen Brauch gewesen, auseinanderzugehen und [später] wieder zusammenzukommen, um ein Mahl einzunehmen.“ Damit sind bei *Plinius* erstmals Wortgottesdienst am Sonntagmorgen und Herrenmahlsfeier am Abend eindeutig unterschieden.

Das Verständnis des Gottesdienstes ist im Epheserbrief durch den Wechsel von Gotteslob und Segenserfahrung bestimmt, wie er in der Briefeingangseulogie programmatisch angelegt wird (s.o. zu Eph 1,3-14). Im Zentrum steht die Heilstat Gottes in Jesus Christus. Der Gottesdienst ist ein Ort der Heilserfahrung, weil die Gemeinde hier durch die Verkündigung des Heilsworts vom Evangelium des Friedens mit allem geistlichen Segen gesegnet wird, den Christus durch seine Heilstat am Kreuz gebracht hat (s.o. zu Eph 2,14-18 am Ende). Dafür wird Gott in der Liturgie mit Psalmen, Hymnen und geistlichen Liedern gepriesen. Doch soll auch darüber hinaus die gesamte Existenz der Christen etwas sein „zum Lob seiner Herrlichkeit“ (1,6.12.14). Der Gottesdienst strahlt also über die liturgische Feier hinaus auf das alltägliche Verhalten der Christen aus.

Einen gottesdienstlichen Sitz im Leben der Gemeinde hat auch das Bekenntnis zu dem einen Herrn sowie zu dem einen Gott und Vater (Eph 4,5f; vgl. 1 Kor 8,6). Indem hier – z.B. im Vaterunser – sein Name angerufen wird, geschieht „der Zugang zum Vater“, der damit nicht mehr an den priesterlichen Opferkult im Tempel gebunden ist (s.o. zu Eph 2,18).

Im Gottesdienst wird auch die Taufe vollzogen (4,5). Wiederholt wird auf die Taufe angespielt: bei der Versiegelung durch den Heiligen Geist (1,13; 4,30), bei der Lebenswende (2,1-7) und dem Anziehen des neuen Menschen (4,22-24), durch den Taufweckruf in 5,14 sowie bei der Reinigung durch das Wasserbad (5,26). Es fällt auf, dass das Herrenmahl nicht explizit erwähnt wird. Dessen Leitung dürfte jedoch eine Aufgabe der Lehrer sein (4,11), die für die Weitergabe von Glaubenstraditionen verantwortlich waren (1 Kor 15,1ff), zu denen auch die Abendmahlsüberlieferung gehörte (1 Kor 11,23ff).

Im Gottesdienst wurden die Briefe des Paulus vorgelesen (Eph 3,4), wie es der Apostel selber verlangt hatte: „Ich beschwöre euch bei dem Herrn, diesen Brief vor allen Brüdern vorzulesen” (1 Thess 5,27). Die Briefe des Apostels wurden aufbewahrt, gesammelt und schon bald zwischen Nachbargemeinden ausgetauscht, wie Kol 4,16 zeigt: „Und wenn dieser Brief bei euch vorgelesen ist, richtet es ein (poieite), dass er auch in der Gemeinde von Laodizea vorgelesen wird und dass ihr auch den von Laodizea lest.“

Dementsprechend beginnt Offb 1,3 mit einer Seligpreisung für die Schriftlesung im Gottesdienst: „Selig ist, der da liest und die da hören die Worte der Weissagung (d.h. des Inhalts der Johannesoffenbarung) und behalten, was darin geschrieben ist.“ Außerdem legen Schriftzitate und Anspielungen nahe (Eph 1,20.22; 4,8.25f; 5,31; 6,2f), dass auch alttestamentliche Texte (in der Übersetzung der Septuaginta) als Schriftlesung verwendet wurden.

Im Gottesdienst hat auch die Lehre ihren Ort, d.h. die Unterweisung in den zentralen Inhalten, die für den Glauben und den Lebenswandel der Christen wichtig sind (Eph 4,20f; vgl. die Vorlage in Kol 2,6: „Wie ihr nun den Herrn Christus Jesus angenommen habt, so lebt auch in ihm und seid in ihm verwurzelt und gegründet und fest im Glauben, wie ihr gelehrt worden seid"). Die wichtigsten Inhalte der Lehre hat der Verfasser aus den verschiedenen paulinischen Briefen im Epheserbrief für die Verkündigung und die Paränese in den Gemeinden gebündelt, systematisiert und zusammengefasst.

Die Lehre gehört zu den wesentlichen Aufgaben der „Hirten und Lehrer" (s.u. zu Eph 4,11). Sinn und Zweck ihres Wirkens ist nach Eph 4,12 ein doppelter: Zum einen wird die Befähigung der Gläubigen zum „Dienst" genannt (griech. diakonía), einem Wort, das in der paulinischen Theologie eine große Bedeutungsbreite hat von der apostolischen Verkündigung (Röm 11,13; 2 Kor 3,8f; 4,1; 5,18; 6,3) bis zur Kollekte für die Jerusalemer Gemeinde (Röm 15,31; 2 Kor 8,4.20; 9,1). Dementsprechend werden im Epheserbrief Paulus und Tychikus als „Diener" (griech. diákonos) bezeichnet, Tychikus sogar als „treuer Diener im Herrn" (Eph 3,7; 6,21).

Zum anderen wird in Eph 4,12.16 als Ziel die „Auferbauung (des Leibes Christi)" erwähnt, das zentrale ekklesiologische Leitmotiv, das an die fundamentalen Aussagen über den Bau der Kirche in Eph 2,19-22 erinnert (s.o.) und sowohl die Erbauung der Gläubigen als auch den Gemeindeaufbau durch gegenseitige Seelsorge, Glaubensstärkung und Lebenshilfe umfasst (Röm 14,19; 15,2; 1 Kor 14,12.26; 2 Kor 12,19; 1 Thess 5,11). Damit besteht die „Dienstleistung" der Ämter vorrangig in dem Wirken, das dem Aufbau der Kirche dient. Gemeint sind im paränetischen Teil des Epheserbriefs vor allem die Werke, die die Einheit des Geistes, des Glaubens und des Leibes Christi, d.h. der Kirche, fördern (4,3f.13), nämlich Demut, Sanftmut, Geduld und insbesondere die Liebe (4,2.16.29).

Die Aufgabe des Lehrens wird in 1 Tim 4,13 im Auftrag an Timotheus zusammengefasst: „Fahre fort mit Vorlesen, mit Ermahnen, mit Lehren" (vgl. 2 Tim 3,15f). Dabei zeigen die Zitate der „Schrift" in 1 Tim 5,18f aus Dtn 25,4 und Lk 10,7, dass zur Abfassungszeit der Pastoralbriefe um 100 n.Chr. die Schriftlesung – neben dem Vorlesen der paulinischen Briefe (s.o.) – nicht nur aus der Tora (sc. und den Propheten, und zwar in Gestalt der griechischen Übersetzung der Septuaginta) bestand, sondern auch schon die Evangelientradition dazugehörte.

Alle Lehre mit Verkündigung und Paränese hat ihren Sitz im Leben der Gemeinde im Gottesdienst. Doch darf bei allen Lehrinhalten nicht aus dem Blick geraten, dass der Epheserbrief von der Eingangseulogie an eine doxologische Grundausrichtung hat, zum Lobpreis Gottes ermuntert und mit dem ganzen Leben auf das „Lob seiner Herrlichkeit" zielt (1,6.12.14). Hier geht auch im Epheserbrief der liturgische Gottesdienst in den „vernünftigen Gottesdienst" im Alltag der Welt über, mit dem schon Paulus in Röm 12,1 nach den lehrhaften Passagen die Paränese mit den Ermahnungen für die Lebenspraxis der Christen eröffnet hat.

Gedanken und Texte zum Nachdenken und Besprechen

● Eine christliche Gemeinschaft lebt aus der Fürbitte der Glieder füreinander, oder sie geht zugrunde.

Dietrich Bonhoeffer

(aus: *Gerhard Müller / Albrecht Schönherr [Hrsg.]:* Gemeinsames Leben / Das Gebetbuch der Bibel. © 1993 Gütersloher Verlagshaus, Gütersloh, in der Verlagsgruppe Random House GmbH)

● Vor Gott die Knie beugen: Ich lasse meine Macht und mein Machen, meinen Stolz, meine Selbstbeherrschung, meine Maske vor ihm los.

● Diese Fürbitte ist beispielhaft und ganz anders, als es unsere Fürbitten häufig sind. Die zeugen oft von einem Verlust des Himmels, drehen sich primär um unser irdisches Wohlergehen. Diese Fürbitte dreht sich um Glaubensstärkung und ist, wie es der Zusammenhang des Epheserbriefs zeigt, von der Gewissheit getragen, dass daraus gute Werke erwachsen.

● Wo bist du ganz du selber,
ohne Schminke, ohne Maske?
Wo ist der Raum, der dein Atem ist,
offen für deine Entfaltung?
Wo ist der Humus deiner Wurzeln,
wo die Quelle deiner Lebendigkeit,
wo das tragende Fundament,
wo der Ursprung deiner Träume?
Ich kann dir nicht antworten.
Du musst es selbst ertasten,
erspüren, erwandern, erfahren.
Komm, wir gehen miteinander ganz hinunter
zu deinen und meinen Wurzeln.
Komm, wir suchen miteinander
den festen Grund,
wo dein und mein Fundament liegt.
Komm, wir schwimmen gemeinsam
gegen den Strom,
um unser aller Quell' zu finden.

Josef Gähwiler

(aus: Sag mir, wo du wohnst, Missionsjahrbuch der Schweiz 1985, hrsg. von der Missionskonferenz der deutschen und rätoromanischen Schweiz. © Josef Gähwiler)

● Der Mensch wird stark gemacht für die Gemeinschaft und, um Bedrängnisse zu bestehen.

● „Die Gemeinde lebt nicht von dem, was ein jeder sich selber oder einer dem andern sagen kann, die Gemeinde lebt von dem, was Gott in Christus allen in ihr Versammelten gemeinsam gesagt hat und immer neu sagen will. Indem sie sich das sagen lässt und indem sie das anerkennt, dass sie davon und nur davon lebt, gibt sie Ihm die Ehre. Das ist die Ehre, die Gott von uns haben will, dass wir uns von ihm beschenken lassen" (*Karl Barth:* Wir haben ja das Wort, 183).

● Wir trauen uns oft nicht, überschwänglich zu reden. Das ist uns eher verdächtig. Wir pflegen eher die Armseligkeit, als ginge es nur darum, über die Runden zu kommen. Das ist aber nicht die Fülle, von der hier die Rede ist.

● Lobpreis der Menschwerdung Gottes – das ist ein Mysterium: Die Kirche ist auch ein Mysterium. In uns, in den irdischen Gefäßen, ist ein heller Schein. Unsere Leiber sind ein Tempel des Heiligen Geistes.

Bausteine zur Gestaltung

● Wer mit einem Kurzfilm einsteigen will, sei auf **Wege aus der Sucht – die Fazenda da Esperança** von *Agnieszka Dzieduszycka und Mark Riedemann* (s.u. Medienempfehlungen S. 119) hingewiesen.

● *Gestaltete Mitte:*
Auf bunten Tüchern steht in der Mitte ein möglichst großer Krug. Die TeilnehmerInnen bedenken folgende Fragen und tauschen sich darüber aus:
* Wer oder was er-/füllt mich?
* Wovon möchte ich nicht er-/gefüllt werden?
* Nach welchen „Füllungen" sehne ich mich?
* Wie wirkt sich, was mich erfüllt, auf mein Leben aus?

oder:
Auf bunten Tüchern befinden sich in der Mitte ein Kreuz und eine brennende Kerze. Darum herum liegende Bilder von Menschen in verschiedenen Gebetshaltungen. Die TeilnehmerInnen suchen sich ein Bild aus und gehen in Kleingruppen folgenden Fragen nach:

* Wie wichtig ist mir beim Beten eine bestimmte Körperhaltung? Was will ich mit ihr ausdrücken?
* Warum habe ich mir dies Bild ausgesucht?

● *Gespräch in Kleingruppen:*
* Welche Inhalte bestimmen meine Gebete?
* Welche Anrede verwende ich für Gott? Warum?
* Welche vorformulierten Gebete sind mir hilfreich?
* Lob, Dank, Klage, Bitte, Fürbitte – welcher dieser Aspekte kommt in meinen Gebeten am häufigsten vor, welcher so gut wie gar nicht?

● *Gespräch in Kleingruppen oder im Plenum:*
Für eine Pflanze ist es wichtig, dass ihre Wurzeln gut im Erdreich eingebettet sind, damit sie die Nährstoffe aufnehmen können, die sie zum Wachstum brauchen. Aber alle gute Verwurzelung nützt nichts, wenn der Boden ausgelaugt und ohne Wasser ist.
* Worin bin ich verwurzelt? Woher beziehe ich meine Kraft zum Leben?

● *Textlesung:*
Die TeilnehmerInnen haben den Text vor Augen (Bibel oder Textblatt). Eph 3,14-21 wird zwei Mal vorgelesen. Beim ersten Lesen achten die TeilnehmerInnen darauf, welche Aussage sie besonders anspricht. Beim zweiten Lesen stimmen sie laut an der Stelle ein, die ihnen wichtig ist. So entsteht ein Klangbild. Der/die LeiterIn macht anschließend bewusst, welche Aussagen besonders betont wurden und welche nicht und nutzt die Beobachtung zum Gesprächseinstieg.

● *Fragen zur Texterschließung:*
* In welcher Körperhaltung wird gebetet? Was drückt sie aus?
* Wie wird Gott angeredet? Was drückt diese Anrede aus?
* Worum wird gebetet und für wen?
* Welche Absicht, welches Ziel liegt dem Gebet zugrunde?
* Welcher Tenor bestimmt das Gebet?

● *Gesprächsimpulse:*
Der inwendige bzw. der innere Mensch bezeichnet den ganzen Menschen in seiner Beziehung zu Gott. Um seine Stärkung geht es in diesem Gebet. Anders gesagt: Die Liebe Christi ist die Wurzel, von der her ChristInnen ihre Stärke beziehen.
* Wenn Sie an Ihre eigenen Fürbitten denken oder die im Gottesdienst erlebten, wie kommt dieser Gedanke zum Tragen?
* Welche Anregungen für Ihr eigenes Beten enthält für Sie Eph 3,14-21?

Die Verse 18 und 19 formulieren, welches Ziel der Beter verfolgt.
* Was fällt Ihnen dabei auf?
* Worum bittet er nicht und warum?

Eph 3,14-21 preist Gott als Kraftquelle und Kraftgeber für unseren Glauben und unser Tun und bittet ihn darum, dass Christus in unseren Herzen wohne.
* Was bewirkt dieser Lobpreis und diese Bitte im Blick auf Ihre Glaubens- und Lebensperspektive?

● Kleingruppen erhalten die Aufgabe, ein Gebet zu formulieren, das mit ihren Worten den Tenor von Eph 3,14-21 aufnimmt. Diese Gebete fließen in den liturgischen Abschluss des Abends ein.

● Wer den Abend mit einer Bildbetrachtung schließen möchte, sei auf das Bild von *Susanne Ledendecker* und die Betrachtung von *Jörg Meuth* hingewiesen (s. u. S. IV).

Lieder

Strahlen brechen viele	EG 268
Herr, unser Herrscher, wie herrlich bist du	EG 270
Ich lobe meinen Gott	EG 272
Wie der Hirsch lechzt nach frischem Wasser	EG 278
Singet dem Herrn ein neues Lied	EG 287/GL 273
Nun jauchzt dem Herren, alle Welt	EG 288/GL 474
Du meine Seele, singe	EG 302
Ich singe dir mit Herz und Mund	EG 324
Wunderbarer König	EG 327

Didaktischer Entwurf zu Epheser 3,14-21

Verfasser: Wolfgang Baur

Thematischer Schwerpunkt

Liebe ist größer als Erkenntnis und erfüllt alle Dimensionen und Zeiten. Sie ist „überdimensional". Die seltsame Rede von „Länge, Breite und Höhe" bezieht sich nicht auf ein Bauwerk (Tempel), sondern auf die Wirklichkeit Gottes selbst. Diese wird im Begriff „Liebe" gebündelt. In der Liebe sind wir mit Christus und „allen Heiligen" verbunden. Die „Stockwerke" des Weltbilds (s. Entwurf zu Kap 1) klingen wieder an. Sie sind für die Sehenden (Getauften, Glaubenden) mit der Liebe Christi erfüllt.

Gestaltete Mitte

Verschiedene Messgeräte: Zollstock, Wasserwaage, Senklot, Lineal, kariertes Papier und Bleistift, Batterieprüfer, Voltmeter, Phasenprüfer, Maßband, Kompass … Was eben zur Verfügung steht – und ein Symbol für die Liebe (Herz, Rose …).

Zur Gestaltung des Abends

Liturgischer Beginn

Wir verneigen uns vor Gott, der uns und alles geschaffen hat. Wir richten uns auf, öffnen Hände und Geist, um dankbar zu empfangen, was Gott uns geben kann. Wir reichen einander die Hände im Wissen, dass wir füreinander da sind.

Vater unser …

Die bearbeitete Grafik (siehe Arbeitsauftrag auf der rechten Seite) kann zum Beispiel so aussehen:

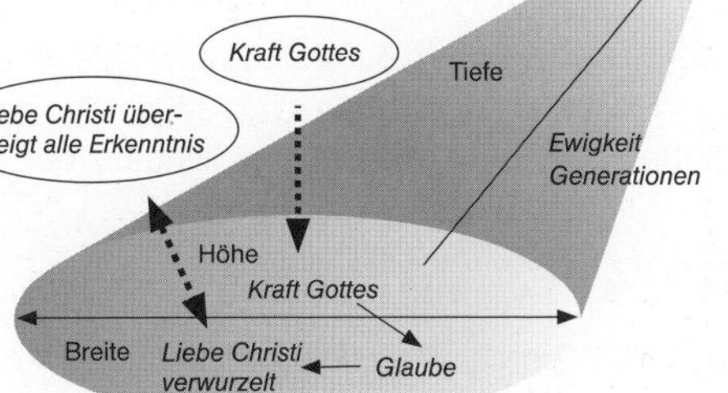

Öffnen – Text trifft Wirklichkeit

Messen ist ein alltäglicher Vorgang. Die TN werden eingeladen, anhand der in der Mitte liegenden Messgeräte Beispiele zu sammeln, was in ihrem Leben alles gemessen wird und wozu. Wie verändert eine Messung meine Sicht, ja manchmal selbst mein Lebensgefühl?

Alternative: *Körperübung:* Die Länge, Breite, Höhe und Tiefe des Raums ausloten, die ich mit meinem Körper stehend ausschöpfen kann … dann die Bewegung einbeziehen: Wie weit reicht mein Radius (in einer Stunde, an einem Tag, in einem Jahr, in meinem Leben)? Welche Räume möchte ich ausschöpfen, durchqueren, oder welche muss ich durchqueren? Wie geht es mir beim Ausloten neuer Räume? Was erwarte, empfange, befürchte ich? Begegnet mir Gott darin? Was, wenn ja?

Begreifen – Textlektüre und Textinformation

Dimensionen göttlicher Wirklichkeit (eventuell in zwei Gruppen) erarbeiten:

1. Suchen Sie aus dem Text Eph 3 alle Begriffe, die mit räumlichen oder zeitlichen Dimensionen zu tun haben und füllen Sie die Grafik damit (auch Vorgänge wie „beugen", übersteigen …).
2. Welche Kräfte und Eigenschaften wirken in den verschiedenen Dimensionen? Schreiben Sie die Begriffe in die Grafik. Was bewirkt was? Wo ist der „Ursprung" aller Kräfte? Veranschaulichen Sie sich die Zusammenhänge, indem Sie die Begriffe mit Pfeilen verbinden.

Für beide Gruppen:

* Zu welchem Zweck schildert der Verfasser des Briefs diese Zusammenhänge?
* Was sollen wir dadurch erkennen? Was sollen wir tun? Verändert sich dadurch unsere Lebensperspektive?

Antwortimpulse:

- Gott als treibende Kraft alles Glaubens und Tuns;
- Menschliche Liebe als Abbild der göttlichen;
- Liebe als Schlüssel zur Erkenntnis (nicht „Wissen");
- Kirche als überzeitliche Gemeinschaft der von Gott Geheiligten.

Mitnehmen – Mit dem Text weitergehen – Was trägt der Text aus?

Der Liebe Raum geben. Wie kann man Liebe „messen"? Nur mit dem Herzen. Die TN werden zu den

Messgeräten vom Anfang zurückgeführt. Der Verfasser des Epheserbriefs behauptet, Gottes Liebe übersteige alle Erkenntnis, alles Messen. So liegt die Erkenntnis Gottes tatsächlich ganz in unserem „Ermessen".

Die TN werden eingeladen, dies in Sätze zu fassen, die die Mess-Erfahrungen aufgreifen. Dabei können die Gegenstände - vielleicht in Herzform - rund um eine Kerze oder eine Rose in der Mitte angeordnet werden:

- „Gottes Liebe ist größer als eine Mauer" (Zollstock);
- „Die Liebe Christi währt länger als Zeit, die ich mir nehme" (Uhr);
- „Gottes Kraft ist größer als ein Kernkraftwerk" (Spannungsmessgerät) ...

Liturgischer Abschluss
Gemeinsam die Verse aus Ps 139 (Teilnehmerheft) lesen, der ebenfalls die Dimensionen Gottes und der Welt in Verbindung bringt.

Lied: EG 409 „Gott liebt diese Welt".

V Epheser 4,1-16

Begabt und beauftragt

Auslegung

Der Abschnitt eröffnet den paränetischen Teil des Epheserbriefs in 4,1–6,9, der ekklesiologisch einsetzt (4,1–16), individualethisch mit einem Appell an den durch Christus erneuerten Menschen fortfährt (4,17–5,20) und mit einer Haustafel für das soziale Zusammenleben im Alltag abschließt (5,21–6,9). Der ekklesiologische Teil 4,1-16 gliedert sich in zwei Abschnitte:

V 1-6 Die Einheit der Kirche
V 7-16 Die Ämter der Gemeinde

Damit stehen die theologischen Aussagen über die Einheit der Kirche und die Ämter der Gemeinde in diesem ekklesiologischen Teil im Zentrum. Doch darf die paränetische Rahmung durch die Ermahnung zur „Liebe" in V 2 und 15f nicht übersehen werden.

1. Die Eröffnung der Paränese (4,1-3)

Das Verbum „parakalō" (4,1) ist ein für paulinische Briefe typischer Einstieg in den paränetischen Briefteil (Röm 12,1; 1 Kor 1,10; 16,15; vgl. 1 Thess 4,1). Meist wird das Verbum „parakaleín" mit dem Wort „ermahnen" wiedergegeben, doch bringt diese Übersetzung eine unzureichende Verkürzung auf die Moral mit sich. Wörtlich „herbeirufen" oder „bitten", wird die Wortgruppe von Paulus in der ganzen Bedeutungsbandbreite von Zusprechen und Trösten (2 Kor 1,3ff) über das freundliche Zureden und Ermutigen bis zum Ermahnen und Auffordern (Röm 12,1 u.ö.) zu einem christlichen Lebenswandel gebraucht. Gerade dieser Aspekt des „Zurufens" (parakaleín) lässt im Griechischen schon wortspielartig einen Bezug zum Lebenswandel anklingen, der der „Berufung" (klēsis) würdig sein soll, zu der die Christen „berufen" sind (kaleín).

Der neue Briefteil wird in 4,1 an den lehrhaften Hauptteil durch ein „oún paräneticum" angeschlossen, das die nun folgende Ermahnung als Konsequenz aus der biografischen und heilsgeschichtlichen Wende zieht, die Christus gebracht hat und die durch die Taufe persönlich zugeeignet wird (2,1ff.11ff). Die Paränese ermahnt nicht nur zu einer besseren Moral, wie die Verwendung von Laster- und Tugendkatalogen nahezulegen scheint (5,3-5.9).

Vielmehr geht es um einen Appell an die Christen, die durch die Taufe neue Menschen geworden sind (2,1ff; 4,20-22), nach dem Motto: „Werde, der du bist!" oder „Lebt, was ihr seid!" Der ermunternd-ermahnende Zuspruch wird als Erinnerung an die Berufung entfaltet (4,1.4). Dabei wird sich zeigen, dass gerade auch bei den Tugenden immer wieder auffällig der Gemeinschafts- und Gemeindebezug hervorgehoben wird (s.u. zu V 2 und zu 4,22ff).

V 2 eröffnet den ekklesiologischen Teil der Paränese vor allem mit Tugenden, die für die Einheit der Kirche erforderlich sind, nämlich Demut, Sanftmut und Geduld.

„Tapeinophrosýnē" ist nicht nur eine demütige Haltung, sondern schließt die Niedrigkeit ein, wie der Weg der Selbstentäußerung und Selbsterniedrigung Christi in dem vorpaulinischen Hymnus Phil 2,6ff zeigt. In seiner Selbsterniedrigung ist Christus Vorbild für die Gemeinde, die in entsprechender Weise miteinander umgehen soll. In antiken Ohren hat das Wort den Beiklang einer servilen Haltung oder Unterwürfigkeit.

Demgegenüber ist das nächste Wort auch in der hellenistischen Welt positiv besetzt. Bei der „Sanftmut" handelt es sich um die Herrschertugend der Milde (lat. clementia), mit der ein Mäch-

tiger seinen Untergebenen begegnet. „Praýtēs" bezeichnet im Neuen Testament die Niedrigkeit des Esels, auf dem Jesus in Jerusalem einzog (Mt 21,5 = Sach 9,9). Diese Niedrigkeit ist typisch für den gewaltlos friedlichen messianischen König Jesus und steht im Gegensatz zur Gewalttätigkeit anderer Herrscher wie z.B. Herodes (Mt 1,16). Deshalb bezeichnet Jesus sich selber als demütig und sanftmütig (Mt 11,29). Ebenso beginnt die Bergpredigt mit einer Seligpreisung der Sanftmütigen (Mt 5,5).

„Makrothymía" ist die Geduld im Sinn von Langmut. Von diesen drei Tugenden soll der Umgang in der Kirche bestimmt sein. Nach dieser Reihung von drei präpositionalen Ausdrücken folgen zwei Partizipialwendungen, die sich inhaltlich eng anschließen und eine Steigerung ergeben.

Zunächst folgt die Aufforderung, einander in Liebe auszuhalten. Die Geduld im Miteinander erscheint daher als eine Frucht der Liebe (Eph 4,2), die ihrerseits langmütig ist (1 Kor 13,4). Die Aufforderung „ertragt einander in Liebe" zeigt, dass die Gemeinschaft in der Kirche nicht nur auf Zuneigung beruht. Erst durch die Liebe wird es möglich, den anderen auf sich zu nehmen und zu ertragen. Diese Liebe ist (3,17) in der erwählenden barmherzigen Liebe Gottes schon vor Grundlegung der Welt gegründet und verwurzelt (Eph 1,4f; 2,4; 6,23) und in der liebenden Selbsthingabe Christi (3,19; 5,2.25; 6,23). Diese Liebe ist es, die die Gemeinschaft der Kirche zusammenhält. Indem der Begriff der Liebe in 4,16 wieder aufgenommen wird, ergibt sich eine Rahmung der ekklesiologischen Ermahnung zur Einheit der Kirche in Eph 4,1-16.

Schließlich gipfelt der Eingangssatz in V 3 in dem eindringlichen Appell, „die Einheit des Geistes zu bewahren durch das Band des Friedens". Ziel- und Höhepunkt der Gedankenführung ist die Einheit, die der Geist bewirkt. Dies wird bereits an dem Verb „spoudázein" deutlich, das schon durch die Wortbedeutung „sich eifrig bemühen, bestrebt sein" die Intensität und Dringlichkeit dieser inständigen Bitte unterstreicht. Die Einheit besteht „in dem Band des Friedens", das alle Gläubigen der weit verstreuten Gemeinden miteinander verbindet. Die Einheit beruht auf dem Frieden, den Christus geschaffen hat, als er den Zaun der Feindschaft zwischen Juden und Heiden eingerissen und aus beiden im Leib Christi die eine neue Menschheit geschaffen hat (s.o. zu 2,14ff). Der Geist ist der Urheber der Einheit, die es in der Kirche zu wahren gilt.

2. Die Einheit der Kirche (4,4-6)

Der Ausdruck „Einheit" (henótēs) begegnet im Neuen Testament erstmals in Eph 4,3.13 und ist hier die einzige, schon relativ späte, neutestamentliche Stelle, an der das Abstraktum gebraucht wird, bevor es gut zwei Jahrzehnte später *Ignatius von Antiochien* (35[?]-107[?] n.Chr.) verstärkt aufgreifen wird. Im frühen Christentum spricht man eher von der Gemeinschaft (1 Kor 1,9; 10,16f; Apg 2,42) oder dem einen Leib (Röm 12,5; 1 Kor 10,17; 12,12f). Die Einheit wird im Epheserbrief nicht mit dem Ideal völliger Eintracht (Röm 12,16; Phil 2,2; 4,2 u.ö.) und Einmütigkeit (Röm 15,6 u.ö.) in allen Dingen überfrachtet, sondern sehr nüchtern und realistisch als eine Aufgabe gesehen, die Demut, Sanftmut, Geduld und Liebe verlangt (Eph 4,2). Die Demut wird zu einer ökumenischen Tugend.

Durch diese Verhaltensweisen muss die Einheit nicht erst hergestellt, sondern bloß erhalten werden (4,3: griech. tēreín). Gemacht und geschaffen (vgl. 2,14f: griech. poieín oder ktízein) wurde sie durch die Versöhnungstat Christi am Kreuz, durch die alle Menschen den Frieden haben in dem *einen* Leib (= Kirche) und den Zugang zum göttlichen Vater (s.o. zu 2,13-18). Wie der Leib Christi, ist auch die Einheit der Kirche also eine Gabe, die schon vorhanden ist. Die Einheit ist eine Gabe „des Geistes" (Genitivus subjectivus oder auctoris), d.h. sie wird in der Kirche vom Geist gewirkt bzw. geschenkt. Als Gabe, die bereits existiert, wird die Einheit zur verpflichtenden Aufgabe für jeden einzelnen (vgl. 4,7.16), für die gesamte Gemeinde (4,1: „euch"), für die ganze Kirche (1,22; 3,10.21; 5,23ff). Die Einheit ist in und durch Christus schon vorhanden (2,14-18). Sie ist das „Band des Friedens". Dieser Friede Christi ist ein Geschenk des Heiligen Geistes, das es eifrig zu wahren gilt.

Die Einheit der Kirche ist im Epheserbrief christologisch begründet, denn die „Einheit des Geistes“ bzw. „des Glaubens“ besteht in der „Erkenntnis des Sohnes Gottes“ (4,3.13): *Ein* Herr, *ein* Glaube, *eine* Taufe, *ein* Leib und *ein* Geist, *eine* Hoffnung, *ein* Gott und Vater aller (4,4-6). Sieben Zeichen der Einheit erwähnt der Epheserbrief, sieben Notae unitatis. In seiner Reihung setzt der Verfasser zwar mit dem Hinweis auf den einen Leib und den einen Geist ein. Der gedankliche Ausgangspunkt ist aber das Bekenntnis in 1 Kor 8,6: Götter und Herren gibt es viele, doch wir haben einen Gott, den Vater, und einen Herrn, Jesus Christus.

Der Titel „Herr“ (griech. kýrios) war ursprünglich das Wort, das man in den griechisch sprechenden Synagogen seit dem 3. Jh. v.Chr. bei der Schriftlesung anstelle des Tetragramms „JHWH“, d.h. des Namens Gottes, aussprach. Durch diesen spezifischen Wortgebrauch erhielt der Kyriostitel dieselbe Funktion wie der Name Gottes, der „der Name über alle Namen" ist (Phil 2,9 11). Seine Übertragung auf Jesus war für Juden unerhört, für Christen aber durch seine Verwendung in Ps 110,1 legitimiert, da dort der von JHWH beauftragte messianische König Israels als „Herr“ (kýrios) bezeichnet wird: „Der HERR sprach zu meinem Herrn: ‚Setze dich zu meiner Rechten ...‘“ (vgl. Eph 1,20). In den christlichen Gemeinden wurde der Titel „Herr“ für Christus schon sehr früh verwendet. Im aramäischen Gebetsruf „Marana tha“ („Unser Herr, komm!“; 1 Kor 16,22; Did 10,6) hat er beim Herrenmahl seinen ursprünglichen Sitz im Leben (vgl. 1 Kor 11,26 „bis er kommt“ mit Apk 22,20b „Komm, Herr Jesu!“).

Mit diesem Gebet wandte sich die Gemeinde bei ihrer Mahlfeier an Jesus als den erhöhten Herrn und wünschte seine baldige endzeitliche Wiederkunft herbei (1 Thess 1,10). Mit der Bekenntnisformel in 1 Kor 8,6 wird das „Šᵉma‘ Jśrāel“ („Höre Israel“), das jüdische Grundbekenntnis aus Dtn 6,4 zur Einzigkeit JHWHs, christologisch modifiziert. Dies Bekenntnis zu Jesus als dem auferstandenen und wiederkommenden Herrn der Welt verbindet die ganze Christenheit auf Erden, macht die Gemeinschaft im Herrenmahl erfahrbar und begründet nach dem Epheserbrief die Einheit der Kirche.

Das Bekenntnis zu dem *einen* Herrn ist der wesentliche Inhalt des *„einen* Glaubens“. Denn die „Einheit des Glaubens und der Erkenntnis des Sohnes Gottes“ (4,13) besteht in dem Glauben „an den Herrn Jesus“ (1,15). Mit diesem „Glauben“ ist hier der vorgegebene christologische Inhalt gemeint (fides, quae creditur), nicht der persönliche existenzielle Akt des Glaubens (fides, qua creditur). Dieser Glaube bildet die Grundlage und den Maßstab für die Einheit. Er kommt in der Anrufung Jesu als Herrn (kýrios) zum Ausdruck (Röm 10,9; 1 Kor 12,3; Phil 2,11). Durch diese Anrufung hat das Bekenntnis einen homologisch-doxologischen Charakter, der auf den Gottesdienst als Sitz im Leben der Gemeinde schließen lässt.

Der Epheserbrief geht nicht von einer abstrakten Begriffsdefinition aus, sondern reflektiert die Einheit der Kirche in ihrem Gottesdienst durch den Lobpreis Christi, der alle Gläubigen der Welt verbindet und eint. Deshalb begegnen im Epheserbrief wiederholt hymnische Passagen auf Christus (1,3ff; 1,15ff; 3,14ff) und wird auch zum Singen (alt- und neutestamentlicher) Psalmen, (Christus-)Hymnen und geistlicher Lieder ermuntert (5,19). Im gemeinsamen Singen solcher Glaubensbekenntnisse wird die Einheit des Glaubens erfahrbar.

Auf den *einen* Herrn ist auch die *„eine* Taufe“ ausgerichtet, die auf Jesus Christus durch die Anrufung seines Namens vollzogen wird (vgl. Röm 6,3; Gal 3,27 mit 1 Kor 1,13-15; 6,11 und Mt 28,19). Die Erwähnung seines Namens unterscheidet die christliche Taufe von der Taufe, die Johannes der Täufer vollzogen hat, erst recht aber von den Reinigungsriten anderer Religionen. Im Epheserbrief wird wiederholt auf die Taufe angespielt: Sie geschieht zur Reinigung mit einem Wasserbad (Eph 5,26). In ihr erfolgt die Versiegelung durch den Heiligen Geist (Eph 1,13; 4,30). Dabei legt die Reihung der einen Taufe mit dem einen Geist (Eph 4,5) nahe, dass Geistempfang und Wasserritus als Einheit verstanden werden, nicht als zwei getrennte Ereignisse (vgl. 1 Kor 12,13).

Psalm zur Bibelwoche

Psalm 98

Antiphon

Psalm

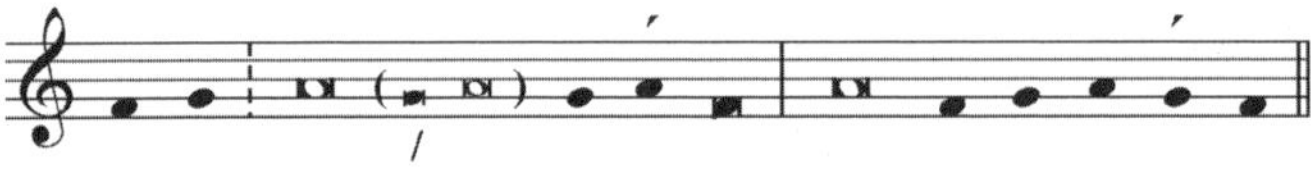

Singet dem Herrn ein neues Lied,
denn er vollbrachte wunderbare Taten!

Heil geschaffen hat ihm seine Rechte,
die Kraft seines heiligen Armes.

Der Herr hat kundgemacht sein Heil,
sein gerechtes Walten enthüllt vor den Augen der Völker.

Er gedachte seiner Huld
und seiner Treue zum Hause Israel.

Alle Enden der Erde
schauen das Heil unseres Gottes.

Jauchzet dem Herrn, alle Lande,
freut euch, jubelt und spielet!

Spielt dem Herrn auf der Harfe,
auf der Harfe, mit lautem Saitenspiel!

Mit Trompeten und schallenden Hörnern
jauchzt vor dem Herrn, dem König.

Es brause das Meer und was es erfüllt,
der Erdkreis und die auf ihm wohnen.

In die Hände klatschen sollen die Ströme,
die Berge sollen miteinander jubeln

vor dem Herrn, denn er kommt,
er kommt, die Erde zu richten.

Er richtet den Erdkreis in Gerechtigkeit
und die Völker so, wie es recht ist.

Antiphon

Doxologie (auf Psalm-Melodie)

Ehre sei dem Vater und dem Sohne
und dem Heiligen Geiste,

wie im Anfang, so auch jetzt und allezeit
und in Ewigkeit. Amen.

Antiphon

(Aus: Münsterschwarzacher Antiphonale)

Durch die Taufe beginnt ein neues Leben in und mit Christus (Eph 2,5f; 4,22-24; vgl. Röm 6,3f; Kol 2,12f). Die eine Taufe erfolgt „in den *einen* Leib" (1 Kor 12,13). Sie bewirkt die Eingliederung in den Leib Christi, d.h. die Aufnahme in die Gemeinschaft mit Christus, die in der christlichen Gemeinde als Lebensgemeinschaft ihre konkrete geschichtliche Gestalt hat. Die Verbindung des *einen* Glaubens mit der *einen* Taufe zeigt, dass der Glaube nicht individualistisch auf die persönliche Beziehung zu Jesus verkürzt werden darf, sondern seinem Wesen nach in die Gemeinschaft der Glaubenden eingebunden ist, die Christus als ihren Herrn anrufen.

Auf diese Gemeinschaft zielt schon der anfängliche Hinweis auf den *einen* Leib. Im Unterschied zu Paulus, ist der „*eine* Leib" im Epheserbrief (2,16; 4,4) nicht mehr ein Bild für das Zusammenleben der örtlichen Gemeinde (Röm 12,5; 1 Kor 12 u.ö.). Er dient vielmehr als Bild für die Einheit der Universalkirche, die den erhöhten Herrn zum Haupt hat, das Weltall ausfüllt (Eph 1,22f), Heiden und Juden „in einem Leib" versöhnt (2,16) und durch die Ämter aufgebaut werden soll (4,11f). Um angesichts der Aufsplitterungstendenzen diese universale Einheit ins Blickfeld zu rücken, hatte der Verfasser vor dem Bekenntnis zu dem *einen* Herrn mit der Rede vom „*einen* Leib und *einen* Geist" eingesetzt (4,4).

Doch auch bei dem einen Leib der Universalkirche steht nicht die Einheitlichkeit der Organisation als Körperschaft im Vordergrund, sondern der „*eine* Geist". Wie nach 1 Kor 12,4 der *eine* Geist eine Vielfalt von Gaben hervorbringt, so ist der *eine* Geist auch im Epheserbrief auf vielfache Weise in den unterschiedlichen Ortsgemeinden am Werk. Er ist ein Geist der Weisheit und der Offenbarung (Eph 1,17). Er gewährt den Zugang zum Vater (2,18) und bewirkt die Erbauung der Gemeinde (2,22).

Durch den Heiligen Geist sind die Gläubigen (sc. bei der Taufe) für den Tag der Erlösung versiegelt worden (1,13; 4,30). Der Geist hat den Aposteln und Propheten das Geheimnis Christi offenbart (3,5). Er stärkt den inwendigen Menschen (3,16). Durch ihn wird die Einheit der Kirche bewirkt, bewahrt und gewährleistet (4,1-3). Und er bewegt die Gläubigen zum Singen geistlicher Lieder, Lobgesänge und Psalmen (5,18f) sowie zum unablässigen Gebet mit Bitten und Flehen (6,17f).

Nicht zuletzt hat die Einheit der Kirche eine endzeitliche Perspektive, da die Heiligen „in der einen Hoffnung" (4,4) berufen sind, den Reichtum der göttlichen Herrlichkeit zu erben (1,18). Dies Ziel der endzeitlichen Verherrlichung steht aber noch aus. Denn die Glaubenden werden es erst erreichen (4,13), wenn sie zur Erkenntnis des Sohnes gelangen, zum vollkommenen, d.h. erwachsenen, reifen Mann (im Gegensatz zu den unmündigen Kindern; 4,14), zum vollen Mannesalter der Fülle Christi (4,13).

Damit steht die Vollendung der kirchlichen Einheit unter einem endzeitlichen Vorbehalt. Die Einheit der Kirche ist noch nicht vollkommen, sie ist – bildlich gesprochen – noch im Wachsen (2,21), im Aufbau (2,22). Darum überwindet die Einheit in Christus nicht nur die räumliche Distanz zwischen „nah" und „fern" (2,14), sondern auch alle zeitlichen Unterschiede zwischen der gegenwärtigen und der kommenden Welt (1,21). Sie erstreckt sich auf alle Generationen in Ewigkeit (3,21).

Die Einheit der Kirche wird nach dem Epheserbrief daher niemals in einer irdischen Körperschaft aufgehen, sondern immer erst am Ende der Zeiten zu ihrem Ziel kommen. Das ist die „eine Hoffnung" (Eph 4,4), die alle Christinnen und Christen auf der ganzen Erde verbindet, zugleich aber auch von denen unterscheidet, die keine Hoffnung haben (2,12). Letztlich besteht die Einheit der Kirche in der Gemeinschaft aller Gläubigen weltweit und zu allen Zeiten.

Exkurs
Das Verständnis der Einheit in der Kirchengeschichte

Die Einheit der Kirche war für die Christen von Anfang an ein selbstverständliches Ideal. Sie gehört nicht nur zu den Herausforderungen der gegenwärtigen

Ökumene, sondern war schon seit neutestamentlicher Zeit bedroht, gefährdet und umstritten.

Die bis heute nahezu alle Konfessionen verbindende Grundlage bildet das Nizänische Glaubensbekenntnis, das die „eine, heilige, allgemeine und apostolische Kirche" zum Inhalt hat (und deshalb bis heute im Gottesdienst gemeinsam gesprochen wird). Doch ist diese Einheit schon mit den Schismen in der Alten Kirche zerbrochen, erst recht aber durch die Erfahrungen der Kirchenspaltung mit Byzanz (1054 n.Chr.) und in der Reformationszeit.

Darum kann das Augsburger Bekenntnis (Art. 7) als ein erster Versuch gelten, Kriterien für die Einheit zu benennen: „Es wird auch gelehrt, dass allezeit eine heilige, christliche Kirche (una sancta ecclesia) sein und bleiben muss, die die Versammlung aller Gläubigen (congregatio sanctorum) ist, bei denen das Evangelium rein gepredigt und die heiligen Sakramente laut dem Evangelium gereicht werden. Denn das genügt zur wahren Einheit der christlichen Kirche (ad veram unitatem ecclesiae), dass das Evangelium einträchtig im reinen Verständnis gepredigt und die Sakramente dem göttlichen Wort gemäß gereicht werden. Und es ist nicht zur wahren Einheit der christlichen Kirche nötig, dass überall die gleichen, von den Menschen eingesetzten Zeremonien eingehalten werden, wie Paulus sagt: ‚Ein Leib und ein Geist, wie ihr berufen seid zu einer Hoffnung eurer Berufung; ein Herr, ein Glaube, eine Taufe' (Eph 4,4-5)."

Auf dieser Linie haben sich 1948 bei der Gründung des Ökumenischen Rates der Kirchen (ÖRK) 147 Kirchen aus 44 Ländern (und damit praktisch alle Konfessionsfamilien mit Ausnahme der Römisch-katholischen Kirche) geeinigt auf die Bildung einer „Gemeinschaft von Kirchen, die den Herrn Jesus Christus als Gott und Heiland bekennen". Entsprechendes gilt für die ebenfalls 1948 gegründete Arbeitsgemeinschaft Christlicher Kirchen in Deutschland (ACK).

Auf Eph 4,5 beruft sich auch die Römisch-katholische Kirche. In ihren „Antworten auf Fragen zu einigen Aspekten bezüglich der Lehre über die Kirche" hat die Glaubenskongregation 2007 noch einmal die Aussagen des II. Vatikanums bekräftigt, dass die „eine" Kirche aus dem Nizänischen Glaubensbekenntnis „in der katholischen Kirche" „verwirklicht" ist (subsistit) (Lumen gentium 8 = DH 4119). Außerdem nimmt sie in Anspruch, dass der Papst „das immerwährende und sichtbare Prinzip und Fundament für die Einheit der Vielheit sowohl von Bischöfen als auch von Gläubigen (ist)" (Lumen gentium 23 = DH 4147; vgl. 4141 sowie Eph 4,5 in DH 4158).

Vor dem Hintergrund dieser Auslegungs- und Wirkungsgeschichte sind nochmals die Aussagen des Epheserbriefs zu bedenken:

„Fundament" für die Kirche und ihre Einheit sind im Epheserbrief nicht die Ämter der Kirche (4,11), sondern es sind „die Apostel und Propheten" der Gründerzeit (2,20). Denn diese Apostel und Propheten der ersten Generation sind es, denen das Mysterium Christi für die Heidenmission offenbart wurde (3,5). Grundlegend für die Kirche ist im Epheserbrief daher nicht irgendein kirchliches Amt, sondern das Geheimnis des göttlichen Heilsplans in Christus (1,9; 3,3f.9), das Gott vor Grundlegung der Welt beschlossen (1,4f) und Paulus als dem letzten und geringsten (3,1.8; vgl. 1 Kor 15,8f) unter den heiligen Aposteln und Propheten (3,5) kundgetan hat.

Diese Offenbarungsqualität des Evangeliums ist es, die dem paulinischen Apostolat seine heilsgeschichtlich einmalige, fundamentale Bedeutung für die Kirche verleiht. Darum ist auch nicht das Amt des Apostels, sondern das Festhalten am Evangelium, das Paulus als Apostel vom Herrn empfangen und den Gemeinden weitergegeben hat (vgl. 1 Kor 15,1ff), grundlegend für die Einheit der Kirche.

Deshalb dürfte es kaum ein Zufall sein, dass der Epheserbrief nicht von dem „einen Amt" redet, sondern unter den Notae unitatis nur den einen Herrn, den einen Glauben, die eine Taufe, den einen Leib und den einen Geist, die eine Hoffnung und den einen Gott und Vater aller zum Kennzeichen der Einheit erklärt, der über allen ist und durch alle und in allen (Eph 4,4-6).

Bezeichnenderweise spricht der Epheserbrief auch nicht von einem einzigen Amt oder Amtsträger im Singular, sondern nur im Plural von Aposteln und Propheten, Evangelisten, Hirten und Lehrern (4,11; vgl. 2,20; 3,5). Deren Funktion ist es nicht, die Einheit der Kirche zu begründen oder zu verkörpern. Ihre Aufgabe ist es vielmehr, die Gläubigen zum Dienst zuzurüsten und den Leib Christi aufzubauen, bis sie zur Einheit des Glaubens und der Erkenntnis des Sohnes Gottes gelangen (4,12f).

Auch „das immerwährende und sichtbare Prinzip ... für die Einheit" sind im Epheserbrief nicht die Ämter, sondern das Evangelium, und zwar im doppelten Wortsinn des lateinischen „principium": Anfang und Grundlage für die Einheit der Kirche ist das Evangelium von Christus: Er ist unser Friede (2,14), er hat den einen neuen Menschen geschaffen in dem einen Leib (der Kirche), er hat Frieden gestiftet (2,15f) und Frieden verkündigt den Fernen und den Nahen (2,17). „In diesem Band des Friedens" liegt nach dem Epheserbrief „die Einheit des Geistes" begründet (4,3). Auf dieser frohen Botschaft, dem „Evangelium des Friedens" (6,15), das Christus gebracht hat, beruht die Einheit der Kirche. Daraus ergeben sich Konsequenzen für die Apostolizität der Kirche:

Apostolisch ist die Kirche nach dem Epheserbrief dadurch, dass sie sich an das Zeugnis der Apostel hält, deren Schriften für die Kirche grundlegend sind und sich später im neutestamentlichen Kanon als Basis kirchlicher Verkündigung herauskristallisiert haben. Gleichwohl haben die Ämter auch nach dem Epheserbrief eine wichtige Funktion für die Kirche. Sie sind jedoch wohl nicht die „Gelenke" (Eph 4,16 Lutherübersetzung) oder „Bänder" (Kol 2,19), sondern eher die (Blut- und Nerven-) Bahnen, die zur Steuerung und Versorgung des Körpers nötig sind (*Gerhard Sellin*, 350f). Sie sollen den Leib so ernähren und steuern, dass die Gläubigen zu dem hin wachsen, der das Haupt ist, Christus (Eph 4,15). Der auferstandene Herr ist nicht nur das Haupt der Kirche, sondern der ganzen Welt (1,21-23).

In der Kirche wird jedoch aufgrund der Offenbarung des göttlichen Heilsplans an die Apostel und Propheten (3,3-5) durch die Ämter, die zur Evangeliumsverkündigung eingesetzt sind, den Gläubigen schon jetzt kundgetan, was die ganze Welt mit allen kosmischen Mächten erst bei der Vollendung der Zeiten in ihrem vollen Ausmaß erkennen wird. Dann wird in Christus alles zusammengefasst und „rekapituliert", d.h. unter seinem „Haupt" endgültig befriedet und versöhnt sein, was im Himmel und auf Erden ist (1,9f.21-23; 4,13).

Kirchliche Ämter sind daher weder Fundament noch Prinzip der Einheit. Vielmehr: Die Gläubigen für den Dienst zuzurüsten und den Leib Christi aufzubauen, zur Einheit des Glaubens an den Sohn Gottes zu führen und für ein Wachstum auf Christus hin zu sorgen, das ist nach dem Epheserbrief die vornehmste, die eigentliche Aufgabe aller kirchlichen Ämter (4,11-16).

Exkurs
Die Taufe als Sakrament der Einheit

In der gegenwärtigen Ökumene kommt der Taufe als „Sakrament der Einheit" eine besondere Bedeutung zu. Ein ökumenischer Höhepunkt war am 29. April 2007 die wechselseitige Anerkennung der Taufe durch elf Mitgliedskirchen der ACK in Deutschland. Unterzeichnet wurde diese Vereinbarung im Magdeburger Dom am ältesten christlichen Taufstein nördlich der Alpen von Repräsentanten der EKD, der katholischen Kirche, orthodoxer Kirchen, der Anglikaner, Methodisten, Altkatholiken sowie der Herrnhuter Brüdergemeine und einiger Freikirchen.

Diese wechselseitige Anerkennung der Taufe ist ein großer Schritt. Sie bedeutet den Verzicht auf die Wiedertaufe beim Übertritt in eine andere Kirche. Und sie verlangt, auch über Konfessionsgrenzen hinweg als Christ anzuerkennen, wer getauft ist.

Umso schmerzlicher wird bewusst, dass die Taufe als Sakrament der Einheit die Christenheit nicht nur verbindet, sondern auch trennt. Rituell vollzogen werden kann die Taufe nicht anders als im Bereich der sichtbaren Kirche. Die Taufe ist immer die Aufnahme in eine konkrete Gestalt der Kirche, die von anderen Konfessionen unterschieden ist.

Deshalb lehrt uns der Epheserbrief, das Bewusstsein zu schärfen, dass die Ortsgemeinde zwar durchaus Kirche im vollen Sinn ist, aber selbst eine Landeskirche noch nicht die ganze Kirche darstellt, sondern die Universalkirche in der Gemeinschaft mit anderen Konfessionen wieder neu zu suchen ist. Umso mehr gilt es auch in der Taufpraxis, darauf zu achten, dass die eine Taufe nicht zur Absonderung instrumentalisiert, sondern als Ausdruck der Einheit und Verbundenheit aller Christen verstanden wird.

Fassen wir die Gedanken zu Eph 4,1-6 zusammen: Die Frage nach der Einheit beschäftigte schon die Christen zur Zeit des Neuen Testaments. Nach dem Tod des Apostels Paulus musste sie neu beantwortet werden. An vielen Orten hatte Paulus Gemeinden gegründet. Durch Besuche, Mitarbeiter und Briefe hat er Kontakt gehalten, bei Fragen und Problemen die Gemeinden beraten, ermutigt und ermahnt. Nach seinem Tod war ein Vakuum entstanden. Der Netzwerker fehlte mit seiner theologischen Autorität. Nun war die zweite Generation in nachapostolischer Zeit herausgefordert mit der Frage: Was ist das Verbindende zwischen den christlichen Gemeinden, die über die ganze Welt verstreut sind?

In diese Situation hinein nennt der Verfasser des Epheserbriefs sieben Zeichen der Einheit, sieben Notae unitatis, die alle im Bekenntnis zu Christus als dem einen Herrn verankert sind. Die Grundlage dieser Einheit in Christus zu erkennen und wieder neu ins Bewusstsein rufen, ist die leitende Absicht des ersten, ekklesiologisch einsetzenden Teils der Paränese, die die verschiedenen Gemeinden der einen weltweiten Kirche ermahnt, in aller Geduld und gegenseitiger Liebe den Geist der Einheit durch das Band des Friedens zu bewahren (4,1-3).

Unter diesem Vorzeichen erhalten auch die nachfolgenden Ermahnungen eine ekklesiologische Relevanz: Schon die individualethischen Ermahnungen sind immer wieder auffällig eng auf das soziale Zusammenleben mit den Nächsten und damit zugleich auf die Gemeinde bezogen (s.u. zu 4,25ff). Sodann wird die Aufforderung zu einem Leben als Kinder Gottes bzw. als Kinder des Lichts (5,1ff) an der vorbildhaft liebevollen Selbsthingabe Christi ausgerichtet (5,2) und mit dem Taufweckruf (5,14) begründet, der an das alle verbindende Widerfahrnis der einen Taufe in Christus Jesus erinnert (2,5f; 4,5): „Wach auf, der du schläfst, und steh auf von den Toten, so wird dich Christus erleuchten."

Schließlich wird auch in der sozialethisch orientierten Haustafel (5,21ff) in analoger Weise die Liebe der Ehepartner mit der Liebe Christi begründet, in der er die Kirche als seinen Leib erlöst und sich für sie hingegeben hat, um sie durch das Wasserbad (sc. der Taufe) zu reinigen (5,23.25f). In dieser Perspektive werden schon die Ausführungen zur Einheit der Kirche in den rahmenden Hinweis auf die Liebe eingebettet (4,2.16).

3. Die Ämter der Gemeinde (4,7-16)

Nach den Ermahnungen zur Einheit der Kirche folgt in 4,7-16 eine theologische Grundlegung für die Ämter in der Gemeinde, denen für die Erbauung der Gemeinde (4,12) und „die Einheit des Glaubens" (4,13) eine wichtige Rolle zukommt.

Der Abschnitt setzt zwar mit Formulierungen ein, die an die paulinische Charismenlehre erinnern (vgl. 1 Kor 12; Röm 12,3ff). Diese Wendungen bilden jedoch nur einen sprachlichen Anknüpfungspunkt. Denn das eigentliche Thema des nachfolgenden Abschnitts sind nicht die besonderen Gaben einzelner Gemeindeglieder, sondern Sinn und Zweck der Ämter in der Gemeinde (Eph 4,11-16).

Der Abschnitt enthält eine Auslegung des Schriftzitats aus Ps 68,19. Vielfach wird die sinnentstellende Zitierweise kritisiert, dass das Verbum „empfangen" durch das Wort „geben" ersetzt wird. Doch wird bei diesem Einwand übersehen, dass es sich bei dem in Eph 4,8 zitierten Stück um eine Kombination von Ps 68,19 und 68,12 handelt, wo vom Austeilen des Gottesworts für die Evangeliumsverkündiger die Rede ist. Darauf zielt auch der Kontext in Eph 4, wo das Verb „er hat gegeben" aus dem Schriftzitat in V 8 dann in V 11 wörtlich wieder aufgenommen und auf die von Christus gestifteten Ämter der Evangeliumsverkündigung bezogen wird.

Nicht zuletzt diese Ausrichtung auf die Ämter der Wortverkündigung im unmittelbaren Kontext des Epheserbriefs spricht dafür, dass dessen Verfasser das Zitat aus Ps 68,19 mit den Aussagen von 68,12 kombinieren wollte (*Michael Gese*, 184-186). Das Motiv vom Aufsteigen zur Höhe, das in Ps 68,19 den Siegeszug Gottes zum Zion bezeichnet, der Gefangene macht und Tribut unter den Menschen empfängt, wird in Eph 4,8f auf die Erhöhung Christi zur Rechten Gottes bezogen (vgl. 1,20-23; Joh 6,62; 20,17), das Motiv des Absteigens in Eph 4,9f dementsprechend auf die Inkarnation (vgl. Joh 3,13; 6,33.38.50f.58; Phil 2,5-11).

Bei der Aufzählung der Ämter in Eph 4,11 steht die Charismenliste aus 1 Kor 12,28f im Hintergrund, die von Ephesus aus geschrieben wurde (1 Kor 16,8). Im Vergleich zu Paulus, zeichnen sich im Epheserbrief jedoch charakteristische Veränderungen ab. Die Gaben der Heilung, Leitung und Zungenrede sowie der Diakonie und des Almosengebens (vgl. Röm 12,7f) werden beiseite gelassen. Dafür werden bei den Ämtern der Wortverkündigung vor allem zwei Aspekte besonders hervorgehoben: Die Ämter sind Gabe und Aufgabe. Sie sind vom erhöhten Herrn gestiftet (4,11: „er hat gegeben"; vgl. V 7.8) und mit einem klaren Auftrag verbunden. Sinn und Zweck ihrer Einsetzung ist die Zurüstung der Heiligen und der Aufbau des Leibes Christi, bis alle zur Einheit des Glaubens gelangen und die Vollendung im Eschaton erreichen.

Apostel und Propheten

Für den Epheserbrief gehören die „Apostel und Propheten" schon der Vergangenheit an, weil die Kirche „auf dem Fundament der Apostel und Propheten" aufbaut (2,20). Auch die Rede von den „heiligen Aposteln und Propheten" (3,5) lässt mit der respektvollen Anerkennung zugleich schon eine größere zeitliche Distanz erkennen, aus der heraus diese beiden Ämter „indirekt als Ämter der Vergangenheit gekennzeichnet" werden (*Gerhard Sellin,* 257). Daher wird auch mit der Erwähnung der Apostel und Propheten in 4,11 bereits auf die Gründerzeit der Kirche zurückgeblickt.

Den Aposteln und Propheten wird eine solch „fundamentale" Bedeutung für die Kirche zugeschrieben, weil ihnen insbesondere in der Gestalt des „Paulus" (3,1) erstmalig das Geheimnis des göttlichen Heilsplans in Christus offenbart wurde (3,5). Als Offenbarungsempfänger kommt

> **Der Weise betrachtet Himmel und Erde und alles, was sich dazwischen befindet, als eine große Einheit; er betrachtet alle Menschen unter dem Himmel, seien sie nah oder fern, als seine Schwestern und Brüder, da er weiß, dass wir alle derselben Quelle entspringen.**
>
> *Yen Yüan*
>
> (Quelle unbekannt)

den Aposteln und Propheten die einmalige grundlegende Funktion in der Vergangenheit zu, dass die Kirche auf ihrem Zeugnis aufbaut (2,20).

Damit bleiben die Evangelisten, Hirten und Lehrer, mit denen - nach dem Aussterben der Apostel und Propheten der Gründergeneration - die kirchlichen Ämter zur Abfassungszeit des Epheserbriefs beschrieben werden. Doch handelt es sich bei diesen Titeln nicht um fest eingeführte Bezeichnungen für Gemeindeämter, das wären Presbyter, Episkopen, Diakone (vgl. Apg 11,30; 14,23; 20,17.28; Phil 1,1 u.ö.). Vielmehr sind es variierende Beschreibungen ihrer wichtigsten Aufgaben.

Evangelisten

Die Aufgabe der Evangelisten ist, wie die Bezeichnung sagt, die Verkündigung des Evangeliums. Mit dem Titel Evangelist werden im Neuen Testament nur Philippus (Apg 21,8; vgl. 6,5) und Timotheus (2 Tim 4,5) als Personen charakterisiert, die an der apostolischen Aufgabe der Evangeliumsverkündigung teilhaben, ohne selbst Apostel zu sein. Dass von einem „Evangelisten" im Neuen Testament nur an zwei Stellen die Rede ist, weckt Zweifel, ob es sich hier um ein fest institutionalisiertes Amt handelt. Eher sollen mit diesem Titel in Eph 4,11 die Funktionsträger der Gemeinde an den Auftrag der Evangeliumsverkündigung erinnert werden, der nach wie vor grundlegend für alles kirchliche Leben ist.

Hirten und Lehrer

Bei den „Hirten und Lehrern" ist unklar, ob sie jeweils eine eigene Gruppe darstellen oder wegen des gemeinsamen Artikels identisch sind.

„Lehrer" begegnen als Funktionsbezeichnung schon in 1 Kor 12,28f (vgl. Röm 12,7; Gal 6,6; vgl. Apg 13,1; Jak 3,1). Aufgabe der Lehrer ist das Weitergeben überlieferter Lehrinhalte (1 Kor 11,2; Gal 6,6; Röm 6,17; 16,17) wie z.B. tradierter Glaubensbekenntnisse (1 Kor 15,3ff) oder der Abendmahlsüberlieferung (1 Kor 11,23ff), aber auch der Paränese (Röm 6,17; 16,17). Inhalt der Lehre ist im Epheserbrief die „Wahrheit in Jesus" (Eph 4,21), zu der auch die paränetische Belehrung über einen entsprechenden Lebenswandel gehört (Eph 4,20f; vgl. Kol 2,6f: „Wie ihr nun den Herrn Christus Jesus angenommen habt, so lebt auch in ihm und seid in ihm verwurzelt und gegründet und fest im Glauben, wie ihr gelehrt worden seid").

Das Wort „Hirte" wird - trotz der vielfältigen Bezüge zu urchristlichen Ämtern (Joh 21,15-17; Apg 20,28; 1 Petr 5,2) - im Neuen Testament noch nirgends titular gebraucht, so dass es wohl auch in Eph 4,11 keine spezielle Funktion der Gemeindeleitung beschreibt. Da die Hirtenaufgabe in Eph 4,11 von Christus gegeben ist, sind die Funktionsträger ihm wie in 1 Petr 5,2-4, Hebr 13,20 und Joh 10,11; 21,15-17 als dem wahren „Oberhirten" verantwortlich.

Ist der „Hirte" kein feststehender Titel für ein eigenes Amt, sondern immer noch eine völlig singulär gebrauchte metaphorische Umschreibung für die Leitungsaufgaben, so dürften sich auch die „Hirten und Lehrer" als Hendiadyoin zur Bezeichnung derselben Personengruppe gegenseitig interpretieren: Die Verkündigungstätigkeit der Lehrer ist auf die pastorale Verantwortung ausgerichtet und die Leitungsaufgabe der Hirten mit der Lehre verbunden.

Die gängige Reduktion des Hirtenbilds auf das Führen und Verwalten einer Gemeinde ist deshalb allzu sehr von der heutigen kirchlichen Praxis geprägt und widerspricht dem Gedankengang von Eph 4 mit der Konzentration auf die Wortverkündigung.

Auch wenn die Abwehr der Irrlehre besonders eingeschärft wird (Eph 4,14), geht es vor allem um die Zurüstung der Gläubigen zum Dienst und um den Aufbau der Gemeinde (4,12.16). Dabei gehört es zu ihren wesentlichen Aufgaben, die Glaubenden zu einer Mündigkeit und Reife zu führen, die in der Unterscheidung zwischen den windigen Lehren der Irrlehrer und der Wahrheit des Evangeliums besteht (4,14f).

Die herausragende Rolle der Lehrer lässt darauf schließen, dass die gottesdienstlichen Versammlungen unter ihrer Leitung stattfinden. Dies Lehren ist ein wichtiger Teil der Gemeindegottesdienste, die sich jedoch keineswegs in einer „Lehrveranstaltung" erschöpfen, wie die diversen Gebete, der Hinweis auf die Taufe (4,5) und die Aufforderung zum Singen geistgewirkter Lob- und Danklieder zeigen (5,18-20).

Ämter als Gabe des auferstandenen Herrn

Aufs Ganze gesehen, dient die Ämterliste im Epheserbrief nicht mehr wie die Charismenlehre bei Paulus der Relativierung eines pneumatischen Überlegenheitsbewusstseins, sondern der christologischen Begründung der Ämter als Gabe des auferstandenen Herrn für seine Kirche. Da der Begriff Charisma vermieden wird, erscheinen die Ämter nicht als Einzelwirkung des Geistes, sondern – ähnlich wie bei der göttlichen Einsetzung in Apg 20,28 – als eine vom Auferstandenen gestiftete, auf Dauer angelegte Institution, die dieser durch den Heiligen Geist vermittelt (Eph 3,5; 4,4). Nicht einmal die Legitimität der ersten Apostel wird aus ihrer Berufung durch den irdischen Jesus abgeleitet (vgl. Mk 1,16ff; 3,13ff), sondern alle Ämter bis hin zu den gegenwärtigen Lehrern sind vom Auferstandenen selber „gegeben" und damit gleichermaßen christusunmittelbar.

Diese pointiert christologische Herleitung soll im Epheserbrief nicht mehr die Vielfalt der Gaben bekräftigen, sondern die Unentbehrlichkeit der Verkündigung sicherstellen. Nun dient die Ämterliste dazu, die kerygmatischen Aufgaben in der nachapostolischen Zeit zu institutionalisieren. Die Leitungsaufgabe besteht in der Zurüstung der Gläubigen für den Dienst aneinander, im Aufbau der Gemeinde, in der Einheit des Glaubens und der Christuserkenntnis sowie in der Ausrichtung auf die eschatologische Vollendung. Da das Ende der Zeiten aber noch nicht gekommen ist, gewinnt die Paränese für die Gestaltung der Gegenwart umso mehr an Bedeutung und kann „nun" ab 4,17 mit der Aufforderung zu einer Lebensführung fortfahren, die der Berufung zu einer neuen Existenz durch die Taufe angemessen ist (4,1; vgl. 2,1-10).

Gerade angesichts des Interesses an der Universalkirche bleibt erstaunlich, dass der Verfasser nur auf die Verkündigungsaufgaben der Gemeinde zu sprechen kommt, aber keine Ansätze einer überörtlichen Organisationsstruktur erkennen lässt, wie sie *Ignatius* eine Generation später als Bischof für die Provinz Syrien durchzusetzen versucht. Zur maßgeblichen Autorität des Paulus wird keine analoge global operierende Institution für spätere Zeiten aufgebaut.

Auch in ihrer verbindenden Funktion (4,16) werden die Ämter durchgehend im Plural erwähnt und ganz auf die örtliche Gemeindearbeit bezogen. Nirgends ist vom einen Amt die Rede. Die Einheit zielt noch nicht auf eine weltumspannende Gesamtorganisation, sondern weiterhin auf die „Einheit des Glaubens und der Erkenntnis des Sohnes Gottes" (Eph 4,13), die auch hier noch ein Geschehen „im Geist" (2,22) und „in der Liebe" (4,16) ist. Damit wird die Einheit der Kirche als zentrales Anliegen des Epheserbriefs bekräftigt, aber das Band der Einheit bleibt Christus selber.

Jede zur Versöhnung ausgestreckte Hand ist ein Schritt zum Frieden in der Welt.

Gedanken und Texte zum Nachdenken und Besprechen

● Bitte

Sei sanft, wenn du kannst, das Leben
Ist sowieso hart und schwer.
Vielleicht hat es das früher gegeben,
Jetzt gibt es das nicht mehr:
Leicht sein und einfach leben
Ohne Nutzungs- und Musterungsschein.
Wenn wir uns nicht Liebe geben,
Uns umfangen und uns erheben,
Betonieren sie uns ein.

Eva Strittmatter

(aus: *Dieselbe:* Zwiegespräch. Gedichte.
© Aufbau Verlag GmbH & Co. KG, Berlin 1980)

● Die Einheit zeigt sich darin, wie man miteinander umgeht: Demut, Sanftmut, Geduld, Sich-gegenseitig-Ertragen.

● Wir sind leer und gleichzeitig angefüllt mit überflüssigen Waren und Gütern. Es besteht eine seltsame Beziehung zwischen den vielen Dingen, die wir besitzen und konsumieren, und der Leere unseres Daseins. Überflüssige Dinge machen das Leben überflüssig.

Ärmer werden und mit immer weniger Gewalt auskommen, das ist die Umkehr zur Fülle des Lebens. Der Reichtum des Menschen liegt in seinen Beziehungen zu anderen, in seinem Dasein für andere. Die Fülle des Lebens wird nicht weniger, wenn wir sie miteinander teilen, sondern vermehrt sich. Christus befreit uns von der das Leben fressenden Armut und von der das Leben aufsaugenden inneren Leere in eine neue Gemeinschaft hinein, in der wir einander nicht mehr Gewalt antun müssen, sondern einander glücklich machen können.

Dorothee Sölle

(aus einem Vortrag bei der VI. Versammlung des Ökumenischen Rates der Kirchen in Vancouver, 1983, aus: Junge Kirche. Eine Zeitschrift europäischer Christen, Mai/Juni 2003, 64. Jahrgang)

● Christus fährt hinab in die Tiefen (der Unterwelt), befreit Gefangene (wie die Imperatoren Roms) und fährt wieder hinauf. Das entspricht der Breite, Höhe, Länge und Tiefe von Epheser 3 (vgl. auch Psalm 61). Die Vertikale durchkreuzt die Horizontale. Und Christus bringt auf seiner Erdenfahrt mit, was die Menschen brauchen, Befähigung zu Aufgaben. Es geht um Berufung und Sendung.

● und ganz entschieden
die Liebe schützen

mir die Liebe nicht
stehlen lassen
von denen
die nicht lieben können

mir die Hoffnung nicht
nehmen lassen
von denen
die fertig sind mit dem Leben

mir die Kraft nicht
absprechen lassen
von denen
die sich nicht hingeben

liebend sein
verletzbar bleiben
das Leben riskieren
mich schutzlos hineingeben

und das
Recht des Menschen schützen
zu lieben
und geliebt zu werden

Andrea Schwarz

(aus: *Dieselbe*: Und jeden Tag mehr leben.
© Verlag Herder GmbH, Freiburg i. Breisgau 2008)

● Je mehr einer für den Himmel begeistert ist, um so mehr muss er Hand anlegen, um hier auf der Erde Gerechtigkeit zu verwirklichen.

Johannes Paul I.

● Wir sollen werden, was wir schon sind: Leib Christi. Das betrifft den Individualaspekt des Glaubens und den Gemeinschaftsaspekt. Lebt, was ihr seid: Die „Dienste“ (Ämter) haben die Aufgabe, dem zu dienen.

● Entdecken und tun, wozu ich berufen bin.

● Echte Demut besteht nicht darin, dass man bekundet, nichts zustande zu bringen oder nichts Gutes getan zu haben. Demut heißt: Gott an seinen Platz stellen und uns an unseren.

Chiara Lubich

(aus: Grenzenlos ist einzig die Liebe. Hundert Worte von Chiara Lubich, *hrsg. von Aldo Stedile.* © Verlag Neue Stadt, München 2002)

● Wachsen auf Christus hin – wenn Wahrheit und Liebe nicht beisammen sind, gibt es kein Wachsen.

Bausteine zur Gestaltung

● Wer mit einem Kurzfilm einsteigen will, sei auf **Beieinander bleiben** von *Peter Williams* (s.u. Medienempfehlungen S. 119) hingewiesen.

● *Gestaltete Mitte:*
Auf farbenfrohen Tüchern (auch schwarze verwenden) befinden sich in der Mitte eine aufgeschlagene Bibel, ein Kreuz, eine Taufschale und eine brennende Kerze. Darum herum liegen sieben Papierstreifen mit jeweils einem der Stichworte: Ein Herr, ein Glaube, eine Taufe, ein Leib, ein Geist, eine Hoffnung, ein Gott und Vater aller.
* Welche Begriffe sind für Ihr Kirchenverständnis wichtig? Warum?
* In welcher Reihenfolge würden Sie sie anordnen?

● In Kleingruppen wird über folgende Fragen nachgedacht:
* Was macht für mich Kirche aus?
* Was erfreut mich?
* Worunter leide ich?

Die Ergebnisse werden stichwortartig festgehalten und ins Plenum eingebracht.

● In der Stille bedenkenn die TeilnehmerInnen:
„dass ihr der Berufung würdig lebt, mit der ihr berufen seid".
* Wozu hat mich Gott berufen?
* Wie lebe ich meine Berufung?

Nach etwa drei Minuten erfolgt ein Austausch in Dreiergruppen.

● In Vierergruppen werden folgende Fragen bedacht und die Ergebnisse dann ins Plenum eingebracht:
* Welche Ämter sind für Sie in der Gemeinde/Kirche unverzichtbar? Warum?
* Welche vorrangigen Aufgaben sehen Sie mit diesen Ämtern verbunden?
* Worin sehen Sie als ChristIn ihren Beitrag für das Gemeindeleben, für die Kirche?

● Im Plenum oder in Kleingruppen werden folgende Fragen diskutiert:
* Was verbinden Sie mit dem Stichwort „Einheit der Kirche"?
* Worin ist sie Ihrer Meinung nach begründet?
* Worin sehen Sie Gefährdungen dieser Einheit?

● *Fragen zur Texterschließung:*
* Zu welchen Verhaltensweisen werden die Gemeindeglieder ermutigt?
* Worin haben die genannten Verhaltensweisen ihren Grund?
* Was ist dem Verfasser des Briefs im Blick auf Gemeinde/Kirche wichtig?
* Was wird über Christus ausgesagt?
* Wozu möchte er die Gemeinde ermutigen?
* Welche Ämter kommen vor, und welchen Stellenwert misst der Verfasser des Epheserbriefs ihnen zu?
* Wenn Sie Ihre Gemeinde/Kirche mit den Aussagen des Textes vergleichen, wo sehen Sie Gemeinsamkeiten, wo Unterschiede? Was vermissen Sie?

oder:
* Welche Probleme in der Gemeinde/Kirche sind wohl der Hintergrund für diese Verse?
* Welche Antworten gibt der Verfasser den Gemeinden? Worauf sollen sie sich besinnen?

● *Gesprächsimpulse:*
Sieben Zeichen der Einheit nennt der Epheserbrief: *Ein* Herr, *ein* Glaube, *eine* Taufe, *ein* Leib und *ein* Geist, *eine* Hoffnung, *ein* Gott und Vater aller (4,4-6).
* Worin sehen Sie das Verbindende zwischen den unterschiedlichen christlichen Gemeinden, die über die ganze Welt verstreut sind?
* Welchen Stellenwert messen Sie den verschiedenen Erscheinungsformen von Kirche zu? Ausdruck der Uneinigkeit? Reichtum der Vielfalt? Infragestellung des Evangeliums?
* Was bewegt Sie, wenn Sie daran denken, dass nicht mit allen Kirchen wegen unterschiedlicher theologischer Sichtweisen Abendmahlsgemeinschaft möglich ist?
* Was können wir trotz noch fehlender Kircheneinheit schon gemeinsam tun?

● Nach dem Epheserbrief ist die vornehmste, die eigentliche Aufgabe aller kirchlichen Ämter (4,11-16), die Gläubigen für den Dienst zuzurüsten und den Leib Christi aufzubauen, zur Einheit des Glaubens an den Sohn Gottes zu führen und für ein Wachstum auf Christus hin zu sorgen (*Ulrich Heckel*).

* Wie geschieht das in Ihrer Gemeinde?
* Wer nimmt in Ihrer Gemeinde welche Ämter wie wahr?

● In der Stille bedenken die TeilnehmerInnen:

* Wofür möchte ich Gott im Blick auf seine Kirche und meine Gemeinde loben?
* Was möchte ich ihm klagen?

Nach einer Besinnungszeit bringen sie ihr Lob und ihre Klage laut oder leise vor Gott, zünden ein Teelicht an der Kerze in der gestalteten Mitte an und stellen es daneben.

● Wer den Abend mit einer Bildbetrachtung schließen möchte, sei auf das Bild von *Susanne Ledendecker* und die Betrachtung von *Jörg Meuth* hingewiesen (s. u. S. V).

Lieder

Du hast uns, Herr, in dir verbunden	EG 240
Herz und Herz vereint zusammen	EG 251
Einer ist's an dem wir hangen	EG 256
Sonne der Gerechtigkeit	EG 263
Strahlen brechen viele	EG 268
Christus ist König, jubelt laut	EG 269
Wohl denen, die da wandeln	EG 295
Wunderbarer König	EG 327
In dir ist Freude	EG 398
Gott des Himmels und der Erden	EG 445
Der Geist des Herrn erfüllt das All	GL 249
Erfreue dich, Himmel, erfreue dich, Erde	GL 259
Nun singt ein neues Lied dem Herren	GL 262
Mein ganzes Herz erhebet dich	GL 264
Gott in der Höh sei Preis und Ehr	GL 464

Didaktischer Entwurf zu Epheser 4,1-16

Verfasser: Bernd Gärtner

Thematischer Schwerpunkt

Wo Menschen zusammen sind, gibt es Spannungen und die Gefahr der Trennung. Der Apostel bittet oder mahnt die Gemeinde, sich dem Geschenk Gottes gemäß zu verhalten und durch das Band der Liebe die Einheit zu bewahren. Zum Zurüsten hat der Herr der Gemeinde/Kirche Apostel, Propheten, Evangelisten und weitere Beauftragte oder Ämter geschenkt, damit alle zur vollen Einheit und zur Reife gelangen.

Einheit im Herrn, im Glauben, in der Taufe ... Das ist Anspruch an die in viele Kirchen gespaltene eine Christenheit. So wird in vielen ökumenischen Dokumenten Epheser 4,3-6 als Auftrag genannt, zum Beispiel am Anfang der „Charta Oecumenica", jenem Text, in dem sich 2001 fast alle europäischen Kirchen selbst verpflichtet haben, auf das Ziel der Einheit der Christenheit hinzuarbeiten.

Ziel der Bemühungen ist die Einheit. Aber: Wie soll die Einheit aussehen? Was ist nötig zur Einheit der Kirche? Wie viel ist nötig, wie viel Verschiedenheit ist möglich, ohne die Einheit zu gefährden? Diese Fragen werden von den Konfessionen unterschiedlich beantwortet. Das zu verstehen, ist wichtig für den Fortgang der Ökumene. Und natürlich: Was können wir dazu tun?

Materialien

Tücher, eventuell ein Band, Wäscheklammern o.a., Stifte, Zettel, Kerze, Bibel.

Gestaltete Mitte

Verschiedenfarbige Tücher, Kerze und Bibel, Großes Plakat mit einer darauf skizzierten Kirche, darum herum Zettel mit den Begriffen: ein Herr, ein Glaube, eine Taufe.

Zur Gestaltung des Abends

Liturgischer Beginn

Lied: EG 262/GL 644 Sonne der Gerechtigkeit

Öffnen – Text trifft Wirklichkeit

- Still überlegen: Welcher der ausgelegten Begriffe ist mir in meinem Glauben besonders wichtig? Was verbinde ich damit? Notieren. Austausch mit den Nachbarn.

- Dann werden die TN eingeladen, eine „ökumenische“ Kirche auszugestalten: Welche sichtbaren Elemente sind Ausdruck eines der drei Begriffe (Kreuz, Taufstein ...)? Dazu kann das Plakat beschrieben oder bemalt werden.
- Welche weiteren Gestaltungselemente gibt es in einzelnen Konfessionen? Zeigen sie etwas von der Einheit der Kirche? Welche wäre „übernehmbar“?

Alternative: Einstieg mit den Ökumenischen Zitaten oder einem Text zur Ökumene aus dem TNH und einem der dazugehörigen Gesprächsimpulse.

Begreifen – Textlektüre und Textinformation
Hinweise zum Text geben, Text lesen (lassen), Klärung sachlicher Fragen (s.a. die Texterklärungen im TNH). Bildlich kann an Eph 1 angeknüpft werden, wo die „Stockwerke“ Himmel - Erde - Unterwelt und ihre totale Durchdringung von Gottes Wirklichkeit eingeführt sind.

Anregungen zur Gruppenarbeit
Es empfiehlt sich, aus Zeitgründen einen Focus entweder auf V 1-6 oder V 7-16 zu legen. Letzteres wird vermutlich wegen der ungewöhnlichen Formulierungen nötig sein.
Ein Text voller Taten! Die TN werden gebeten, zu benennen, wer in diesem Text alles handelt. Die drei Gruppen werden auf ein Plakat geschrieben:
* Christus
* Amtsträger
* Gemeindeglieder

Es werden Untergruppen gebildet, die für je eine „Rolle“ zunächst der Frage nachgehen:
* Was wird genau getan und wozu? Wird über den Erfolg des Handelns etwas gesagt?
* Liegt das Ziel noch in der Zukunft, oder ist es schon verwirklicht?

Im Plenumsgespräch kann wieder das Bild der drei Dimensionen aufgegriffen werden: Innerhalb der von guten und bösen Mächten beeinflussten Welt breitet sich dank des Handelns Christi und der Kirche das Licht Gottes aus ... (soweit die Theorie).

Mitnehmen – Mit dem Text weitergehen – Was trägt der Text aus?
In zwei Untergruppen wird darüber nachgedacht, wie der gewaltige Anspruch des Textes zur Wirklichkeit der Kirche passt. Dazu finden sich weitere Texte und Links im Internet unter: www.bibelwerk.de/ ...

1. *„Bemüht euch, die Einheit des Geistes zu wahren“* (Eph 4,3).
Fast alle Kirchen betonen seit mehr als 100 Jahren den Auftrag des Herrn, die Einheit zu verwirklichen, und sie bemühen sich darum. Aber der Arbeitsgemeinschaft Christlicher Kirchen in Deutschland gehören (2010) immer noch 20 Kirchen an (weitere sind nicht Mitglieder). Einiges wurde bereits erreicht – die Trennung zwischen einzelnen Kirchen ist schon überwunden (zum Beispiel Gemeinschaft Evangelischer Kirchen Europas – GEKE – durch die Leuenberger Konkordie – 1973), die Übereinstimmung in der Frage der Rechtfertigung wurde 1999 zwischen Lutheranern und Katholiken (2005 auch Methodisten) festgestellt, die gegenseitige Anerkennung der Taufe 2007 unterschrieben.
* Was muss nach der Überzeugung der evangelisch-lutherischen, der reformierten, der freikirchlichen, der römisch-katholischen, der orthodoxen Kirche gegeben sein, um Einheit herzustellen? (Texte zum Beispiel: Leuenberger Konkordie, Katechismus der Katholischen Kirche).
* Ein Aspekt dabei sind die Ämter. Nach Eph 4,11f sind Aufgaben/Ämter ein Geschenk Christi, um die Kirche/Gemeinde zuzurüsten, ein Dienst für die Gläubigen – nehmen wir die Ämter der Kirche heute (Diakon, Pastor, Bischof, Petrusamt) so wahr? Scheinen sie zwischen den Kirchen nicht oft mehr zu trennen als zu einigen (zum Beispiel Petrusdienst/Papstamt)?
* Welches Bild ergibt unsere Uneinigkeit in der (nichtchristlichen) Öffentlichkeit? Schadet unsere Trennung bei der Verkündigung des Wortes Gottes in unserer Gesellschaft?
* Bei allen Spannungen im Globalen – wie ist das Verhältnis zwischen den Gemeinden vor Ort? Was können wir, trotz noch fehlender Kircheneinheit, schon gemeinsam tun (s. die Anregungen der Charta Oecumenica)?

2. *„Ein Herr, ein Glaube, eine Taufe, ein Gott und Vater aller...“* (Eph 4,5).
Wir sprechen in der weltweiten Christenheit ein weitgehend gemeinsames Glaubensbekenntnis. Elf Kirchen haben 2007 die Taufe gegenseitig anerkannt – trotzdem gibt es noch keine Kircheneinheit.
* Ist es für mich mehr ein Bild bereichernder Vielfalt oder mehr der traurigen Zerrissenheit des „einen Leibs“, unter der ich vielleicht leide (zum Beispiel, weil ich in einer konfessionsverschiedenen/-verbindenden Ehe lebe)?

* Ängstigt es mich (zum Beispiel, weil ich wichtige Aspekte der eigenen Glaubenstradition infrage gestellt sehe)?
* Was macht meinen (katholischen, evangelischen, orthodoxen, freikirchlichen ...) Glauben aus (Katholisch: Weihwasser, Weihrauch, Kreuzzeichen, Hierarchie ..., evangelisch: Wort, Bibel, Konzentration auf Christus, Kirche der Freiheit ...)? Sind das überholte Klischees?
* Finde ich auch Übereinstimmungen?
* Welche Unterschiede nehme ich wahr?
* Muss Einheit zur Uniformität führen – oder kann der Geist auch den Blick für wichtige, bisher vernachlässigte Aspekte weiten (Bibel, Liturgie, Tradition ...)?

(Gedicht von *Wilhelm Willms*: der heilige geist ist ein bunter vogel").

Plenum

Beide Aspekte der Suche nach Einheit werden vorgestellt:

* Wie ist der Weg der Kirchen? Wie ist die persönliche Einstellung und Hoffnung?

Die Einheit der Christenheit ist Aufgabe und Ziel. Sie kann nicht in Vereinheitlichung liegen, muss auch nicht zu Verlustängsten führen. Wir leben im Spannungsfeld von Einheit(-lichkeit) und Vielfalt.

Liturgischer Schluss – Ökumenischer Lobpreis

Gepriesen seist Du, Herr,
für die Fäden eines katholischen Glaubenslebens, die Du in mir und in meinen Schwestern und Brüdern immer weiter knüpfst!
Hilf uns, durch den Geist der Liebe, den Du in unsere Herzen gepflanzt hast, auf dem Weg der Einheit voranzukommen.
Entreiße uns den alten Versuchungen, ein katholisches Getto zu bauen, wo das Nicht-Kennen des Anderen und die Selbstgefälligkeit den Blick verzerren und Mauern von Unverständnis errichten.
Gepriesen seist Du, Herr,
für die Fäden eines evangelischen Glaubenslebens, die Du in mir und in meinen Schwestern und Brüdern immer weiter knüpfst!
Mögen wir mutig nach dem Vorbild Jesu Christi unserem Auftrag treu bleiben und die Wahrheit bezeugen. Entreiße uns den alten Versuchungen der Auflehnung, die keine Achtung vor dem Anderen haben.
Gepriesen seist Du, Herr,
für die Fäden eines orthodoxen Glaubenslebens, die Du in mir und in meinen Schwestern und Brüdern immer weiter knüpfst!
Durch Jesus, den Sohn des Lichts, rufst Du uns wach für Dein Geheimnis, und Dein Geist hilft uns, uns auf den Weg zur allumfassenden Wahrheit zu machen.
Lasse nicht zu, dass die „heilige Lehre", die wir von unseren Vätern empfangen haben, zu einem durch Missgunst verriegelten Schatz werde.
Entreiße uns den alten Versuchungen der Traditionen, die uns nur einsperren, und den Versuchungen der heiligen Bräuche, die uns so weit von Deinem menschlichen Antlitz entfernen.
Gepriesen seist Du, Herr,
für die Fäden eines evangelikalen Glaubenslebens, die Du in mir und in meinen Schwestern und Brüdern immer weiter knüpfst!
Du offenbarst uns heute, dass der Auferstandene uns in Galiläa vorausgeht, in einem neuen Miteinander von Nationen mit zahlreichen Kulturen.
Entreiße uns den alten Versuchungen des Eroberungsgeistes und der Kolonisation und auch der Versuchung eines Biblizismus, der ein Entfliehen wäre vor der Vielschichtigkeit dieser Welt, in der Du mit uns am Werk bist.
Mögen alle diese Fäden einer neu erschaffenen Menschheit sich zum alleinigen und schönen Gewand einer Regenbogen-Kirche vereinen, gemäß dem Vorbild des einen Leibes Christi, unseres Retters (*Claude Bernard*, in: „L'ami du peuple", übertragen von *Caroline Adler*).

In den Kreis des Bandes treten, Ökumenischen Lobpreis gemeinsam sprechen
EG 395 Vertraut den neuen Wegen
EG 295/GL 614 Wohl denen, die da wandeln

Segenswort

VI Epheser 4,22 – 5,2.8-20

Erneuert und geprägt

Auslegung

Die vorgeschlagene Versauswahl 4,22 – 5,2.8-20 ist ein Ausschnitt aus der individualethischen Paränese in Kap. 4,17 – 5,20. Die Perikope setzt mit der positiven Ermahnung, den neuen Menschen anzuziehen, ein. Damit werden die ethischen Konsequenzen entfaltet, die eine christliche Existenz mit sich bringt (2,1-10). In 2,5f war alles Gewicht auf die Gegenwärtigkeit des Heils gelegt worden: „Gott hat uns (sc. durch die Taufe) mit Christus lebendig gemacht … und mit auferweckt und mit eingesetzt im Himmel in Christus Jesus."

Damit befinden sich die Christen zwar schon ganz in der Sphäre der Erlösten, aber die Vollendung des Heils steht immer noch aus. Bis der göttliche Heilsplan zu seinem endgültigen Ziel gelangt (vgl. die Fülle der Zeiten in 1,10 mit dem kommenden Äon in 1,21; 2,7), erhält die Paränese ein umso größeres Gewicht, das sich auch in der Länge der paränetischen Ausführungen von Kap. 4 – 6 niederschlägt. Bestimmend ist der idealtypisch zugespitzte Gegensatz zwischen dem alten und dem neuen Menschen, der durchgehend auf die Lebensweise der Christen vor und nach ihrer Lebenswende in der Taufe bezogen ist. Durch die Erwähnung zahlreicher Laster und Tugenden wirkt der Text sehr moralisierend. Außerdem wird das Verständnis heute durch die Schwarz-Weiß-Malerei erschwert, die alle guten Verhaltensweisen christlich vereinnahmt und alles Negative als heidnische Lebensweise den Nicht-Christen zuschreibt.

1. Laster und Tugenden

Von großer Bedeutung ist hier die Erkenntnis, dass der Verfasser in diesem Briefteil Laster- und Tugendkataloge verarbeitet. Solche Kataloge enthalten listenartige Zusammenstellungen von Verhaltensweisen ethisch-moralischer Art. Bei diesen Laster- und Tugendkatalogen handelt es sich um eine Textgattung, die ursprünglich aus der hellenistischen Popularphilosophie stammt und den neutestamentlichen Autoren durch das hellenistische Judentum vermittelt wurde.

Im Alten Testament begegnen uns vor allem Gebotsreihen wie z.B. der Dekalog (Ex 20,1-17). Tugend- und Lasterkataloge sind demgegenüber ein neues Phänomen. Die ältesten christlichen Aufzählungen begegnen bei Paulus. Trotz der formgeschichtlichen und inhaltlichen Gemeinsamkeiten, weisen die einzelnen Kataloge in Wortwahl und Bedeutung bemerkenswerte Unterschiede auf, die für das jeweilige Verständnis charakteristisch sind. In allen Auflistungen spiegeln sich die Wert- und Moralvorstellungen der jeweiligen Kultur. Für das theologische Verständnis besonders aufschlussreich ist Gal 5,19-23:

> „19 Offenkundig sind aber die Werke des Fleisches, als da sind: Unzucht, Unreinheit, Ausschweifung, 20 Götzendienst, Zauberei, Feindschaft, Hader, Eifersucht, Zorn, Zank, Zwietracht, Spaltungen, 21 Neid, Saufen, Fressen und dergleichen. Davon habe ich euch vorausgesagt und sage noch einmal voraus: Die solches tun, werden das Reich Gottes nicht erben. 22 Die Frucht aber des Geistes ist Liebe, Freude, Friede, Geduld, Freundlichkeit, Güte, Treue, 23 Sanftmut, Keuschheit; gegen all dies ist das Gesetz nicht" (Übersetzung: Lutherbibel in der revidierten Fassung von 1984).

Mehrere Punkte sind für das paulinische Verständnis entscheidend: Paulus versteht die aufgezählten Verhaltensweisen nicht einfach als menschliche Tugenden und Laster. Vielmehr sind sie in den Gegensatz von Geist und Fleisch eingebettet. Im griechischen Denken bezeichnen diese beiden Begriffe einen innermenschlichen Dualismus zwischen dem höheren geistigen Vermögen des Menschen und den niederen fleischlichen Trieben.

Völlig anders bei Paulus (vgl. Röm 7-8): Hier stehen beide Begriffe jeweils für den ganzen Menschen. „Fleisch" ist der vorfindliche Mensch in seiner irdischen Existenz mit seinen eigenen

Fähigkeiten und Möglichkeiten, die ohne Gottes Hilfe und Kraft von der Macht der Sünde und des Todes bestimmt sind. Der „Geist“ dagegen ist ein Geschenk Gottes, eine Gabe der Endzeit, die etwas von der künftigen Vollendung des Lebens vorwegnimmt, den Gläubigen als Erstlingsgabe in der Taufe zuteil wird und sie von Sünde und Tod befreit.

Für das Verständnis der „Tugenden“ folgt daraus: Zum einen sind „Tugenden“ nicht bloß eine Frage menschlicher Anstrengung und Selbsterziehung, sondern zuallererst eine Frucht des göttlichen Geistes. Sie sind eine Gabe Gottes, die für die Gläubigen zu einer Aufgabe wird und eine Lebensführung verlangt, die der göttlichen Gnade und Barmherzigkeit entspricht.

Zum anderen ist das sachliche Beurteilungskriterium nicht einfach das moralisch Geziemende, sondern die Nächstenliebe (Gal 5,14). Darum schreibt Paulus den Korinthern im Anschluss an das Hohelied der Liebe: „Strebt nach der Liebe! Bemüht euch um die Gaben des Geistes!“ (1 Kor 14,1), unter denen die Liebe die größte ist (1 Kor 13,13).

Wenn im Epheserbrief darüber hinaus die moralischen Laster als heidnische Lebensweise eingestuft werden (vgl. Röm 1,29-31), geht es nicht einfach um den ethischen Vergleich unterschiedlicher religiöser Haltungen, sondern um eine idealtypisch zugespitzte Entgegensetzung traditionell vorgeprägter Klischees. Die eigentliche Intention besteht in dem eindringlichen Appell an die eigenen Glaubensgenossen, das zu leben, was sie durch die Taufe geworden sind (2,5f.10). Das Christsein wirkt sich in einem Lebenswandel aus, der der göttlichen Berufung angemessen ist (2,10; 4,1). Dem neuen Sein entspricht ein neues Tun.

Mehrfach greift der Verfasser des Epheserbriefs auf die Tugend- und Lasterkataloge des Kolosserbriefs zurück, jedoch mit bemerkenswerten Änderungen. Kol 3,5.8 enthält reine Lasterkataloge und Kol 3,12 einen reinen Tugendkatalog. In Eph 4 hingegen sind diese listenartigen Reihungen von Substantiven weitgehend aufgelöst, in verbale Aussagen umformuliert und zu direkten Aufforderungen zugespitzt, wie es dem Charakter der Paränese entspricht. Die traditionellen Tugend- und Lasterkataloge werden also nicht einfach übernommen, sondern umgeformt und dem neuen Verwendungszweck christlicher Paränese angepasst.

Für den theologischen Deutungsrahmen sind die Eingangsverse in Eph 4,22-24 von entscheidender Bedeutung.

2. Das Motiv des Kleiderwechsels (4,22-24)

Ein zentrales Motiv ist das Bild vom Kleiderwechsel. In der Rede vom Ablegen des alten Menschen und Anziehen des neuen Menschen nimmt der Verfasser die Gewandmetaphorik auf. Kleider gehören neben Nahrung und Wohnung zu den Grundgütern menschlicher Existenz. Darüber hinaus bringt das Gewand in der Antike die soziale Stellung eines Menschen zum Ausdruck (vgl. *Roland Deines*, Art. Kleidung, ThBLNT II, 1167-1178).

Witwen, Sklaven, Priester und Würdenträger haben besondere Kleider. Beispiele sind die langen Gewänder der Schriftgelehrten (Mk 12,38), das prachtvolle Gewand des Hohenpriesters (Ex 28), Purpurmantel und Krone als königliche Insignien bei der Verspottung Jesu (Mt 27,28f), der Kamelhaarmantel Johannes des Täufers (Mk 1,6) als Kennzeichen eines Propheten (Sach 13,4; 1 Kön 19,19; 2 Kön 2,8.13f) oder der scharlachrote Umhang römischer Soldaten (Mt 27,28.31). Die Kleidung gilt als Statussymbol nach dem Motto: Man ist, was man trägt.

Kleider können auch den psychischen Zustand eines Menschen anzeigen. Sie können ein Ausdruck der Freude (Jes 61,10; Mt 22,11f: hochzeitliches Gewand) oder der Trauer (Gen 37,34), des Entsetzens (Gen 37,29) oder der Buße sein (Joël 2,13).

Da das Gewand eines Menschen etwas von seinem Sein und Wesen verrät, kommt dem An- und Ausziehen der Kleidung eine besondere Bedeutung zu. Der Priesterdienst verlangt ein Wechseln der Kleider vor oder nach bestimmten Handlungen, weil diese Heiligkeit übertragen können (Hes 44,19; vgl. Lev 6,4; 16,23f). Mose erhält den Auftrag, Aaron vor seinem Tod die

Priesterkleider auszuziehen und seinem Sohn als Nachfolger anzuziehen (Num 20,26.28). Das Ausziehen von Prachtgewändern und das Anlegen von Trauerkleidung ist ein Akt der Trauer (Hes 26,16). In Sach 3,3f wird in einer Vision geschildert, wie auf Gottes Befehl der Hohepriester die unreinen Kleider und damit zugleich seine Sünde abgenommen bekommt und mit Festgewändern neu eingekleidet wird.

Da das An- und Ausziehen von Gewändern das Sein des Menschen verändert, kann der Wechsel der Kleidung auch in übertragener Bedeutung für das An- und Ablegen bestimmter Eigenschaften gebraucht werden. So sind der Panzer der Gerechtigkeit oder der Helm des Heils Bilder für das Wesen Gottes, das Gewand der Rache und der Mantel des Eifers Bilder für Eigenschaften, die er wie Kleider angezogen hat (Jes 59,17).

Wenn die Erlösten „die Kleider des Heils" erhalten und „mit dem Mantel der Gerechtigkeit" bekleidet werden, bedeutet dies, dass mit dem neuen Kleid sich auch ihre ganze Situation verändert und ihnen eine neue Wirklichkeit zuteil wird (Jes 61,10). Das Aus- und Anziehen von Gewändern ist daher keine Frage der Mode, sondern verrät etwas vom Zustand, vom Sein und Wesen eines Menschen. Der Wechsel der Kleidung ist nicht nur eine Äußerlichkeit, sondern steht für eine Veränderung der gesamten Existenz und Lebensweise.

In diesem Sinn wird auch das Anziehen eines neuen Kleids im Neuen Testament in einer übertragenen Bedeutung gebraucht, um die neue Existenz in Christus zu umschreiben. Grundlegend für das theologische Verständnis der Gewandmetaphorik in der Paulusschule ist Gal 3,27: „Denn ihr alle, die ihr auf Christus getauft seid, habt Christus angezogen."

In der Rede vom Anziehen Christi überträgt Paulus das Bild vom Anziehen eines neuen Kleids auf die Annahme der neuen Existenz in Christus, die eine neue Identität und Seinsweise mit sich bringt. In Gal 3,27 beschreibt der Apostel diesen Vorgang in einer Vergangenheitsform (Aorist) als punktuellen, einmaligen Akt, der in der Taufe vollzogen wird.

Darüber hinaus verwendet Paulus dieselbe Metapher in Röm 13,14 mit einem Imperativ als Aufforderung zur Lebensführung der Christen: „Zieht den Herrn Jesus Christus an und sorgt nicht so für den Leib, dass ihr den Begierden verfallt." Das Bild vom Anziehen eines neuen Kleids hat daher nicht nur eine soteriologische (Gal 3,27), sondern auch eine ethische Seite (Röm 13,14). Sein Sitz im Leben ist nicht nur das Sakrament der Taufe, sondern auch die Paränese. Dem neuen Sein entspricht ein neues Tun. Das neue Leben, das in der Taufe beginnt (Röm 6,3f), verlangt eine Fortführung in der ganzen Lebenspraxis (vgl. Röm 6,12ff). Ebenso soll auch im Epheserbrief der Existenzwechsel, der in der Taufe vollzogen wurde, im gesamten Lebenswandel eingeholt, bewährt und bewahrt werden (Eph 2,5f.10; 4,1ff).

Die Annahme der neuen Existenz in Christus erfordert nach der negativen Seite die aktive Abkehr von den Begierden des Fleisches: „So lasst uns ablegen die Werke der Finsternis und anlegen die Waffen des Lichts" (Röm 13,12). Der Dualismus von Licht und Finsternis sowie das Bild von der geistlichen Waffenrüstung sind aus der jüdisch-apokalyptischen Tradition übernommen. Besonders ausgeprägt begegnen diese Motive in der Kriegsrolle aus Qumran (1QM) zur Beschreibung des endzeitlichen Kampfs zwischen den Söhnen des Lichts und den Söhnen der Finsternis (vgl. im Epheserbrief die Kinder des Ungehorsams und des Zorns in 2,2f; 5,6, die Kinder des Lichts und die Werke der Finsternis in 5,8.11 sowie die geistliche Waffenrüstung in 6,10ff).

Im gleichen Sinn hatte Paulus in Röm 6,13 die Christen dazu aufgefordert, die eigenen Glieder nicht der Sünde als Waffen der Ungerechtigkeit zur Verfügung zu stellen, sondern Gott als Waffen der Gerechtigkeit (vgl. 2 Kor 6,7). Worin die Werke der Finsternis bestehen, wird durch den Lasterkatalog in Röm 13,13 ausgeführt, nämlich Fressen und Saufen, Zügellosigkeit und Ausschweifung, Streit und Eifersucht (vgl. Eph 4,19; 5,3ff). Positives Gegenstück sind die Waffen des Lichts (Röm 13,12; vgl. Eph 4,9 die Frucht des Lichts), mit denen Paulus zum Anlegen der geistlichen Waffenrüstung auffordert (vgl. Eph 6,11ff). Als Kinder des Lichts sind die Christen mit dem Panzer des Glaubens und der Liebe sowie mit dem Helm der Hoffnung auf das Heil bekleidet (1 Thess 5,5.8; vgl. Eph 5,8). Dementsprechend ist das Anziehen in 1 Kor 15,53f ein Ausdruck für die Verwandlung des irdisch vergänglichen Leibs in einen unvergänglichen geistlichen Leib bei der Auferstehung (vgl. 2 Kor 5,2-4).

Vor diesem Hintergrund wird auch das Ablegen des alten Menschen und das Anziehen des neuen Menschen in Eph 4 verständlich. Das Bild vom Aus- und Anziehen der Kleidung dient in der Paränese des Epheserbriefs als Umschreibung für den grundlegenden Existenzwechsel, der bereits (in der Taufe) vollzogen wurde und nun einen entsprechenden Lebenswandel zur Folge haben soll (Eph 2,5f.10; 4,1ff). Die Paränese appelliert nach dem Motto: Werde (im Lebensvollzug), der du (durch die Taufe schon) bist. Lebt (ethisch), was ihr (sakramentalsoteriologisch bereits) seid.

Das Ausziehen des alten Menschen ist daher nicht einfach mit dem Wegwerfen eines alten Kleidungsstücks zu vergleichen, sondern bedeutet das Ablegen der früheren Existenz und Lebensweise, nämlich der heidnischen Begierden (2,1-3). Das Anziehen des neuen Menschen ist das Annehmen einer neuen Existenz und Seinsqualität in Christus. Diesen Gedanken wird die Schlussparänese des Epheserbriefs wieder aufnehmen und mit der Aufforderung, die Waffenrüstung Gottes anzulegen, weiterführen (6,1ff; s.u.). Die Formulierungen des Epheserbriefs sind bereits durch den Kolosserbrief vorbereitet. So meint das Ausziehen des Fleischesleibs in Kol 2,11 das Ablegen des fleischlichen Wesens mit seinen Sünden (2,13), was in der Taufe geschieht (2,12). Dementsprechend fordert die Paränese in Kol 3,8 die Adressaten dazu auf, alle Laster wie Zorn, Wut, Bosheit und schmähliche Reden abzulegen mit der Begründung, dass sie den alten Menschen mit seinen Taten doch bereits (sc. in der Taufe; 2,11f) ausgezogen und den neuen angezogen haben (3,9f).

Damit wiederholt sich beim Bild des Kleiderwechsels dasselbe Nebeneinander von sakramental-soteriologischer (Gal 3,27) und paränetisch-ethischer Verwendung (Röm 13,12.14) wie bei Paulus. „Von daher ist es wahrscheinlich, dass die Rede vom Ablegen und Neuanziehen ihren ursprünglichen Sitz im Leben bei der Taufe hatte; woraus die Ermahnung an die Getauften erwuchs, ihre neue christl. Identität (Kleidung!) zu bewahren“ (*Roland Deines*, Art. Kleidung, ThBLNT II, 1174).

3. Der alte und der neue Mensch (4,22-24)

Der Ausdruck „alter Mensch“ ist aus Röm 6,6 übernommen und bezeichnet die alte adamitische Existenz, die Paulus zuvor in der Adam-Christus-Typologie von Röm 5,12-21 in ihrer universalen Verfallenheit unter der Macht der Sünde und des Todes dargelegt hatte.

Dieser alte Mensch wird in Eph 4,22 als „verdorben“ bezeichnet „aufgrund der trügerischen Begierden“. Als Ausdruck für die Sünde hat Paulus den Begriff der „Begierde“ in Röm 7,7f aus dem 9. und 10. Gebot in Ex 20,17 par.; Dtn 5,21 gewonnen: „Du sollst nicht begehren.“ Indem Paulus Haus, Frau, Knecht, Magd, Rind, Esel usw. als Objekt des Begehrens weglässt, generalisiert er das konkrete Verlangen zu einer allgemeinen Grundhaltung des Immer-mehr-Haben-Wollens. Deshalb gilt die Begierde als Wurzel aller Laster.

Hier berühren sich die Gebote der Tora aus der jüdischen Tradition und die Tugend- und Lasterkataloge der hellenistischen Popularphilosophie. Im Begehren wird nach Röm 7 die Macht der Sünde in der fleischlichen Existenz erfahren, weshalb Eph 2,3 von den „Begierden unseres Fleisches“ spricht. Als Sünder tut der Mensch nicht das Gute, das er will, sondern das Böse, das er hasst, weil die Sünde in seinem Fleisch wohnt und ihn beherrscht wie eine fremde Macht (Röm 7,14ff). Die Begierden des Fleischs umfassen sowohl das sexuelle als auch das materielle Begehren, wie das Nebeneinander von Unzucht und Habgier in Eph 5,3.5 bestätigt.

Der Wechsel vom alten zum neuen Menschen geschieht nach Eph 4,23 durch die Erneuerung des menschlichen Sinnes, die durch den Geist

Gottes (4,30; vgl. 1,13) erfolgt. Die Passivform deutet darauf hin, dass mit der Erneuerung nicht der moralische Entschluss, sondern ein passives Widerfahrnis gemeint ist: „erneuert werden, sich erneuern lassen". Es geht also um die Erneuerung, die einem Menschen durch den göttlichen Geist widerfährt bzw. die er an sich geschehen lassen soll.

Der „Geist des Sinnes" ist daher nicht pleonastisch als menschlicher Geist oder als das Innerste der Seele zu verstehen, sondern als der Sinn, der bereits durch den Geist Gottes erneuert ist. Gemeint ist der innere Mensch, der durch den göttlichen Geist gestärkt (Eph 3,16) und täglich erneuert wird (2 Kor 4,16).

Beim Gedanken der Erneuerung steht die Aufforderung aus Röm 12,2 im Hintergrund: „Stellt euch nicht dieser Welt gleich, sondern ändert euch durch die Erneuerung des Sinnes, damit ihr prüfen könnt, was Gottes Wille ist, nämlich das Gute und Wohlgefällige und Vollkommene." Diese Aufforderung hat eine doppelte Stoßrichtung. Nach der negativen Seite handelt es sich um einen Appell, sich nicht „diesem Äon" anzupassen, d.h. der gegenwärtigen, bösen Welt (Gal 1,4). Nach der positiven Seite ergeht die Aufforderung, „durch die Erneuerung des Sinnes" zu prüfen, was Gottes Wille ist.

Mit dieser Gegenüberstellung nimmt Paulus in Röm 12 Bezug auf den Gegensatz zwischen dem alten adamitischen Menschen, der durch die Taufe gestorben ist (Röm 6,3f.6), und dem neuen Lebenswandel (6,4), zu dem die Getauften durch den Geist befähigt sind (7,6). Hinter der Warnung vor einer Angleichung an diesen alten Äon steht das Motiv der Äonenwende, das aus der frühjüdischen Apokalyptik stammt.

Gemeint ist die Wende von dem zuendegehenden bösen Weltalter zur kommenden Heilszeit, die mit Jesu Auftreten und seiner Botschaft vom Reich Gottes bereits angebrochen ist. Aus dieser Äonenwende hat Paulus in Röm 6 mit dem Motiv des Herrschaftswechsels die persönlichen Konsequenzen für die christliche Existenz gezogen. Mit der Taufe ist ein Mensch nicht mehr der Macht und Vergänglichkeit des alten Äons unterworfen, sondern durch den Tod und die Auferstehung Jesu in ein neues Leben hineingenommen, das schon an Gottes Heil Anteil hat.

Deshalb appelliert auch die Aufforderung zur Erneuerung des Sinnes nicht an einen neuerlichen Entschluss zum Fassen guter Vorsätze, sondern rekurriert auf die Äonenwende als einen schöpferischen Akt Gottes, durch den der Mensch in der Taufe zur „neuen Kreatur" „in Christus" geworden ist (2 Kor 5,17; Gal 6,15). Damit zielt die Erneuerung in Röm 12 auf eine durch den Herrschaftswechsel in der Taufe erneuerte Lebenswirklichkeit (6,4; 7,6), die ein Leben nach dem Geist bewirkt (8,4ff).

Diese Erneuerung befähigt zu einem Leben in Gerechtigkeit und Frieden mit Gott (8,4.6). Sie begründet „die Neuheit des Lebens" (6,4) mit einem ethischen Lebenswandel im Sinne von Röm 14,17: „Denn das Reich Gottes ist nicht Essen und Trinken, sondern Gerechtigkeit und Friede und Freude in dem Heiligen Geist."

Die Erneuerung des Sinnes wird in Eph 4,23f durch das Anziehen des neuen Menschen weitergeführt. Paulus selber sprach noch nicht vom neuen Menschen, stellte dem „alten Menschen" in Röm 6,4.6 stattdessen aber die „Neuheit des Lebens" gegenüber oder redete von der „neuen Kreatur" in Christus (2 Kor 5,17; Gal 6,15). Vor diesem Hintergrund ist der „neue Mensch" in Eph 4,24 die christliche Existenz, die durch das Lebendiggemacht-Werden mit Christus (sc. in der Taufe) begründet wird (2,5f). Das Christsein erscheint als eine Lebenswirklichkeit, die der Geist Gottes hervorbringt. Leitend ist der Gedanke der Neuschöpfung mit einem endzeitlichen Horizont.

Dass der neue Mensch in Eph 4,24 „Gott gemäß" erschaffen ist, erinnert an die Aussage der Gottebenbildlichkeit in Kol 3,10, dass die Gläubigen „den neuen Menschen" angezogen haben „zur Erkenntnis nach dem Bild dessen, der ihn erschaffen hat". Die Bemerkung über den neuen Menschen als Ebenbild seines Schöpfers wirkt auf den ersten Blick wie ein Rückgriff auf die Schöpfungserzählung in Gen 1. Im Kontext des Kolosserbriefs knüpft das Wort „eikōn" jedoch an den Eingangshymnus an, der Christus als

Ebenbild Gottes und Schöpfungsmittler preist (Kol 1,15f). Daher bezieht sich die Ebenbildlichkeitsaussage auch in Kol 3,10 auf Christus als Mitschöpfer bzw. Schöpfungsmittler.

Derjenige, der diesen neuen Menschen „erschaffen hat", ist also Christus. Im gleichen Sinn ist der Mensch auch in Eph 2,10 ein „Geschöpf, geschaffen in Christus Jesus, zu guten Werken". Der Ausdruck „Geschöpf" erinnert zwar an Gottes Werke in der ganzen Schöpfung (vgl. Röm 1,20), wird aber auch in Eph 2,10 durch die Wendung „geschaffen in Christus Jesus" ganz in das Licht der Neuschöpfung in Christus Jesus gerückt (vgl. Eph 4,24; 2 Kor 5,17; Gal 6,15; Kol 3,10). Ebenso ist auch mit dem Erschaffen des neuen Menschen in Eph 4,24 nicht seine Zeugung oder Geburt, sondern seine Neuschöpfung gemeint, die durch das Lebendiggemacht- und Auferweckt-Werden in der Taufe geschieht (2,5f).

Gegenstand des Schöpfungswirkens ist nicht der alte, sondern der neue Mensch als neue Kreatur (2 Kor 5,17; Gal 6,15). Diese Erneuerung des Menschen ist bereits „in der Taufe" erfolgt, in der der alte Mensch mit Christus „mitbegraben" (Kol 2,12; vgl. Röm 6,4) und der neue Mensch „mitauferweckt" (Kol 2,12; 3,1; Eph 2,6) wurde. Diese Gedanken aus Kol 3,10 werden von einem anderen Paulusschüler in Eph 4,24 mit ähnlichen Formulierungen aufgenommen, aber unter Auslassung des Eikonbegriffs: „Zieht den neuen Menschen an, der nach Gott geschaffen ist in wahrer Gerechtigkeit und Heiligkeit."

Wenn der neue Mensch „in Gerechtigkeit und Heiligkeit der Wahrheit" geschaffen wird, so deutet diese Wendung auf die Taufe als denjenigen Akt hin, durch den dem neuen Menschen Gerechtigkeit und Heiligkeit zuteil werden (vgl. 1 Kor 1,30; 6,11; Eph 5,26). Gerechtigkeit und Heiligkeit sind nicht einfach die moralischen Tugenden eines Menschen, sondern auf dem Hintergrund von 1 Kor 6,11 als heilvolle Gaben und Wirkungen des Geistes zu verstehen, die sich aus der Neuschöpfung durch die Taufe ergeben: „Ihr seid rein gewaschen, ihr seid geheiligt, ihr seid gerecht geworden durch den Namen des Herrn Jesus Christus und durch den Geist unseres Gottes." Gerechtigkeit und Wahrheit werden als christliche „Tugenden" in der Paränese des Epheserbriefs wiederholt im selben Zusammenhang erwähnt (4,24; 5,9; 6,14). Als Ausdruck ethischer Wahrhaftigkeit (4,15.24; 5,9) steht die Wahrheit den Begierden (4,22) sowie Lug (4,25) und Trug (4,22) entgegen. Sie herrscht im Einflussbereich Jesu Christi (4,21) und erschließt sich durch das Wort der Wahrheit, das Evangelium (1,13).

Es mag niemand Gott noch Gottes Wort recht verstehen, er hab's denn ohn' Mittel von dem Heiligen Geist. Niemand kann's aber von dem Heiligen Geist haben, er erfahr's, versuch's und empfind's denn. Und in derselben Erfahrung lehret der Heilige Geist wie in seiner eigenen Schule, außerhalb welcher wird nichts gelehrt als nur Schein-Wort und Geschwätz.

Martin Luther

4. Die Einzelermahnungen (4,25–5,20)

Diese grundsätzlichen Aufforderungen zum Anziehen des neuen Menschen werden in 4,25 – 5,20 durch eine Reihe von Einzelermahnungen konkretisiert. Bei den Tugenden erscheint besonders bemerkenswert, dass immer wieder explizit der Bezug zum Nächsten (4,25), zu den Bedürftigen (4,28) und zur Gemeinschaft hergestellt wird (4,29: „zur Erbauung"; vgl. 2,20-22; 4,12.16). Außerdem wird die Paränese mit einer ekklesiologischen Begründung versehen, „dass wir untereinander Glieder sind" (4,25), d.h. Mitglieder am Leib Christi, der Kirche (vgl. Röm 12,5; 1 Kor 12,25; Eph 5,30). Vor allem aber wird der gottgemäße Maßstab (Eph 4,24) am heilvollen Handeln Gottes in Christus ausgerichtet: „Seid aber untereinander freundlich und herzlich und vergebt einer dem andern, wie auch Gott euch vergeben hat in Christus“ (4,32).

Im selben Sinn wird zur Nachahmung Gottes aufgefordert: „So folgt nun Gottes Beispiel als die geliebten Kinder und lebt in der Liebe, wie auch Christus uns geliebt hat und hat sich selbst für uns gegeben als Gabe und Opfer, Gott zu einem lieblichen Geruch“ (Eph 5,1f). Der Nachahmungsgedanke stammt ursprünglich aus der griechischen Popularphilosophie und erlangte im Mittelalter in Gestalt der „Imitatio Christi“ größere Bedeutung. In den neutestamentlichen Briefen tritt der Nachahmungsgedanke (vgl. 1 Kor 11,1: Gott – Christus – Paulus – Glaubende) an die Stelle der Nachfolgeterminologie aus den Evangelien.

Inhaltlich gefüllt wird der Nachahmungsgedanke vorrangig durch das Motiv der Liebe, das den ganzen Epheserbrief durchzieht von der Liebe Gottes über die Liebe Christi bis zur Liebe der Glaubenden (15 Mal Substantiv und zehn Mal Verbum). Die Liebe bildet die Motivation des ganzen göttlichen Heils- und Erwählungshandelns schon vor Grundlegung der Welt (Eph 1,4; 2,4). Im Zentrum steht die Liebe Christi, die alle menschliche Erkenntnis übertrifft (3,19; 5,2.25), durch die Selbsthingabe Jesu präzisiert und als ein Dasein für andere verstanden wird (5,2.25; vgl. Gal 2,20). Die Liebe der Gemeindeglieder ist Gegenstand des Danks (Eph 1,15) und der Ermahnung (5,1f).

Konkret geht es um die Liebe insbesondere unter Christen bzw. in der Kirche (4,2.15f) sowie in der Haustafel um die wechselseitige Liebe zwischen Männern und Frauen in der Ehe (5,25.28.33). Aufgrund dieser Konzentration auf den Liebesgedanken könnte man sagen, dass der Epheserbrief eine Theologie der Liebe entfaltet. Außerdem fällt auf, dass insbesondere solche Tugenden erwähnt werden, die sonst im Neuen Testament vor allem mit Christus verbunden sind, nämlich Erbarmen (Phil 1,8; 2,1), Demut (Phil 2,8), Sanftmut (2 Kor 10,1). Nun ist die göttliche Barmherzigkeit in Christus das entscheidende Kriterium für eine tugendhafte Lebensführung.

Gegen Ende spielt der Weckruf in Eph 5,14 nochmals auf die Taufe an: „Wach auf, der du schläfst, und steh auf von den Toten, so wird dich Christus erleuchten.“ Die Zitateinleitung „Darum heißt es: ...“ deutet auf eine vorgegebene Formulierung hin, die hier aber nicht aus der Schrift (4,8) stammt, sondern vermutlich aus dem Gottesdienst.

Es handelt sich um einen poetisch gestalteten Zuspruch an die Getauften. Durch die Wortwahl (aufwachen, auf[er]stehen, Lichtmetaphorik) erinnert der Weckruf an das grundlegende Geschehen am Ostermorgen, verspricht als eine Verheißung für das ganze Leben die Erleuchtung durch Christus und zielt auf eine Lebensführung in Güte, Gerechtigkeit und Wahrhaftigkeit, die den Kindern des Lichts wohl ansteht (5,8f.13; vgl. 1 Thess 5,5f; Röm 13,11-13). Das Bild vom Aufstrahlen wie die morgendliche Sonne (vgl. Lk 1,78f: Aufgang aus der Höhe) wurde später zu einem beliebten Symbol in der Taufliturgie (*Rudolf Schnackenburg*, 234).

Im Kontext der Paränese soll der Weckruf an die Getauften ebenso auf die Lebensführung ausstrahlen wie die Aufforderung Jesu in der Bergpredigt: „Ihr seid das Licht der Welt ... So lasst euer Licht leuchten vor den Leuten, damit sie eure guten Werke sehen und euren Vater im Himmel preisen“ (Mt 5,14-16). Das Wortspiel mit der Auferstehung von den Toten eröffnet die Perspektive über den Tod hinaus, bedeutet aber keine Vertröstung aufs Jenseits, sondern verändert die Gegenwart.

Nicht nur die Wortverkündigung hat eine missionarische Bedeutung, sondern auch das ethische Verhalten im Alltag, für das die Liebe Christi das entscheidende theologische Beurteilungskriterium liefert (vgl. 5,2.25): „Prüft selbst, was dem Herrn gefällt“ (Eph 5,10; vgl. Röm 12,2). Die Ermahnungen sollen nicht als Vorschriften missverstanden werden, sondern nach dem Maßstab der Liebe als Appell an die Urteilsfähigkeit. Zur Mündigkeit der Christen (vgl. 4,14) gehört eben auch ihre ethische Kompetenz (*Michael Theobald,* 160).

Es folgen noch einige weitere Ermahnungen zur Lebensführung. Mit dem Auskaufen der Zeit ist nicht die Optimierung des Zeitmanagements gemeint, sondern vor allem die Chance, die Heilsbotschaft von Christus zu ergreifen. Dabei erinnert die Rede von den „bösen Tagen“ (5,16; vgl. 6,13) an „die gegenwärtige böse Welt(zeit)“ (Gal 1,4) als Synonym für den alten Äon, bevor der Tag der Vollendung in Christus kommt (Eph 1,21; 2,2.7). Mit dem Appell zum Nutzen der Zeit werden Erfahrungen einer schweren Krise als Chance qualifiziert, das Evangelium des Friedens anzunehmen.

Am Ende steht nach einigen weiteren Ermahnungen die Aufforderung zum Lobpreis Gottes mit Psalmen, Hymnen und geistlichen Liedern (5,19f). Dazu gehören z.B. die Lobgesänge der Maria (Magnifikat Lk 1,46ff) und des Zacharias (Benediktus Lk 1,68ff), der Gotteshymnus in Röm 11,33-36 auf die unbegreifliche Tiefe der Weisheit, d.h. hier auf das Geheimnis des göttlichen Erbarmens (nicht die Unerforschlichkeit und Verborgenheit göttlicher Ratschlüsse in menschlichen Schicksalsschlägen), die Christushymnen in Phil 2,6-11, Kol 1,15-20 und 1 Tim 3,16, der Anfang des Hebräerbriefs (Hebr 1,1-4) und der Johannesprolog (Joh 1,1-18), aber auch die liturgischen Elemente aus dem himmlischen Gottesdienst in Offb 4f (vgl. das „neue Lied“ Offb 4,9; 14,3).

Die starke Aufforderung zu Lobpreis und Dank weist darauf hin, dass der Epheserbrief auf den Gebrauch im Gottesdienst der Gemeinde abzielt. Das Singen ist eine Frucht des Geistes, der durch die Versiegelung (in der Taufe) empfangen wird (Eph 1,13). Solche Lieder sind ein Ausdruck der Dankbarkeit (5,20). Die Dankbarkeit steht im Gegensatz zum Mehrhabenwollen der Begierde (4,22; 5,3f). Die Dankbarkeit lebt aus dem Empfangen.

Gedanken und Texte zum Nachdenken und Besprechen

- Du sehnst dich, verzehrst dich und grämst dich,
  du freust dich, besinnst dich und schämst dich,
  du fühlst in der Gier dein Herz nur noch schwerer.
  Du wolltest zu viel ergreifen, besehen;
  zum Schluss ist dein Herz nur noch leerer!
  Aber da, auf einmal, lernst du alles verstehen:
  Das Leid vergeht. Freude besteht:
  Licht durchflutet in schöner Klarheit
  deine Höhen und Tiefen – du weißt die Wahrheit.

  Vittoria Colonna

- Was würde unsere Gesellschaft besser machen, wenn ChristInnen den „neuen Menschen anziehen“?

- Aufbrechen trotz aller Bedenken
  trotz aller Schwierigkeiten
  trotz aller Barrieren
  trotz aller Drohungen
  trotz aller Gefahren

  Trotz allem unseren Weg gehen
  miteinander planen
  füreinander da sein
  glauben, dass Neues möglich wird

  Max Feigenwinter

(aus: Jeden Augenblick segnen. Segensworte für jeden Tag des Jahres. © Verlag am Eschbach der Schwabenverlag AG, Eschbach/Markgräflerland, 2008[2])

- Der Christ, die Christin ist eine neue Kreatur. Das heißt, Neues kann werden, alles muss neu werden, allerdings darf das nicht als Forderung gelesen werden. Oft hört man den Satz: „Ach wissen Sie, die Menschen ändern sich nicht.“ Dem steht dieser Text entgegen. Bei Gott gibt es keine hoffnungslosen Fälle. Er schafft die Voraussetzung zum Neuwerden. Martin Luther sprach vom täglichen „Aus-der-Taufe-Kriechen“. Auch die Offenbarung redet davon: „Siehe, ich mache alles neu.“ Das bleibt allerdings noch in der Vorläufigkeit.

- Was ist christlich – was ist unchristlich? Was kennzeichnet einen Christen, eine Christin? Ist Nichtchrist-

Sein ein Defekt? Dies Denken hat die Kirche lange befördert.

● Weißes kann man besser erkennen,
wenn man Schwarzes daneben hält.

Martin Luther

● Wir haben nunmehr vier Prinzipien der Ethik:
1. Ein philosophisches: Tue das Gute um seiner selbst willen, aus Achtung fürs Gesetz.
2. Ein religiöses: Tue es darum, weil es Gottes Wille ist, aus Liebe zu Gott.
3. Ein menschliches: Tue es, weil es deine Glückseligkeit befördert, aus Selbstliebe.
4. Ein politisches: Tue es, weil es die Wohlfahrt der großen Gesellschaft befördert, von der du ein Teil bist.

Georg Christoph Lichtenberg

● Wenn die Wahrheit bei irgend jemandem auf Erden zu finden ist, dann ganz bestimmt nicht bei den Leuten, die behaupten, sie zu besitzen.

Albert Camus

(Quelle unbekannt)

● Tritt ein! An der Kirche hängt ein Plakat: „Gott hat immer für dich Zeit." Darunter ist ein Schild befestigt: „Täglich geöffnet von 7.00 bis 20.00 Uhr."

(aus: Das große Buch des christlichen Humors, S. 64. © St. Benno-Verlag Leipzig, www.st-benno.de)

● Ethische Forderungen können, individuell betrachtet, zur Belastung werden. Wenn sie aber von einer Gemeinschaft gelebt werden, können sie hilfreich sein - wie z.B. Selbsthilfegruppen zeigen.

Bausteine zur Gestaltung

● Wer mit einem Kurzfilm einsteigen will, sei auf **Siloah – Mission der Bauernmönche** von *Matthias Hartmann* (s.u. Medienempfehlungen S. 120) hingewiesen.

● *Gestaltete Mitte:*
Auf weißen, roten, schwarzen und gelben Tüchern liegen Bilder mit Menschen in schrecklichen und schönen Lebenssituationen. Darüber wird ein Kreuz gelegt und eine Taufschale gestellt.
* Welche Gedanken und Gefühle ruft diese Mitte in Ihnen hervor?

● In Dreiergruppen werden folgende Fragen besprochen:
* Welchen Einfluss hat mein Glaube auf meine Lebensgestaltung, auf meinen Umgang mit mir selbst und mit anderen?
* Gibt es Bibelverse, die mir in diesem Zusammenhang besonders wichtig sind?

● Kleingruppen erhalten folgende Aufgaben:
* Finden Sie in Ihrer Gruppe fünf Leitsätze auf, die Ihnen für Ihr Leben und Handeln, für Ihren Umgang mit sich selbst und mit anderen Menschen wichtig sind.
* Begründen Sie, was an Ihren Leitsätzen spezifisch christlich ist.

Die Ergebnisse werden ins Plenum eingebracht. Nach dem Plenumsgespräch wird Eph 4,22 – 5,2.8-20 gelesen, und Verständnisfragen werden geklärt. Dann gehen die TeilnehmerInnen wieder mit folgenden Aufgaben in ihre Gruppen:
* Vergleichen Sie Ihre Leitsätze mit den im Text geforderten Verhaltensweisen: Welche Gemeinsamkeiten und Unterschiede entdecken Sie?
* Wie werden die im Text geforderten Verhaltensweisen begründet?
* Was meinen Sie zu den Begründungen?

● *Fragen zur Texterschließung:*
* Die Gemeindeglieder werden zu einer Veränderung ihrer Verhaltensweisen aufgefordert. Woher kommt die Kraft dazu?
* Welche Verse geben eine Begründung für die abzulegenden Verhaltensweisen?
* Was fordert der Briefschreiber von den Gemeindegliedern?
* Wie findet der Wandel „im Licht" seine praktische Bewährung?

● *Gesprächsimpulse:*
Der Briefschreiber hat sowohl den festen Glauben als auch die Erwartung, dass Menschen durch die Taufe, durch ihre Christuszugehörigkeit einerseits neue Menschen sind und andererseits auch fähig sind, sich zu erneuern, „den neuen Menschen anzuziehen".
* Wie stehen Sie zu diesem Glauben und dieser Erwartung?

● Der Verfasser des Epheserbriefs spricht in unserem Text drei Bereiche an, Geschlechtlichkeit, Besitz und die Art und Weise, mit Sprache umzugehen. Er weist darauf hin, dass das keine wertfreien Zonen sind, sondern Bewährungsfelder des Glaubens, in denen es sich zeigt, ob wir aus der Liebe Christi leben.

● „Lebt als die Kinder des Lichts" – Licht gibt es nur in Kontakt mit der Stromquelle. Um als Kinder des Lichts leben zu können, brauchen wir die Verbindung zu Gott, im Bild gesprochen, den Kontakt zur göttlichen Stromquelle – aber der kann auch aus verschiedenen Gründen unterbrochen sein.

* Wie pflege ich meine Kontakte zu Gott, und was bedeuten sie mir für meine Art und Weise, wie ich mein Leben in den verschiedenen Bereichen gestalte?

● Wer den Abend mit einer Bildbetrachtung schließen möchte, sei auf das Bild von *Susanne Ledendecker* und die Betrachtung von *Jörg Meuth* hingewiesen (s. u. S. VI).

Lieder

Wach auf, mein Herz, die Nacht ist hin	EG 114
Liebster Jesu, wir sind hier	EG 161
Das hat uns, Herr, in dir verbunden	EG 240
Einer ist's, an dem wir hangen	EG 256
Sonne der Gerechtigkeit	EG 262/GL 644
Strahlen brechen viele	EG 268
Christus ist König	EG 269
Herr, deine Güte	EG 277
Wohl denen, die da wandeln	EG 295/GL 614
Lobe den Herren, o meine Seele	EG 303
Singt das Lied der Freude über Gott	EG 305
Ich freu mich in dem Herren	EG 349
Kommt, Kinder, lasst uns gehen	EG 393
Vertraut den neuen Wegen	EG 395
Liebe, die du mich zum Bilde	EG 401
O Herr, mach mich zu einem Werkzeug	EG 416
Komm, Schöpfer Geist, kehr bei uns ein	GL 245
Nun bitten wir den Heiligen Geist	GL 248
Singet Lob, unserm Gott	GL 260
Die einen fordern Wunder	GL 548
Dank sei dir, Vater, für das ewge Leben	GL 634
Gott ruft sein Volk zusammen	GL 640

Didaktischer Entwurf zu Epheser 4,22 – 5,2.8-20

Verfasser: Paul-Ulrich Lenz / Wolfgang Baur

Thematischer Schwerpunkt

Der neue Anfang ist gemacht. Aber wie kann es gehen, dass sich das Christsein in den Alltag hinein leben lässt? Es hat einen Wechsel in den Lebensgrundlagen gegeben, und nun soll dieser Wechsel auch in den Handlungen eines Christenmenschen aufleuchten. Das schließt Abkehr von alter Lebenspraxis und Einüben neuer Praktiken ein. Anders gesagt: Weil wir als Christen neue Menschen geworden sind, können und sollen wir auch neue Wege gehen. Doch ist dieser „Wechsel" überhaupt bewusst? Können wir „zurückdenken"? Für uns als – in der Regel – schon als Kinder Getaufte gilt es, sich das Besondere des christlichen Wegs immer neu vor Augen zu führen.

Gestaltete Mitte

Schwarze und weiße Tücher liegen ineinander. Zwei Plakate, auf denen steht: „früher" und „jetzt" liegen bei der schwarzen bzw. weißen Seite.

Vorbereitung/Materialien

Filzstifte und Karton (oder Papier)-Kärtchen, von denen eine Hälfte den Satzanfang trägt:

- Früher habe ich … / bin ich …;
- (Ab) Heute … / Seit … mache ich Folgendes … / nicht mehr …

Zur Gestaltung des Abends

Liturgischer Beginn

Lied: Ich freu mich in dem Herren (EG 349)

Öffnen – Text trifft Wirklichkeit

Unser Abend kreist um das Thema: Gibt es neue Lebensanfänge, und wie verhalten sie sich zu früheren Zeiten unseres Lebens? Das Schema „Früher-jetzt" auf das eigene Leben anwenden: Auf die Kärtchen (Früher / heute) eigene Verhaltensweisen und Weichenstellungen schreiben und bei den beiden Plakaten entsprechend ablegen.

Beispiel: Früher war ich Vegetarier, jetzt esse ich von allem …

Nach dem Ablegen der Kärtchen eine kurze Beobachtungs-Runde:

* Wie verändert sich die Aussage, wenn ich sage „ab" heute … oder „seit einem Jahr …"
* Wer sagt so etwas?

* Gibt es für mich oder für Menschen, die ich kenne, solche Wendepunkte?

Begreifen – Textlektüre und Textinformation

* Den Bibeltext kurz im Zusammenhang erläutern und abschnittweise vorlesen (lassen).
* Spontan-Reaktionen: Mich berührt/betrifft/regt auf der Satz …, weil …
* Trios zu Text-Beobachtungen (Anregung: farbig unterschiedlich markieren):
  • früher – jetzt
  • Aufforderungen – Zusprüche (s. Arbeitsaufgaben im TNH)

Plenum: Die Ergebnisse werden von einem Trio in der Plenumsrunde vorgestellt und von anderen ergänzt. Informationen zur Verwendung allgemein-ethischer Vorstellungen aus der Umwelt in der Argumentation des Textes.

Mitnehmen – Mit dem Text weitergehen – Was trägt der Text aus?

Gespräch im Plenum zu den Ergebnissen:

1. Gesprächsgang: Es geht um einen Wechsel in der Lebensführung:
* Wird zu diesem Wechsel hier nur aufgefordert, oder wird auch begründet, wo die Kraft zum Wechsel herkommt?
* Wie stark empfinden wir einen moralischen Druck?
* Ist das strahlende Bild des Christseins im Text durch Klischees über die „Heiden“ erkauft?

2. Gesprächsgang:
* Was können wir in unserer volkskirchlichen Situation mit diesem Schema „früher – jetzt“; „hier die Christen – da die Heiden“ anfangen?

3. Gesprächsgang:
* Was braucht es, damit aus individualethischen Schritten eine tragfähige Lebenspraxis entsteht?
* Wo liegen die Gefahren durch steile Vorgaben einer Gemeinschaft?

Je nach Gruppensituation und Anlauf des Abends, können die drei Gesprächsgänge variabel akzentuiert werden.

Liturgischer Abschluss

* Lied: O Herr, mach mich zum Werkzeug deines Friedens (EG 416)
* Wort auf den Weg:

Ich möchte gerne so sein
wie Gott mich haben will
weil er mich so behandelt
als wäre ich schon so
Hannelore Frank

Dr. Irene Mildenberger

Predigt über Epheser 5,1-8a (Okuli 2010) im Universitätsgottesdienst in Leipzig

Liebe Brüder und Schwestern!

Ihr wart früher Finsternis; nun aber seid ihr Licht in dem Herrn.

Das ist die Zusammenfassung, die Überschrift für alles, was der Apostel uns schreibt.

Ihr wart früher Finsternis; nun aber seid ihr Licht in dem Herrn.

So folgt nun Gottes Beispiel als die geliebten Kinder.

Ihr wart früher Finsternis; nun aber seid ihr Licht in dem Herrn.

Lebt in der Liebe wie auch Christus uns geliebt hat.

Ihr wart früher Finsternis; vor eurer Taufe, damals, als ihr noch nicht Gottes geliebte Kinder wart. Als ihr noch nicht mit Christus gestorben wart, der *uns geliebt hat und hat sich selbst für uns gegeben als Gabe und Opfer.* Ja früher habt ihr noch kein Erbteil gehabt im Reich Christi und Gottes.

Nun aber seid ihr Licht in dem Herrn. Nun ist alles anders geworden. Ihr seid getauft. Nun ist klar, wo ihr hingehört, zu wem ihr gehört, wem ihr gehört. *Lebt als Kinder des Lichts. Die Frucht des Lichts ist lauter Güte und Gerechtigkeit und Wahrheit.*

Eine Taufpredigt – heute, am 3. Sonntag in der Passionszeit, vier Wochen vor Ostern. Denn die Taufe ist das heimliche Thema dieses Sonntags. Inzwischen werden es wieder immer mehr erwachsene Menschen, die sich in diesen Wochen vor Ostern auf ihre Taufe in der Osternacht vorbereiten – in vielen Kirchen der Ökumene. So wie es in der Zeit der Alten Kirche üblich war. Und da gehörte zu diesem Sonntag ein eigenes Stärkungsritual für die Taufbewerber, die Katechumenen (Auch das wird heute an manchen Orten wieder gefeiert).

Ein Gebet um die Befreiung von den Mächten der Finsternis, Salbung mit gesegnetem Öl, um als Kämpfer, als Athletin, dem Bösen widerstehen zu können. Eingeölt, damit die Finsternis, das Böse, die Götzen, der Satan, an uns abgleiten, keinen Halt finden. Und alle getauften Christen können diese Stärkung gebrauchen, denn Leben im Licht, Leben aus der Taufe, das ist ja ein lebenslanger Prozess – auch wenn wir nur einmal getauft wurden, ein für alle mal.

Früher wurde an diesem Sonntag einer der Evangelienberichte gelesen, in denen davon geredet wird, dass Jesus böse Geister austreibt. Aber auch das Evangelium, auf das wir heute hören, vom Ernst der Nachfolge, auch das zeigt uns, um was es in unserem Leben als Getaufte geht.

Ihr wart früher Finsternis; nun aber seid ihr Licht in dem Herrn.

Ein völliger Wandel im Leben, Umkehr um 180 Grad. Darum brauchen die Täuflinge ja auch die Stärkung und Unterstützung. Alles ändert sich.

In der Taufliturgie der Ostkirchen wird das deutlich: Zu Beginn steht der Täufling mit dem Priester im Eingangsbereich der Kirche. Nach Westen, zur Welt hin gewandt, dorthin, wo die Dämonen und das Böse gedacht werden, sagt er sich drei Mal los vom Satan und seinen Werken (bzw. die Paten tun das für das Kind). Dann wendet sich der Täufling um 180 Grad nach Osten, ändert die Richtung seines Lebens, macht eine völlige Kehrtwendung. Ebenfalls drei Mal unterstellt er sich Gott und Christus.

Ihr wart früher Finsternis. Wir waren den Einflüssen verschiedener Mächte und Ideologien ausgeliefert, verstrickt im falschen Leben – unsere Bekenntnisse sprechen hier von der Erbsünde, weil wir von Geburt an in solchen Zusammenhängen leben. *Nun aber seid ihr Licht in dem Herrn.* Jetzt sind wir frei, auch anders zu leben. Besser: Jetzt haben wir einen anderen Herrn, der mit uns, in uns lebt, dem wir nachfolgen. Die meisten von uns sind wohl noch als Kinder getauft, die Erfahrung dieses großen Wechsels fehlt. Aber das neue Leben bleibt Gabe und Aufgabe.

Lebt als Kinder des Lichts: Das betrifft alle Bereiche unseres Lebens. Drei davon legt uns der Apostel besonders ans Herz, drei Lebensbereiche, in denen die Finsternis schnell wieder Raum gewinnt, unser Licht verdunkelt: den Umgang mit Sexualität, mit Geld, mit Worten.

Unzucht und Unreinheit. Ich denke an lieblose Sexualität, Befriedigung auf Kosten anderer. Besonders erschreckend da, wo sie mit Gewalt verbunden ist, wo Menschen missbraucht werden. Zur Zeit hören wir viel darüber. Solche Sexualität ist nicht nur ein Problem einiger Ordensmänner. Solcher Missbrauch, solche Gewalt, die nichts mit Liebe zu tun haben, finden sich überall. Auch in unserer Universität.

Habgier, die Geld wichtiger nimmt als Menschen. Habgier, die auf Kosten anderer leben lässt, auf Kosten unserer Zukunft und der Generation nach uns, auf Kosten der natürlichen Ressourcen, auf Kosten von Gottes Schöpfung. Die weltweite Finanzkrise und auch der drohende Klimawandel stehen im Zusammenhang mit solcher Habgier, mit dem Immer-mehr-haben-Wollen. Aber wenn wir genau hinsehen, werden wir die Habgier auch in unserem Alltag entdecken ... Und wir wissen alle, was man mit lieblosen Worten anrichten kann, wie sehr wir einander damit verletzen, wie Menschen allein durch Worte gekränkt, angegriffen werden. Mobbing zum Beispiel ist ein typisches Wortgeschehen.

Von Unzucht aber und jeder Art der Unreinheit oder Habsucht soll bei euch nicht einmal die Rede sein, wie es sich für die Heiligen gehört. Auch schandbare und närrische oder lose Reden stehen euch nicht an.

Harte Worte, die deutlich machen: Es ist nicht egal, wie wir leben. Es ist nicht egal, woran und an wen wir unser Herz hängen, wovon wir abhängig sind, uns abhängig machen.

Harte Worte, denn *ihr wart früher Finsternis; nun aber seid ihr Licht in dem Herrn.* Ihr *seid* Licht, so sagt es der Apostel. Die Wirklichkeit sieht anders aus. Darum steht die Kirche seit Wochen in den Schlagzeilen. Die Wirklichkeit sieht anders aus, auch bei uns. Die Wirklichkeit sieht anders aus, sonst müsste uns der Apostel nicht warnen und mahnen. Die Wirklichkeit: Wir fallen immer wieder in die Finsternis zurück. Bei jedem, bei jeder mag sie anders aussehen, diese Finsternis.

Und doch gilt es ja weiter: Wir sind getauft. Wir sind geliebte Kinder. Mir hilft, wie Luther das zusammen sieht, wie er uns im Katechismus ermahnt und ermutigt, immer wieder zurück zu kriechen in die Taufe.

Er sagt es anschaulich, weil er uns kennt, weil er sich selbst kennt. Weil er weiß, wie hartnäckig und lebendig der alte Adam, die alte Eva, ist und wie viel Anziehungskraft die Finsternis besitzt.

Was bedeutet denn solch Wassertaufen? Es bedeutet, dass der alte Adam in uns durch tägliche Reue und Buße soll ersäuft werden und sterben mit allen Sünden und bösen Lüsten; und wiederum täglich herauskommen und auferstehen ein neuer Mensch, der in Gerechtigkeit und Reinheit vor Gott ewiglich lebe.

Ihr wart früher Finsternis; nun aber seid ihr Licht in dem Herrn.

Nicht: Ihr sollt es sein, nein: Ihr seid es. Und ihr seid Gottes geliebte Kinder.

Der Apostel sagt uns darum nicht nur, wie wir nicht leben sollen. Er stellt uns ein positives Beispiel vor Augen. Im Evangelium haben wir gehört, wie Nachfolgerinnen und Nachfolger Jesu leben. Hier bekommen wir ein noch größeres Vorbild: *So folgt nun Gottes Beispiel.* Mehr noch: Seid seine Nachahmer, seine Imitatoren, so steht es da. Seid ihr nicht ursprünglich nach seinem Bild geschaffen? Zu diesem Abbild Gottes seid ihr mit der Taufe wieder geworden.

Und weil das sehr schwer zu denken ist für uns, sehr groß, auch unanschaulich ist, darum wird auch Christus, selbst das Bild des Vaters, uns als Beispiel und Vorbild vor Augen gestellt. Er hat uns geliebt und sich für uns hingegeben.

Auch das bleibt ein großes, ein uneinholbares Vorbild. Doch versteckt in den harten Mahnungen, versteckt in dem „So nicht!“ hören wir noch einmal ein „Sondern so!“ *Auch schandbare und närrische oder lose Reden stehen euch nicht an, sondern vielmehr Danksagung.*

Danksagung – *Martin Niemöller* hat einmal von seinem Vater erzählt: Er „hat uns ... nicht mit moralischen Ratschlägen und Vorschriften großgezogen; er war ein dankbar fröhlicher Christenmensch ... Als ich als gerade Achtzehnjähriger das Elternhaus verließ, da gab er mir eine Weisung mit, und ich habe sie nie vergessen können; er sagte ganz schlicht: ‚Mein lieber Junge, freue dich an nichts, wofür du Gott nicht danken kannst!‘“ (Zitiert nach GPM 93 [2004], 195). Und wenn wir uns doch am Falschen gefreut haben? Dann kehren wir um, kommen wieder ins Licht, ans Licht. Lassen auch unsere Fehler vom Licht ans Licht bringen – wie der Dreck auf einer Scheibe dann sichtbar wird, wenn die Sonne darauf scheint. Wir lassen uns reinigen. Kommen wieder zurück zu dem, was uns in der Taufe geschenkt wurde, der Vergebung der Sünden.

Denn ihr wart früher Finsternis; nun aber seid ihr Licht in dem Herrn. Amen.

VII Epheser 6,10-24

Hellwach und gestärkt

Auslegung

Nach den Haustafeln (5,21–6,9) wird in 6,10 der Briefschluss eingeleitet: „Zuletzt, schließlich, im Übrigen ...“ Am Ende werden noch einmal die wichtigsten Leitworte in Erinnerung gerufen: „Wahrheit“ (1,13; 4,15.24.25; 6,14), „Gerechtigkeit“ (4,24; 5,9; 6,14), „Glaube“ (1,15; 2,8, 3,12, 4,5.13; 6,16.23), „Geist“ (14 Mal), „Wort Gottes“ (1,13; 5,26; 6,17) und vor allem das „Evangelium des Friedens“ (6,15) als Kurzformel für die Botschaft des ganzen Schreibens (1,2; 2,14.15.17; 4,3; 6,23). Der Schlussteil gliedert sich in:

V 10-17 Der Kampf des Glaubens
V 18-20 Die Aufforderung zur Fürbitte
V 21-22 Die Tychikus-Notiz
V 23 Der Schlusssegen

1. Die Waffenrüstung Gottes (6,10-17)

Der Abschnitt ist durch das Bild von der Waffenrüstung Gottes bestimmt. Für das Verständnis ist bedeutsam, dass die Ausdrucksweise zwar konkret an die Ausrüstung eines römischen Legionärs denken lässt, das ganze Motivfeld in seiner theologischen Bedeutung aber durch alttestamentliche Wendungen geprägt ist, die die Waffenmetaphorik mit Gott bzw. dem Messias verbinden (Jes 11,4f; 49,2; 59,17; Weish 5,18-21).

Vor dem inneren Auge entsteht zunächst das Bild eines bewaffneten Fußsoldaten. Die Vollrüstung besteht aus sechs Teilen: Gürtel, Panzer, Schuhe, Schild, Helm und Schwert. Das klingt für heutige Ohren martialisch, kriegerisch und abstoßend. Es ist aber zu beachten, dass die Waffen in der Schlussparänese des Epheserbriefs nicht dem Angriff dienen, sondern dem Schutz und der Verteidigung. Die einzige Angriffswaffe ist das Schwert, das aber mit dem Wort Gottes gleichgesetzt wird (6,17). Dafür fehlen Lanze, Speer, Pfeil und Bogen, Schleuder oder Kriegswagen. Außerdem wird durch die Hinzufügung von Genitiven inhaltlich präzisiert, was es zu schützen und zu bewahren gilt: die Gerechtigkeit (6,14), den Glauben (6,16) und das Heil (6,17).

Beim Bild von der Waffenrüstung Gottes geht es um die Militia Christi als metaphorische Umschreibung für das Leben der Christen in dieser Welt und die Abwehr dessen, was das Christsein gefährdet.

Inspiriert sind die einzelnen Wendungen von alttestamentlich-jüdischen Aussagen, vor allem aus dem Propheten Jesaja (11,4f; 49,2; 52,7; 59,17) und der Weisheit Salomos (Weish 5,18-21). Bereits Paulus sprach vom „Panzer des Glaubens und der Liebe“ sowie vom „Helm der Hoffnung auf das Heil“ (1 Thess 5,8).

War in den alttestamentlichen Zusammenhängen von den Waffen Gottes (Jes 59,17; Weish 5,18-21) und des Messias (Jes 11,4f; 49,2) die Rede, so wird das Bild von der Waffenrüstung in Eph 6 paränetisch genutzt und auf die christliche Existenz übertragen. Die Aufforderungen, die Waffenrüstung Gottes anzuziehen (6,11; vgl. 6,14 sowie „aufnehmen, ergreifen“, „umgürten“ und „nehmen“ in 6,13.16.17), erinnern an das Bild vom Anziehen des neuen Menschen (4,24), mit dem die individualethische Paränese eröffnet wurde. Was dort zum Verständnis der Gewandmetaphorik und zum Anziehen neuer Kleidung gesagt wurde, ist auch beim Anlegen der geistlichen Waffenrüstung in der Schlussparänese zu bedenken (s.o.).

Die Rede vom „Panzer der Gerechtigkeit“ (Eph 6,14) erinnert an die Aussage über Gott in Jes 59,17 (vgl. Weish 5,19): „Er zieht Gerechtigkeit an wie einen Panzer und setzt den Helm des Heils auf sein Haupt.“ Auch dass die Lenden mit Wahrheit umgürtet sind (Eph 6,14), spielt auf die Verheißung des messianischen Königs in Jes 11,5 an: „Gerechtigkeit wird der Gurt seiner Lenden sein und die Treue (= Wahrheit) der Gurt seiner Hüften.“ Die „Gerechtigkeit“ ist ein Hauptbegriff der paulinischen Lehre von der Rechtfertigung des Sünders durch Gott (vgl. Röm 1,17; 3,21ff), die in Eph 2,8f aber ohne dies Wortfeld zusammengefasst wird: „Denn aus Gnade seid ihr selig geworden (= gerettet worden) durch Glauben, und das nicht aus euch: Gottes Gabe ist es, nicht aus Werken, damit sich nicht jemand rühme." Als Konsequenz dieser Rechtfertigungs-, Rettungs- und Heilserfahrung werden anschließend in Eph 2,10 „die guten Werke" hervorgehoben, zu denen die Christen geschaffen sind. So wird auch der Begriff der Gerechtigkeit im Epheserbrief nur in paränetischen Passagen und nur in diesem Sinn für die guten Werke der Christen verwendet. In 4,24 wird die Gerechtigkeit als Kennzeichen des neuen Menschen erwähnt, der (sc. durch die Taufe) in Christus neu geschaffen wurde. In 5,9 erscheint die Gerechtigkeit als „Frucht des Lichts" neben Güte und Wahrheit. „Gerechtigkeit" und „Wahrheit" werden im Epheserbrief wiederholt im selben Atemzug genannt (4,24; 5,9, 6,14).

Die Wahrheit liegt „in Jesus" begründet (4,21), meint hier im ethischen Kontext der Paränese aber die Tugend der Wahrhaftigkeit, Aufrichtigkeit und Zuverlässigkeit (vgl. 4,15.24). Welcher Art Gerechtigkeit und Wahrhaftigkeit sind, wird in den Pflichten gegenüber den Nächsten näher ausgeführt (4,25-32) und mit Begierden, Lug und Trug (4,22.25) sowie den Lastern der Unzucht und Habgier kontrastiert (5,3-5).

Eine alttestamentliche Anspielung enthält auch das Bild von den Füßen, die mit Stiefeln oder Sandalen bekleidet sind, d.h. bereit stehen, für das Evangelium des Friedens einzutreten (Eph 6,15). Im Hintergrund steht Jes 52,7 (vgl. Nah 2,1):

„Wie lieblich sind auf den Bergen die Füße der Freudenboten, die da Frieden verkündigen, Gutes predigen, Heil verkündigen, die da sagen zu Zion: Dein Gott ist König!" Inhalt der guten Nachricht vom Frieden ist im Epheserbrief Christus (Eph 2,14; vgl. Apg 10,36), weil er durch seine Lebenshingabe zwischen den verfeindeten Menschengruppen Versöhnung gestiftet sowie das Evangelium des Friedens zwischen Menschen und mit Gott verkündigt hat (s.o. zu 2,14-18). Die Herrschaft Christi sieht anders aus als die Pax romana, die die römischen Legionäre ausbreiten. Denn als deren Gefangener liegt Paulus in Ketten (3,1; 4,1; 6,20), während er den Frieden Christi verkündet (2,14-17; 6,15).

Beim „Schild des Glaubens" (Eph 6,16) ist an den viereckigen Langschild zu denken, der den ganzen Mann decken und die Pfeile des Bösen abhalten soll. Der Glaube ist im Epheserbrief „der Glaube an den Herrn Jesus" (1,15; vgl. 3,12), „der Glaube und die Erkenntnis des Sohnes Gottes" (4,13). Als der eine Herr ist Jesus Inhalt und Gegenstand des einen Glaubens (4,5). Durch diesen Glauben sind die Christen gerettet (2,8). Der Schild des Glaubens schützt vor den feurigen Pfeilen der Angreifer. Die Brandpfeile (Eph 6,16) stammen nicht aus der Hand von

Herr,
wir möchten dich heute nicht so sehr um etwas bitten. Wir wollen diesmal nicht etwas von dir bekommen und sagen deshalb auch nicht: „Gib uns dies und das!" Sondern wir beten zu dir, dass du unsere Augen für das öffnest, was du uns schon längst geschenkt hast. Wir übersehen an uns selber und in unserer Welt vieles, wofür wir dir dankbar sein können. Über manche Fähigkeiten bei uns wissen wir gar nichts. Für das, was wir übersehen haben, und für die glücklichen Augenblicke in unserem Alltag sagen wir dir Dank. Nimm unsere einfachen Worte als den Versuch, dich zu preisen. Amen.

Johannes Degen *(Quelle unbekannt)*

Menschen, sondern von dem „Bösen". Gemeint sind „die arglistigen Anschläge des Teufels" (6,11; vgl. 4,27). Der Teufel ist der Herrscher dieser Welt, d.h. des gegenwärtigen, alten, bösen Äons (1,21; 2,2; vgl. Gal 1,4). Ähnlich wie Gott über einen Hofstaat mit Engeln und Geistern verfügt, herrscht auch dessen Widersacher, der Teufel, mit seinen Mächten und Gewalten (Eph 1,21; 2,2; 3,10).

Im Gegensatz zu Gott, stehen dem Teufel aber nur „böse Geister" (6,12) zu Gebote. Er ist die Ursache für schlimme Zeiten (5,16; 6,13). Sein Herrschaftsbereich ist diese Finsternis (6,11f; vgl. 5,8.11), die mit diesem gegenwärtigen bösen Äon zusammenfällt (1,21; vgl. Gal 1,4). So ist der Teufel in diesen bösen Tagen (Eph 5,16; 6,13) in den Kindern des Ungehorsams (2,2; 5,6) am Werk. Darum sollen die Gläubigen dem Teufel keinen Raum geben (4,27). Mit dem Schild des Glaubens werden die Glaubenden aufgefordert, dem Teufel Widerstand zu leisten, seine Versuchungen und Anfechtungen abzuwehren, seine Angriffe abprallen zu lassen.

Das Bild vom „Helm des Heils (= Rettung)" (Eph 6,17; vgl. Jes 59,17; 1 Thess 5,8) erinnert an das Wort der Wahrheit, nämlich das Evangelium von der Seligkeit (= Rettung) in der Briefeingangseulogie (1,13). Mit dem Hinweis auf das Heil werden alle Errettungs- (2,5.8), Erlösungs- (1,7.14; 4,30), Vergebungs- (1,7) und Heilsaussagen des Epheserbriefs zusammengefasst.

Die Aussagen des Epheserbriefs zeigen, dass es nicht um einen Kampf mit anderen Menschen (6,12: „mit Fleisch und Blut"), sondern um den endzeitlichen Kampf zwischen Gott und dem Teufel geht. Auch die „Weltherrscher dieser Finsternis" sind keine irdischen Machthaber, sondern die bösen Geister in den höchsten Himmeln, d.h. überirdische, widergöttliche, dämonische Mächte (6,12), die Christus eigentlich schon besiegt hat (1,21f; 4,10). Das Leben der Christen ist der Austragungsort dieses endzeitlichen Kampfs zwischen Gott und den bösen Geistern bzw. Mächten des Teufels. In diesem Kampf sollen die Gläubigen sich gegen die feurigen Pfeile des Teufels schützen, indem sie die Waffenrüstung Gottes anlegen.

Die Waffen- und Kampfesmetaphorik ist stark traditionell von der dualistischen Weltsicht der jüdischen Apokalyptik geprägt, wie sie aus dem Kampf zwischen den Söhnen des Lichts und der Finsternis in Qumran geläufig ist (1QM u.ö.). Dasselbe Gegenüber war im Epheserbrief schon bei dem Herrscher dieser Welt, den Söhnen des Ungehorsams und des Zorns (Eph 2,2f; 5,6) sowie den Kindern des Lichts und den Werken der Finsternis begegnet (Eph 5,8.11; vgl. Röm 13,12).

Eine direkte Bezugnahme auf konkrete gesellschaftliche Verhältnisse ist in Eph 6 nicht zu erkennen. Erfahrungen sozialer oder politischer Anfeindung und Verfolgung werden eher in anderen Schriften des Neuen Testaments thematisiert wie 1. Petrusbrief (4,14.16), Hebräerbrief (10,32-36) oder Johannesoffenbarung (2,10.13; 3,10; 6,11). Dass Christen durch ihr Christsein mit der Gesellschaft in Konflikt geraten, zeigt sich im Epheserbrief nicht in Verfolgungserfahrungen, sondern ist hier eher eine Frage der ethischen Lebensführung, in der Christen sich von der heidnischen Umwelt unterscheiden (2,1-3; 4,17-19; 5,3-8.11).

Die einzige Angriffswaffe ist das Schwert (vgl. Jes 49,2), aber es wird zum „Schwert des Geistes" spiritualisiert und mit dem „Wort Gottes" (6,17; vgl. Hebr 4,12) identifiziert. In der Sache handelt es sich um nichts anderes als „das Evangelium des Friedens" (6,15), das im Zentrum der Botschaft steht (s.o. zu 2,14-18) und den Epheserbrief wie ein roter Faden durchzieht (1,2; 2,14.15.17; 4,3; 6,23).

Zu dieser Eigenart der Waffenrüstung Gottes passen auch die Ausdrücke der Kraft und Glaubensstärke. Wiederum geht es nicht um die Stoßkraft oder Vernichtungsmacht eines Angreifers, sondern um die Widerstandskraft der Gläubigen, dass sie am bösen Tag widerstehen, standhalten und bestehen können (6,11.13). Die Widerstandskraft, Beständigkeit und Standfestigkeit beruht auf dem Glauben, der in der Liebe Christi gegründet und verwurzelt ist (3,17). So erinnert die Aufforderung „So steht nun fest" (6,14) an die paulinischen Aufforderungen: „Wachet, steht im Glauben, seid mutig und stark!" (1 Kor 16,13). Sie sollen im Glauben (1 Kor 16,13) stehen, im Evangelium (1 Kor 15,1), im Herrn (Phil 4,1), im einen Geist (Phil 1,27), damit sie nicht straucheln, stolpern und zu Fall zu kommen, sondern bestehen bleiben.

Die auffällige Häufung der Kraftbegriffe könnte auch auf besondere Erfahrungen der Schwachheit und Ohnmacht im Glauben hindeuten, die nach den enthusiastischen Aufbrüchen der Anfangszeit in der zweiten Generation immer mehr zum Problem werden. Im Matthäusevangelium werden Erfahrungen von Kleinglaube (Mt 6,30; 8,26; 14,31; 16,8; 17,20) und Zweifel (14,31; 28,17) verstärkt angesprochen.

Der Hebräerbrief wendet sich gegen Glaubensmüdigkeit (5,11f; 6,12; 12,3.12f) und Abfall (3,12; 6,6; 10,25-29). Und in der Johannesoffenbarung sollen Gemeinden gestärkt werden, die in ihrem Glauben und in ihren Werken lau geworden sind (Offb 3,2.16ff).

Angesichts dieser inneren Bedrohung bedarf es nicht einfach menschlicher Kräfte, sondern der Waffenrüstung Gottes, mit der Gott die Gläubigen schützt und bewahrt. Das Bild vom Anlegen dieser Waffen (Eph 6,13) knüpft an die Aufforderung an, den neuen Menschen anzuziehen (4,24). Ebenso hatte auch Paulus schon die Waffen- und Gewandmetaphorik in seiner Paränese als Bilder für die Existenz und Lebensführung der Getauften miteinander verbunden (Röm 13,12-14): „Die Nacht ist vorgerückt, der Tag aber nahe herbeigekommen. So lasst uns ablegen die Werke der Finsternis und anlegen die Waffen des Lichts ... Zieht an den Herrn Jesus Christus."

2. Die Fürbitte (6,18-20)

Die Paränese schließt mit einer Aufforderung zur Fürbitte für alle Gläubigen und für den Apostel (6,18-20). Indem das Gebet „im Geist" geschieht, erscheint das Gebet als letzte Waffe des Geistes (6,17). Die wechselseitige Fürbitte ist eine Erfahrung der Gemeinschaft im Geist sowie der Zusammengehörigkeit im Leib Christi (4,4). So wird das Gebet für einander zu einer Ausdrucksform ökumenischer Einheit. In besonderer Weise gilt die Fürbitte dem Apostel, der „in Ketten" liegt (6,20; vgl. 3,1; 4,1). Gegenstand der Fürbitte ist aber nicht mehr das Freikommen aus dem Gefängnis, sondern das Freiwerden des Mundes, um das Geheimnis des Evangeliums „in Freimut" zu verkündigen (Eph 6,17). Die Abfassungssituation in der Gefangenschaft verstärkt die Glaubwürdigkeit des Zeugnisses.

3. Die Tychikus-Notiz (6,21-22)

Der Hinweis auf Tychikus (6,21f) ist ein pseudepigrafisches Stilmittel, um dem Schreiben eine persönliche Note zu verleihen. Tychikus wird als „geliebter Bruder" bezeichnet. Dieser Ausdruck weist auf die familiäre Zusammengehörigkeit der Glaubenden als „Familia Dei" (vgl. 5,1 Gottes geliebte Kinder). Dass er ein „treuer Diener im Herrn" ist, kennzeichnet ihn als Mitarbeiter am Leib Christi, d.h. in der Kirche. Zugleich ruft dieser Hinweis in Erinnerung, dass Paulus nicht als Einzelkämpfer gewirkt hat, sondern stets in enger Verbundenheit mit anderen Mitarbeitern. Wenn Tychikus die Adressaten trösten, ermutigen, ermahnen soll (parakaleín), soll er dasselbe tun, was im Epheserbrief der Apostel selber mit seiner Paränese (4,1) getan hat, die ihrerseits eng mit dem lehrhaften ersten Hauptteil verzahnt ist.

4. Der Schlusssegen (6,23-24)

Der Schlusssegen orientiert sich an den Briefen des Apostels, weist aber Veränderungen auf, die für die Abfassungssituation des Epheserbriefs aufschlussreich sind. Im Epheserbrief ist der Segen nicht wie bei Paulus in direkter Anrede an die Gemeinde in der zweiten Person („mit euch") gerichtet (1 Thess 5,28 u.ö.), sondern er gilt – dem Charakter eines Rundschreibens entsprechend, allgemeiner in der dritten Person formuliert – „den Brüdern" und „allen, die unseren Herrn ... lieben" (Eph 6,23f).

Außerdem hat Paulus stets mit einem Gnadenwunsch geschlossen (1 Thess 5,28 u.ö.), Friedenswünsche hingegen nur an manchen Stellen zum Briefende hin eingestreut (Röm 15,33 u.ö). Der Verfasser des Epheserbriefs kombiniert beide, wie er auch schon Eingangseulogie und Eingangsdanksagung nebeneinander gestellt hatte (vgl. 1 Kor 1,4 mit 2 Kor 1,3).

Inhaltlich rekapituliert der Friedensgruß (Eph 6,15) das Evangelium des Friedens (2,14-17; 4,3) und die Liebe (1,4; 2,4; 5,2.25) als zentrale Inhalte des ganzen Briefs. Auch der Gnadenwunsch ist verallgemeinert und wendet sich an „alle, die den Herrn lieben," d.h. ähnlich wie der Gnadengruß in der Anschrift (1,1f) an alle Gläubigen. Die Schlussworte „in Unvergänglichkeit" sind eine hellenisierte Version der Ewigkeitsformel.

Wie klug doch die Leute reden,
wenn sie die Erfahrung
ihres Lebens preisgeben:
Die Welt ist schlecht, sagen sie,
böse und selbstgerecht,
jeder denkt nur an sich selbst,
an Sicherungen, an seinen Vorteil;
denn heute ist heute,
noch ist nicht aller Tage Abend ...

Was aber aus dieser Welt
werden soll –
daran denken sie nicht!
Ihre Hoffnung ist klein.
Sie haben vergessen,
dass es eine Rettung
nur für die ganze Welt gibt:
Christus hat sich angesagt.

Christa Weiss

(Quelle unbekannt)

Gedanken und Texte zum Nachdenken und Besprechen

● herr stärke unsern glauben dann,
wenn zweifel uns berennen.
wenn mancher dich nicht rufen kann,
wenn mancher dich nicht finden kann:
herr, gib dich zu erkennen.

herr, stärke unsern glauben jetzt,
wenn uns gewalten hindern.
wer für dich wird verfolgt, gehetzt,
an leib und seele wird verletzt,
gehört zu deinen kindern.

herr, stärke unsern glauben fort,
wenn uns der tod berühret,
wenn wir uns fürchten, auf dein wort,
zu dir zu kommen, an den ort,
zu dem der glaube führet.

Josef Reding

(aus: Nennt sie beim Namen – Asphaltgebete. Verlag Herder, Freiburg 1986)

● „Wenn ihr aber euren gerechten Kampf fortführt, so seid immer sicher, dass ihr mit christlichen Waffen und auf christliche Weise streitet. Seid besorgt, dass die Mittel, die ihr gebraucht, so rein sind wie die Ziele, die ihr erstrebt. Seid niemals verbittert. Wenn ihr der Gerechtigkeit zustrebt, so tut es mit Würde und mit Disziplin. Gebraucht die Liebe als wichtigste Waffe. Lasst euch von keinem Menschen so sehr erniedrigen, dass ihr ihn hasst. Meidet stets die Gewalt. Wenn ihr in eurem Kampf die Saat der Gewalt ausstreut, so werden ungeborene Generationen den Sturm einer zerfallenden Gesellschaft ernten" (*Martin Luther King*, zitiert nach *Anneliese Vahl*: Martin Luther King. Stationen auf dem Wege, 1970^2, S. 152).

● Literatur, Filme, Internet – das sind virtuelle Welten. Viele Menschen kennen das Böse aus eigener Erfahrung (Erdbeben, Mobbing, Amoklauf von Winnenden ...). Im Text geht es nicht in erster Linie um menschliche Gewalt, es geht um „Mächte und Gewalten".

Aber Menschen können die Inkarnation des Bösen sein; zum Beispiel die grauen Männer in Michael Endes „Momo". Böse ist, wer Böses tut. Das kann nicht durch Analysen und durch Aufklärung gelöst werden. Da stoßen wir an Grenzen.

● Dennoch: Ich werde trotz allem Kummer, aller Schmerzen nicht aufgeben, sondern kämpfen! Ich werde meine irdische Hinfälligkeit nicht einfach hinnehmen, ich will mich ihr entgegenstellen. Ich werde mein Mark, mein Fleisch und mein Blut durch die Weisheit der Geduld besänftigen, mich gegen alle Unbill verteidigen mit der Stärke des Löwen und der List der Schlange.

Hildegard von Bingen

● Wie können wir uns schützen gegen das Böse, gegen Mobbing, gegen Ausbeutung? Könnte der „Helm des Heils" sein, dass wir das Böse erst mal benennen? Gegen „feurige Pfeile des Bösen" könnte helfen, dass ich nicht kolportiere („Bei mir fällt böses Nachreden wie in ein Grab"). Aber auch Gerüchte machen etwas mit mir in der Seele.

● In einem Harry Potter-Buch heißt der letzte Satz „Und es war alles gut." Bei Harry Potter wollen die Guten gar nicht kämpfen (auch bei Star wars nicht). Sie müssen dazu gezwungen werden und tun es nur notgedrungen. Den Kampf beginnen immer die Bösen. Siehe auch die Tatort-Krimis: Es gibt nur wenige, wo die Bösen nicht gestraft („eingebuchtet") werden. Und das ist immer unbefriedigend.

● Hier bin ich:
im Gewirr der Worte,
im Spiel der Hände,
im Aufschrei des Lachens,
im Drängen der Fragen,
im Fluchtmaß der Schritte.
Bleib!
Sei ohne Arg.
Siehe, wie schwach ich bin.
Nur wenn du rufst,
bin ich stark,
so stark
wie du möchtest.

Lisa Stromszky

(aus: Lyrik heute. Edition L, Loßburg 1988)

● „Die mit der „Waffenrüstung Gottes" genannten Gegenstände gehören – äußerlich gesehen – in ein Museum. Mit ihnen kann sich ein Soldat heute kaum noch wirksam schützen oder verteidigen. Und doch: Diese Gegenstände der „Waffenrüstung Gottes" könnten sinnentsprechend die unzähligen Kerzen während der Friedensgebete und Demonstrationen bis zur „DDR-Wende" gewesen sein. Mit diesen Kerzen und mit diesen Gebeten (V 18) – beides gehörte untrennbar zusammen! – ließ sich das Feld behalten und sogar ein ganzer Staat überwinden. Der letzte Präsident der DDR-Volkskammer vor der Wende, Horst Sindermann, brachte die Kraft dieses geistlich geführten Widerstands mit einem einzigen Satz auf den Punkt: „Wir haben an alles gedacht – nur nicht an Kerzen und Gebete."

● Es stärke dich Gott
das Richtige zu tun
gegen alle Stimmen
von rechts und von links
säuselnd oder drohend

aufzurichten
was zerstoßen ward
von dunklen Mächten
gegen das Lachen
der Spötter

Neues zu wagen
trotz blutender Hände
auszusprechen
was gefährlich ist
und schweigend zu warten
wo die Menge drängt

gegen das Verzagen
das Trotzdem zu setzen
und unbeirrt
das Rechte zu tun
das Er dir zeigt

Wilma Klevinghaus

(aus: Jeden Augenblick segnen. Verlag am Eschbach, Eschbach 2005. © *Wilma Klevinghaus*)

● „Wer hält stand? Allein der, dem nicht seine Vernunft, sein Prinzip, sein Gewissen, seine Freiheit, seine Tugend der letzte Maßstab ist, sondern der dies alles zu opfern bereit ist, wenn er im Glauben und in alleiniger Bindung an Gott zu gehorsamer und verantwortlicher Tat gerufen ist, der Verantwortliche, dessen Leben nichts sein will als eine Antwort auf Gottes Frage und Ruf. Wo sind diese Verantwortlichen?" (*Dietrich Bonhoeffer:* Widerstand und Ergebung. Briefe und Aufzeichnungen aus der Haft, *hrsg. von Eberhard Bethge*, 1977[2], S. 14).

Bausteine zur Gestaltung

● Wer mit einem Kurzfilm einsteigen will, sei auf **Stille Post** von *Oliver Rauch* (s.u. Medienempfehlungen S. 120) hingewiesen.

● *Gestaltete Mitte:*
Auf ineinander geschlungenen schwarzen und gelben Tüchern liegt in der Mitte ein Papierstreifen mit dem Stichwort „Anfechtungen" und darüber ein Kreuz. Die TeilnehmerInnen erhalten A5 Karten und schreiben darauf stichwortartig ihre Einfälle zu Anfechtungen (für jedes Wort eine Karte). Die beschriebenen Karten werden in die Mitte gelegt.
Die TeilnehmerInnen finden sich in Kleingruppen zusammen und suchen sich drei Stichworte aus der gestalteten Mitte aus.
* Wie gehe ich mit diesen Anfechtungen um?
* Wer oder was hilft mir dabei?

Die Antworten zu der letzten Frage werden auf eine A5 Karte geschrieben und nach dem Plenumsgespräch in die gestaltete Mitte gelegt.

● Im Plenum oder in Kleingruppen wird nachgedacht über: Das Böse kann man abwehren, man kann es ertragen, und man kann fliehen.
* Was verbinde ich mit „dem Bösen" (innerlich und äußerlich)?
* Wo erfahre ich die Macht des Bösen?
* Wer oder was hilft mir, damit umzugehen?

● In Einzelbesinnung bedenken die TeilnehmerInnen zunächst die folgenden Fragen für sich:
* Welchen Stellenwert hat das Gebet, die Fürbitte in meinem Glaubensleben?
* Wofür bete ich?

Die Antworten werden ins Plenum eingebracht und besprochen.

● Eph 6,10-24 wird im Plenum laut vorgelesen. Danach erhalten die TeilnehmerInnen Zeit, für sich folgende Fragen zu überlegen:
* Mit welchen Aussagen kann ich nichts anfangen?
* Welche Aussagen sind mir für meinen Glauben hilfreich? Warum?
* Welche Aussagen bringen mich ins Nachdenken?

Danach erfolgt ein Austausch in Kleingruppen oder im Plenum.

● *Fragen zur Texterschließung:*
Die Wendung „Panzer der Gerechtigkeit" (Eph 6,14) erinnert an Jes 59,17 und Jes 11,5.
* Was bedeutet das für das Verständnis von „Panzer der Gerechtigkeit"?
* Lesen Sie zum Stichwort Gerechtigkeit Eph 4,24 und 5,9. Was ergibt sich daraus für das Verständnis von Gerechtigkeit?

Das Bild von den Füßen, die mit Stiefeln oder Sandalen bekleidet sind, das heißt, bereit, für das Evangelium des Friedens einzutreten (Eph 6,15), spielt auf Jes 52,7 an (vgl. auch Jes 9,4).
* Wie wirkt sich die Anspielung auf die Deutung des Bilds aus?
* Lesen Sie zum Stichwort Frieden Eph 2,14-18. Was ergibt sich daraus für das Verständnis von Frieden?

„Schild des Glaubens" (Eph 6,16):
* Lesen Sie zum Stichwort Glauben Eph 1,15 (vgl. 3,12); 4,13; 4,5 und 2,8. Was ergibt sich daraus für das Verständnis von Glauben? Wozu befähigt er?

„Helm des Heils (= Rettung)" (Eph 6,17):
* Lesen Sie zum Stichwort Helm des Heils (Rettung) Eph 1,13; 2,5.8; 1,7.14; 4,30. Was ergibt sich daraus für das Verständnis von Heil, Rettung?

„Schwert des Geistes" (6,17):
* Worin unterscheidet sich dieser Begriff von den anderen militärischen Ausdrücken?
* Womit wird das Schwert identifiziert?
* Auf welche Gemeindesituation geht Ihrer Meinung nach der Briefschreiber in Eph 6,10-17 ein? Wozu will er die Gemeindeglieder ermutigen und befähigen?
* Welchen Stellenwert hat das Gebet im Zusammenhang von Eph 6,10-24?
* Was soll die Fürbitte bewirken?

● *Gesprächsimpulse:*
Die TeilnehmerInnen erhalten eine Karte mit folgenden Bonhoeffer-Zitaten:
„Ich glaube, dass Gott uns in jeder Notlage soviel Widerstandskraft geben will, wie wir brauchen. Aber er gibt sie nicht im Voraus, damit wir uns nicht auf uns selbst, sondern allein auf ihn verlassen."
„Ich glaube, dass Gott kein zeitloses Fatum ist, sondern dass er auf aufrichtige Gebete und verantwortliche Taten wartet und antwortet" (*Dietrich Bonhoef-*

fer: Widerstand und Ergebung. Briefe und Aufzeichnungen aus der Haft, *hrsg. von Eberhard Bethge*, 1977[4], S. 20f).
* Wie stehen Sie zu diesen Aussagen?
* Was korrespondiert mit Ihren Erfahrungen?

● Wer den Abend mit einer Bildbetrachtung schließen möchte, sei auf das Bild von *Susanne Ledendecker* und die Betrachtung von *Jörg Meuth* hingewiesen (s. u. S. VII).

Lieder

Herr, mach uns stark	EG 154
Du hast mich, Herr, zu dir gerufen	EG 210
Sonne der Gerechtigkeit	EG 262/GL 644
Sonne der Gerechtigkeit	EG 263
Ist Gott für mich, so trete	EG 351
Befiehl du deine Wege	EG 361
Es mag sein, dass alles fällt	EG 378
Jesu, meine Freude	EG 396
Ein feste Burg ist unser Gott	EG 362
Dass Jesus siegt, bleibt ewig ausgemacht	EG 375
Zieh an die Macht	EG 377/GL 304
Ich steh vor dir mit leeren Händen	EG 382/GL 621
„Mir nach", spricht Christus	EG 385/GL 616
Was Gott tut, das ist wohlgetan	EG 372/GL 294
Hilf, Herr meines Lebens	EG 419/GL 622
Herr, deine Güt ist unbegrenzt	GL 289
Alles meinem Gott zu Ehren	GL 615
Dank sei dir, Vater, für das ewge Leben	GL 634

Didaktischer Entwurf zu Epheser 6,10-24

Verfasserin: Dr. Katharina Wiefel-Jenner

Thematischer Schwerpunkt

Zu den Grunderfahrungen des Lebens als Christinnen und Christen gehört es, immer wieder in Schwierigkeiten zu geraten. Der Glaube an Jesus Christus führt geradezu zwangsläufig dazu, angefeindet zu werden. Je nach den äußeren Gegebenheiten, erleben Glaubende Spott, Ablehnung, Ausgrenzung oder sogar tödliche Bedrohung. Der Abschnitt aus dem Brief an die Epheser ist eine Art Leitfaden für die Gemeinde und den Einzelnen, um in den Anfeindungen dem Glauben und sich selbst treu zu bleiben.

Gestaltete Mitte

Ein Tuch/eine Decke liegt in der Mitte, darauf steht eine Kerze.

Vorbereitung/Materialien

DIN A4 große Blätter mit kurzen Berichten oder Meldungen über Angriffe gegen christliche Gemeinden hängen an den Wänden oder liegen auf dem Boden. Aktuelle Meldungen sind gut über eine Internetsuche zu finden. Das Stichwort: „Christenverfolgung" führt bei allen bekannten Suchmaschinen zu einer ausreichend langen Trefferliste (Auf den Wikipedia-Artikel sollte man dabei jedoch nur bedingt zurückgreifen). Außerdem finden sich auf der Internetseite der EKD im Zusammenhang mit dem Fürbittsonntag für verfolgte und bedrängte Christen Hinweise: http://www.ekd.de/aktuell_presse/news_2010_01_27_1_fuerbitte_verfolgte_bedraengte_christen.html
Auf einem weiteren Blatt ist die Liste mit den 10 Kennzeichen von Mobbing ausgelegt bzw. aufgehängt.
Für das zweite Gruppengespräch sind Blätter mit Materialien von ACAT – Aktion der Christen für die Abschaffung der Folter (http://www.acat-deutschland.de/Gebet.html) und IGFM – Internationale Gesellschaft für Menschenrechte (http://www.igfm.de/Verfolgte-Christenaktuell.1087.0.html) vorbereitet.
Papier und Stifte.

Zur Gestaltung des Abends

Liturgischer Beginn

Lied: Jesu, meine Freude EG 396,1-3

> Am Anfang, ganz am Anfang,
> als alles noch dunkel war,

sprach Gott: Es werde Licht.
Stille
Und es ward Licht.
Eine Kerze wird entzündet.

Am Anfang,
als alles noch lautlos war,
war das Wort bei Gott.
Stille
Und was Gott war, war das Wort.
Eine Bibel wird geöffnet in die Mitte gelegt.
Als die Zeit erfüllt war,
sandte Gott seinen Sohn.
Stille
Er kam zu uns. Er wurde einer von uns.
Ein Kreuz wird hingelegt.

Am Anfang sammeln wir uns um
Gottes Licht, Wort und Kreuz.

Öffnen – Text trifft Wirklichkeit
Ein oder zwei Zeitungsausschnitte mit Meldungen über Gewalt gegen christliche Gemeinden sowie die Kennzeichen von Mobbing werden vorgelesen (s. TNH).
Die TeilnehmerInnen bedenken in der Stille:
* Ich versetze mich in die Lage der verfolgten Christinnen und Christen und in die von Gemobbten.
* Ich stelle mir vor, wie es mir ergehen würde und überlege, wie ich mich verhalten würde.

Begreifen – Textlektüre und Textinformation
In den Bibeltext kurz einführen und ihn vorlesen (lassen). Erläuterungen zur Verfolgung der christlichen Gemeinde im Römischen Reich am Ende des 1. Jahrhunderts.
Kurze Erläuterung zur Ausrüstung eines römischen Legionärs.
Gespräch in Kleingruppen. Jeweils eine Gruppe zu einem Teil der Waffenrüstung:
* Umgürten mit Wahrheit
* Brustpanzer der Gerechtigkeit
* Stiefel für den Weg des Friedens
* Schild des Glaubens gegen die Pfeile des Bösen
* Helm des Heils
* Schwert des Geistes

Zu dem jeweiligen Stichwort werden in den Gruppen folgende Fragen bedacht:
* Welche Funktion hat die Ausrüstung?
* Wie wurde der jeweilige Ausrüstungsteil eingesetzt?
* Wie schützt die geistliche Waffenrüstung, damals und heute?
* Wovor kann sie schützen, damals und heute?
* Worin unterscheidet sie sich von den weltlichen Waffen und Waffenrüstungen in der Auseinandersetzung mit Feinden, damals und heute?

Nach dem Gruppengespräch wird das Lied „Ist Gott für mich, so trete“ (EG 351,1-3) gesungen.

Plenum:
Die Ergebnisse werden zusammengetragen und stichwortartig auf einem Flipchart notiert.

Mitnehmen – Mit dem Text weitergehen. Was trägt der Text aus?
Gespräch im Plenum:
* Woher bekommen wir Panzer, Stiefel, Schild, Helm, Schwert?
* Wer sorgt für die Ausstattung?

Danach wird Epheser 6,18 vorgelesen.

In Kleingruppen oder im Plenum werden verschiedene Weisen der aktuellen Umsetzung von Eph 6,18 sowohl im Bezug auf verfolgte und bedrängte Christen, als auch auf Mobbingopfer im Berufsleben oder in der Schule besprochen. Dazu kann zum Beispiel das Material von ACAT und IGFM genutzt werden. Es können auch aktuelle Beispiele aus der eigenen Region gewählt werden.

Liturgischer Abschluss
Am Ende des Gruppengesprächs soll aus jeder Gruppe auf einem Blatt ein Name oder ein Stichwort zu einer besprochenen Verfolgungssituation notiert werden und mit einer kurzen Erläuterung in die Mitte neben Kerze, Kreuz und Bibel gelegt werden.
Lied: Jesu meine Freude (EG 396,4+5)
Gebet mit Fürbitte für die Namen und Situationen, die auf den Blättern benannt sind.
Lied: Jesu meine Freude (EG 396,6)
Segen: Christus sei vor dir (s. TNH)

Literatur

Petr Pokorný / Ulrich Heckel: Einleitung in das Neue Testament. Seine Literatur und Theologie im Überblick (UTB 2798), Tübingen 2007.

Ulrich Heckel: Die Einheit der Kirche im Johannesevangelium und im Epheserbrief. Ein Vergleich der ekklesiologischen Strukturen, in: Kontexte des Johannesevangeliums. Das vierte Evangelium in religions- und traditionsgeschichtlicher Perspektive (WUNT 175), *hrsg. von Jörg Frey / Udo Schnelle*, Tübingen 2004, 613-640.

Michael Theobald: Mit den Augen des Herzens sehen, Würzburg 2000 (knapper allgemeinverständlicher Kommentar).

Gerhard Sellin: Der Brief an die Epheser (KEK 8), Göttingen 2008$^{9(1)}$ (neueste, umfassende, detaillierte Auslegung).

Rudolf Schnackenburg: Der Brief an die Epheser (EKK X), Zürich u.a. 1982.

Petr Pokorný: Der Brief des Paulus an die Epheser (ThHK 10,2), Leipzig 1992.

Michael Gese: Das Vermächtnis des Apostels. Die Rezeption der paulinischen Theologie im Epheserbrief (WUNT II/99), Tübingen 1997 (hervorragende Einführung in die Theologie des Epheserbriefs).

Annemarie C. Mayer: Sprache der Einheit im Epheserbrief und in der Ökumene (WUNT II/150), Tübingen 2002.

Karl Barth: Erklärungen des Epheser- und des Jakobusbriefes. 1919-1929 (GA II), *hrsg. von Jörg-Michael Bohnet*, Zürich 2009.

Medienempfehlungen zur Bibelwoche

Die Verwendung von audiovisuellen Medien kann die Erarbeitung der Bibelwochentexte nicht ersetzen oder abkürzen. Im allgemeinen wird es die HörerInnen überfordern, an einem Abend einen Film zu sehen und zugleich mit einem Bibeltext befasst zu sein. Aber die Filme konfrontieren mit gegenwartsbezogenen, dokumentierten, gespielten oder gezeichneten Situationen, die an einem anderen Abend vorgeführt werden können oder deren Inhalt nach den Begleittexten einbezogen werden kann. Dann können die Filme und Dias:

- uns in Bestätigung und Kontrast den Wirklichkeitsbezug des biblischen Worts verstehen helfen;
- aufdecken, inwiefern christlicher Glaube die im Film gezeigte Situation tiefer erschließt und gegebenenfalls der dort gezeigten Lösung widerspricht;
- veranschaulichen, was der Glaube sagen und tun kann;
- zu Gesprächen anregen, die zur Klärung, Selbstprüfung und Vertiefung der biblischen Aussagen führen.

Leitmedium

Vaya con Dios – Und führe uns in Versuchung
Zoltan Spirandelli, Deutschland 2001
103 Minuten, farbig, Spielfilm
Eignung: ab 14 Jahren

In einem abgelegenen brandenburgischen Kloster leben die drei Cantorianer-Mönche Benno, Tassilo und Arbo ganz für ihren Glauben und die Musik. Die Ordensregel besagt nämlich, dass der Heilige Geist Klang ist und die Mönche im Gesang bei Gott sind.

Aus Geldmangel hat Abt Stephan jedoch das Kloster und die Musikbibliothek schon verpfändet. Als die Gläubiger endlich Geld sehen wollen, erleidet Stephan einen Herzinfarkt. Auf dem Sterbelager trägt er dem Trio auf, das kostbare Buch mit der Ordensregel nach Italien zum letzten verbliebenen Cantorianer-Kloster zu bringen.

Die drei Mönche brechen, mit einer Karte aus dem letzten Jahrhundert ausgestattet, auf nach Montecerboli. Wenig später wird Arbo, der jüngste der Drei, beinah vom Cabrio der attraktiven Fotografin Chiara überfahren. Im letzten Moment kann sie ausweichen. Chiara nimmt das seltsame Trio mit.

Als das Auto unterwegs liegen bleibt, müssen alle im Wald übernachten. Zum Abendgebet singen die Mönche so schön, dass die lebenslustige Chiara fasziniert zuhört. Am nächsten Morgen, als sie den jungen Arbo fotografiert, springt der Funke über. Während Arbo der Versuchung der Fleischeslust ausgesetzt ist, bleibt Bruder Tassilo bei seiner Mutter hängen, der das Quartett auf dem Weg nach Stuttgart einen Kurzbesuch abstattet. Chiara kehrt in ihre Redaktion zurück, kann Arbo aber nicht vergessen.

Auf einer Zwischenstation in Karlsruhe lässt sich der intellektuelle Benno von seinem einstigen Rivalen, dem Jesuiten Claudius, überreden, in seinem reichen Karlsruher Kloster wertvolle Handschriften zu editieren. Arbo, der von Bennos Verrat enttäuscht ist, entwendet das Ordensbuch, um es allein nach Italien zu bringen. Am Bahnhof lässt sich Arbo von einer Clique junger Leute jedoch zu einem wilden Disco-Besuch mit reichlich Alkohol verleiten. Nach seinem Blackout kümmert sich die herbeigeeilte Chiara liebevoll um ihn. Mit ihrer Hilfe können Arbo und Tassilo, der sich auf seine Berufung besonnen hat, Benno während einer Messe durch ihren herrlichen gemeinsamen Gesang auf den rechten Weg zurückbringen. Chiara muss erkennen, dass Arbo allein Gott gehört, und flüchtet. Endlich wieder vereint, fahren die drei Mönche in den Süden. Auf dem Montecerboli angekommen, spürt Arbo jedoch, dass er Chiara nicht vergessen kann. Er verlässt den Orden.

● Anregungen und Fragen zur Diskussion:
- Welche Überschrift würden Sie dem Film geben?
- In welche Filmsequenzen lässt sich der Film einteilen? Welche Wege gehen die einzelnen Mönche auf ihrer erneuten Suche nach Sinn und Lebensform?
- Wenden Sie den Titel der Bibelwoche „Himmel – Erde ... und zurück“ auf den Film an.
- Im Epheserbrief geht es durchgängig um die Einheit der Gemeinde, ihre mystische Verbindung mit Jesus Christus und – daraus folgend – darum, sich in der Lebensführung von der nichtchristlichen Umwelt abzuheben. Was sagt der Film zu den Themen „Einheit“ und „Gemeinschaft im Glauben“? Wie skizziert er die verschiedenen Lebenswelten der Cantorianer, der Jesuiten, der „Welt“?

Zu Epheser 1,1-14
Entdeck den roten Faden deines Lebens
Christian Fussenegger, Deutschland 2007
34 Minuten, farbig, Dokumentarfilm
Eignung: ab 16 Jahren

In fünf Kurzbeiträgen (mit je etwa fünf bis sieben Minuten Länge) werden die pastoralen Berufe Priester, ReligionslehrerIn, Gemeinde-

Von welcher Evangelischen oder Katholischen Medienzentrale das Material entliehen werden kann, muss jeweils erfragt werden. In der Regel werden die Filme innerhalb der Landeskirche/Diözese kostenlos, außerhalb dieser gar nicht ausgeliehen. Die Anschriften können wir in diesem Heft nicht abdrucken. Sie finden sie im Internet oder können sie bei Ihrer Landeskirche oder Ihrer Diözese erfragen.

referentIn, PastoralreferentIn und Ständiger Diakon vorgestellt. Die pastoralen Mitarbeiter erzählen jeweils von ihrer Motivation, ihrer Berufung – und werden von Christian Fussenegger und seiner Kamera in Schule, Gemeinde und Freizeit begleitet. So entsteht ein lebendiges Bild vom „Geschäft" und vom Tagesablauf der pastoralen Dienste – vom Morgenimpuls mit dem Ehepartner, über Religionsunterricht, Jugendarbeit und Krankenkommunion, bis hin zu „Auszeiten" beim Joggen oder beim Modellflug. Ergänzt wird der Film durch Lehrmaterialien auf der ROM-Ebene zu den Berufen und zur Entscheidungsfindung.

● Anregungen und Fragen zur Diskussion:
- Wie haben die vorgestellten Personen den roten Faden in ihrem Leben entdeckt?
- „Etwas sein zum Lob seiner Herrlichkeit", formuliert der Ephesertext. Wie formulieren die Film-Personen, was sie sind und was sie sein wollen?
- Fühlen sich die Personen im Film zu ihren Berufen vorherbestimmt, oder wie ist es dazu gekommen, dass sie ihren jeweiligen Beruf ergriffen haben?

Zu Epheser 2,1-10
Die Entdeckung des Martin Luther
Christopher Paul, Deutschland 2003
29 Minuten, farbig, Dokumentarfilm
Eignung: ab 14 Jahren

Im Frühjahr 1513 dürfte Martin Luther das „Turmerlebnis" gehabt haben, das sein Leben und den Gang der Welt veränderte. Die Zeit ist aus den Fugen. Das Macht- und Gedankengebäude des Mittelalters zerfällt. Unerhörte Entdeckungen beunruhigen die Menschen. Der Kaiser ist mit der Türkengefahr beschäftigt. Die Fürsten nutzen seine Schwäche, um ihre Interessen zu stärken. Der Papst ist auf das Format eines Renaissancefürsten geschrumpft, der mit Gift und Dolch Familienpolitik betreibt. Überall erklingt der Ruf nach einer Reform „an Haupt und Gliedern".

In dieser Nacht fragt der einsame Mönch radikal nach der Beziehung zwischen Mensch und Gott. Die Antwort der offiziellen Kirche reicht ihm nicht mehr. Da stößt er auf einen Satz im Römerbrief. Kreuzestod und Auferstehung Christi sind der vollzogene und vollendete Akt der Erlösung. Kein menschliches Werk kann sie steigern oder immer wieder neu bewirken. Sie ist das unverdiente Geschenk der Gnade Gottes und kann nur durch den Glauben des Menschen angenommen werden.

Luther spürt die „Freiheit eines Christenmenschen". Diese Nacht verwandelt ihn, und noch ahnt niemand ihre Folgen für die Geschichte Europas und der Welt.

● Anregungen und Fragen zur Diskussion:
- Martin Luthers Frage „Wie bekomme ich einen gnädigen Gott" ist nicht mehr die Frage heutiger Menschen. Wonach fragen die Menschen heute?
- Wovor haben Menschen heute Angst? Wie versuchen sie ihre Angst in den Griff zu bekommen? Was tat Luther gegen seine Angst? Was sagt der Ephesertext über Schuld und Gnade?
- Luthers Erkenntnis, bei Gott ohne Leistung angenommen zu sein, hat die Welt verändert. Was von Luthers Ansatz ist noch bis heute wirksam? Wie hat sich die evangelische Kirche weiterentwickelt? Wie die katholische Kirche? Wo finden sich Gemeinsamkeiten, wo gibt es Unterschiede?

Zu Epheser 2,11-22
Frontière
Christian Fischer, Deutschland 1997
6 Minuten, farbig, Trickfilm
Eignung: ab 8 Jahren

Zwei Knetfigurenmännchen begegnen einander in der Sandwüste. Sogleich geraten sie in Streit, wer dem anderen den Weg freizumachen habe. Es kommt zu Handgreiflichkeiten. Da hat einer die Idee, man könne sich durch eine Mauer voneinander abgrenzen. In ungeheurer Geschwindigkeit errichten beide eine Mauerkonstruktion, die labyrinthische Ausmaße annimmt. Am Ende erkennen sie, dass sie sich in diesem Tun selbst den Bewegungsspielraum genommen haben.

● Anregungen und Fragen zur Diskussion:
- Der Film eignet sich aufgrund der Kürze zum Einstieg oder auch zum Abschluss des Bibelwochenabends. Wird er zum Einstieg gezeigt, kann man ihn zunächst noch ganz offen nacherzählen und analysieren lassen: Was haben Sie gesehen? Welche Szenen, Einstellungen folgten aufeinander? Was soll der Film darstellen?
- Zum Abschluss des Abends bieten sich auswertende Fragen an: Wo sehen Sie Übereinstimmungen zwischen dem Film und dem Bibelwochentext, wo Unterschiede? Welche Lösung gäbe es für den Film, wenn wir das Anliegen des Textes berücksichtigen?

Zu Epheser 3,14-21
Wege aus der Sucht – die Fazenda da Esperança
Agnieszka Dzieduszycka / Mark Riedemann, Deutschland 2008
16 Minuten, farbig, Dokumentarfilm
Eignung: ab 14 Jahren

Aus einer kleinen franziskanischen Lebensgemeinschaft in Brasilien, die sich drogenabhängiger Jugendlicher annahm, ist die Fazenda da Esperança („Hof der Hoffnung") entstanden. Jugendliche Suchtkranke, die einen Weg aus ihrer Abhängigkeit suchen, finden auf den Fazendas eine Lebens- und Arbeitsgemeinschaft, die ihnen Hilfe und Geborgenheit bietet.

Der Film zeigt das Leben auf einer brasilianischen und einer deutschen Fazenda da Esperança und vermittelt durch Interviews mit Bewohnern, Eltern und dem Gründer, Pater Hans Stapel, einen Einblick in das Konzept der Fazenda-Bewegung.

● Anregungen und Fragen zur Diskussion:
- Der Film eignet sich dazu, zum Abschluss des Bibelabends gezeigt zu werden. Er bietet eine aktuelle Übersetzung der Botschaft der Texte Epheser 2,11-22 und 3,14-21 ins heutige Leben.
- Welche Aussagen von Epheser 2,11-22 und Epheser 3,14-21 werden im Film in christliche Praxis umgesetzt?
- Was beeindruckt mich an dem Projekt?
- Die Bibeltexte rufen zu einer christlichen Alltagspraxis auf, die sich in den Dienst Christi stellt. Was könnten wir in unserem Alltag und Lebensumfeld tun? Welche Probleme stehen in unseren Gemeinden und Gemeinschaften an? Welche Anregungen gibt uns der Film?

Zu Epheser 4,1-16
Beieinander bleiben
Peter Williams, Schweiz 1997
35 Minuten, farbig, Dokumentarfilm
Eignung: ab 14 Jahren

1948, bald nach dem Zweiten Weltkrieg, wurde in Amsterdam der Ökumenische Rat der Kirchen gegründet. Er sollte das Engagement für die Einheit der Kirche zum Ausdruck bringen und ein Instrument der Zusammenarbeit sein. 50 Jahre nach der ersten Vollversammlung porträtiert der Film die Aktivitäten, in denen die Kirchen im Ökumenischen Rat zusammenarbeiten, um ihre gemeinsame Berufung zu erfüllen, nämlich die Einheit bei aller Unterschiedlichkeit und Vielfalt zum Ausdruck zu bringen, für die Christus betete, „damit die Welt glaube".

● Anregungen und Fragen zur Diskussion:
- Was sagt der Film über die Motive, die zur Gründung des ÖRK geführt haben?
- Sieht der Ephesertext die Einheit des Glaubens als etwas, wovon wir herkommen oder als etwas, auf das wir zugehen?
- Wie arbeitet der ÖRK an der Einheit der Kirche?

Zu Epheser 4,22 – 5,2.8-20
Siloah – Mission der Bauernmönche
Matthias Hartmann, Deutschland 2000
30 Minuten, farbig, Dokumentarfilm
Eignung: ab 12 Jahren

Ein alter Gutshof am Fuß des Thüringer Walds bei Gotha: Seit einigen Jahren leben hier drei Familien und ein Single zusammen mit Zivildienstleistenden, verschiedenen Kindergruppen und sozial Gefährdeten nach der alten Mönchsregel „ora et labora". Die Gemeinschaft mit dem Namen „Siloah" – nach dem Teich, an dem Jesus einen Blinden wieder sehend gemacht hat – verdient ihren Lebensunterhalt mit Biolandwirtschaft, hauptsächlich Obstanbau und Rinderzucht, sowie einem Gästebetrieb, der staatlich gefördert ist. Die Kommunität ist auch von der thüringischen Landeskirche anerkannt.

Aus der ursprünglichen Landkommune, einem „Aussteiger-Betrieb", ist über die Jahre ein professioneller Wirtschafts-Betrieb entstanden mit zahlreichen Arbeitsplätzen in den Bereichen Land-, Hauswirtschaft und Jugendarbeit.

Die dort Lebenden haben sich von kleinbürgerlichen Lebensentwürfen abgewandt, nicht aber von der Gesellschaft. Da sind sie mittendrin, zum Beispiel wenn Jugendliche aus Osteuropa vormittags bei der Obsternte helfen, die Nachmittage aber mit Spielen, Workshops und Ausflügen verbringen. Gegenüber den anfänglichen Illusionen und Visionen ist allerdings auch Nüchternheit eingekehrt, jedoch keine Resignation.

● Anregungen und Fragen zur Diskussion:
- Der Ephesertext wird hier ausgesprochen praktisch. Es gibt ein Vorher und ein Nachher. Wodurch unterscheidet sich das Nachher vom Vorher?
- Im Film werden Personen vorgestellt, für die es auch ein Vorher und ein Nachher gibt. Wie beschreiben sie das?
- Der Ephesertext redet keiner Weltflucht das Wort. Wie ist das in Siloah? Was verbindet die dort Engagierten mit der Gesellschaft, und warum engagieren sie sich?

Zu Epheser 6,10-23
Stille Post
Oliver Rauch, Deutschland 2006
3 Minuten, farbig, Kurzspielfilm
Eignung: ab 8 Jahren

Unterricht-Ende in der dritten Klasse einer Grundschule. Die Kinder dürfen sich ein Spiel wünschen. Die vorwitzige Miriam schlägt „Stille Post" vor, und alle sind begeistert. Neben Miriam sitzt Paul, ein schwarzer Junge. Auf der anderen Seite sitzt Luise, der Miriam etwas zuflüstert, eine Gemeinheit auf Pauls Kosten. Spannung und Schadenfreude in der Klasse steigen. Da durchbricht eines der Kinder den Kreislauf.

● Anregungen und Fragen zur Diskussion:
- Der Film kann gut zum Abschluss des Bibelwochenabends gezeigt werden. Der überraschende Schluss wird spontane Reaktionen und Diskussionen hervorrufen, für die erst einmal Raum gelassen werden sollte.
- Weiterarbeiten kann man mit folgenden Fragen: Wie illustriert der Film die Begriffe des Textes: Rüstung Gottes, Helm des Heils und Schwert des Geistes? Zu welchem Handeln macht er Mut?

Arbeitshilfen zur Bibelwoche 2010 / 2011

Ulrich Heckel / Rosemarie Micheel
Himmel – Erde ... und zurück. Arbeitsbuch
Texte zur Bibel 26
Sieben Abschnitte aus dem Epheserbrief. Auslegungen und Gestaltungsvorschläge. Erweiterte Ausgabe mit sieben komplett ausgearbeiteten Entwürfen für die Bibelwoche und mit Material für den Gottesdienst am Bibelsonntag. Paperback mit vierfarbigen Abbildungen 16,5 x 23,5 cm, 128 Seiten € (D) 12,90 / € (A) 13,30 / sFr 23,70; ISBN: 978-3-7615-5788-4; Best.-Nr.: 155 788

Wolfgang Baur / Jürgen Simon
Himmel – Erde ... und zurück. Teilnehmerheft
Sieben Abschnitte aus dem Epheserbrief.
Geheftet, durchgehend vierfarbig, 16,5 x 24 cm, 36 Seiten € (D) 1,80 / € (A) 1,90 / sFr 3,80
(Mengenpreise: ab 10 Ex. € (D) 1,70; ab 25 Ex. € (D) 1,60; ab 50 Ex. € (D) 1,50
ISBN 987-3-7615-5789-1; Best.-Nr.: 155 789

Klaus Teschner
„Wachsen in allen Stücken“
Der Gemeinde zur Bibelwoche. Auslegungen zu sieben Abschnitten aus dem Epheserbrief.
Geheftet, 48 Seiten, DIN A 5; € (D) 2,90 / € (A) 3,00 / sFr 5,40
(Mengenpreise: ab 10 Ex € (D) 2,70; ab 25 Ex. € (D) 2,60; ab 50 Ex. € (D) 2,50)
ISBN: 978-3-7615-5792-1; Best.-Nr.: 155 792

Jörg Meuth (Text) / Susanne Ledendecker (Bilder)
Kinder des Lichts
Bilder und Meditationen zu sieben Abschnitten aus dem Epheserbrief.
Geheftet, mit vierfarbigen Abbildungen, 16,5 x 23,5 cm, 8 Seiten
€ (D) 3,90 / € (A) 4,10 / sFr 7,70
ISBN: 978-3-7615-5790-7; Best.-Nr.: 155 790

Bilder und Materialien zur Bibelwoche
Bilder von Susanne Ledendecker mit Meditationen von Jörg Meuth (wie im Arbeits- und Bildheft). Erweiterte Ausgabe mit noch mehr Impulsen für die Bibelwoche und mit Material für den Gottesdienst am Bibelsonntag. CD-ROM im Jewelcase € (D) 14,90 / € (A) 15,40 / sFr 27,20 (UVP)
ISBN: 978-3-7615-5791-4; Best.-Nr.: 155 791

Plakat zur Bibelwoche
Motiv von der Titelseite „Texte zur Bibel 26“
Format DIN A 3 mit Platz für individuellen Eindruck; € (D) 3,90 / € (A) 4,20 / sFr 8,30
ISBN/Best.-Nr. DBG 978-3-438-06711-1

Zu beziehen bei:
Neukirchener Verlagsgesellschaft mbH, Postfach 10 12 65, 47497 Neukirchen-Vluyn
Fon: 02845 / 392-218, Fax: 02845 / 33689
E-Mail: info@nvg-medien.de, Internet: www.nvg-medien.de

Katharina Wiefel-Jenner
Im Himmel geplant
7 Anreden aus dem Epheserbrief. Gemeindeheft zur 73. Bibelwoche 2010 / 2011
Hrsg. vom Gemeindedienst der Evangelischen Kirche in Mitteldeutschland im Auftrag der Arbeitsgemeinschaft Missionarische Dienste, Berlin
32 Seiten; € 0,45 (Staffelpreise)

Auslieferung über: Gemeindedienst der EKM
Zinzendorfplatz 3, 99192 Neudietendorf, Fon: 036202 / 7717-90, Fax: 036202 / 7717-98
E-Mail: gemeindedienst@ekmd.de, www.gemeindedienst-ekm.de

Bibel aktuell
Impulse für lebensbezogene Bibelarbeit. Heft 117 (2009): Bibelwochentexte aus dem Epheserbrief mit Beiträgen von Werner Schmückle, Jens Plinke, Friedemann Eißler, Matthias Uhlig, Thomas Popp, Gerrit-Willem Oberman und Martin Wolf. Hrsg. vom Amt für missionarische Dienste der Evangelischen Landeskirche in Württemberg, 56 Seiten, 4,00 € zzgl. Porto

Zu beziehen bei:
Amt für missionarische Dienste, Grüninger Str. 25, 70599 Stuttgart,
Fon: 0711 / 45804-9402, Fax: 0711 / 45804-9407, E-Mail: Dagmar.Loncaric@elk-wue.de

Reinhard Feldmeier / Matthias Uhlig
In der Liebe verwurzelt. Der dreieinige Gott und die eine Kirche.
Eine Arbeitshilfe mit CD-ROM zur Bibelwoche 2010 / 2011 mit Auslegungen zu Texten des Epheserbriefs, Anregungen zur Umsetzung, auch in Familienbibeltagen, einer kombinierten Bibelwoche für Kinder und Erwachsene und für Bibeltheater. Die CD-ROM enthält Grafik-Dateien und Texte zur Gestaltung von Bibelwochen-Abenden und Bibeltheater-Stücke
60 Seiten DIN A4, geheftet, 8,00 €, Mengenrabatt

Zu beziehen bei:
Amt für Missionarische Dienste, Blumenstraße 1-7, 76133 Karlsruhe,
Fax: 0721 / 9175-25312, E-Mail: amd@ekiba.de, www.ekiba.de/amd

Gottesdienst zur Bibelwoche / zum Bibelsonntag 2011

Die Arbeitsgemeinschaft christlicher Kirchen (ACK) schlägt gemeinsam mit dem Katholischen Bibelwerk e.V. und der Deutschen Bibelgesellschaft vor, den letzten Sonntag im Januar als ökumenischen Bibelsonntag zu begehen, also im Jahr **2011 am 30. Januar.**
Im Folgenden ist ein Vorschlag für einen Gottesdienst für den Bibelsonntag abgedruckt (Verfasser: *Dr. Franz Josef Backhaus*). Ein solcher Gottesdienst kann auch als Auftakt oder Abschluss der ökumenischen Bibelwoche begangen werden. Der für das Jahr 2011 vorgeschlagene Bibeltext ist Galater 5,13-26. Das Motto für den Bibelsonntag lautet:

Geerdete Freiheit

Exegetische Einführung

Die Botschaft des Paulus: Lebt eure Freiheit, wandelt im Geist Christi und nicht im Fleisch!
Paulus behandelt ausführlich die Umsetzung der durch Christus erwirkten Freiheit. Allerdings muss er seine Lehre von der Rechtfertigung aus dem Glauben an den gekreuzigten Christus und die damit verbundene Lehre von der Freiheit des Christen vor jenem Missverständnis bewahren, dass Jesus Christus zwar für mich gestorben und ich durch mein gläubiges Vertrauen aus der Knechtschaft des Gesetzes befreit sei, ich aber diese Freiheit ausleben könne, wie ich wolle.

Paulus weist mit Nachdruck darauf hin, dass der sich zu Christus bekennende Mensch als Getaufter nicht mehr dem Gesetz untersteht und von ihm verurteilt wird, sondern in der Taufe mit dem Heiligen Geist beschenkt wird. Diese Gabe des Heiligen Geistes, die den Menschen rechtfertigt, stellt aber für den Christen zugleich auch eine Aufgabe dar: als gerechtfertigter Mensch in diesem Geiste alltäglich zu wandeln (vgl. 5,16).

Christliche Ethik ist also keine Ethik, die sich am alttestamentlich-jüdischen Gesetz ausrichtet, sondern eine Ethik, die aus dem rechtfertigenden Geist Gottes resultiert. Diese vom Gesetz befreite und vom Geist Gottes getragene Ethik ist aber nicht ziellos, sondern hat ihre absolute Norm im Liebesgebot, in dem das ganze Gesetz aufgehoben ist (vgl. 5,14). Wer als Christ oder Christin diese Ethik lebt, wird nicht Werke des Fleisches tun (vgl. 5,19-21), sondern auf vielfältige Weise die Frucht des Geistes (vgl. 5,22-26), unter denen die Liebe an erster Stelle steht, hervorbringen. Er bzw. sie steht dann unter einem neuen „Gesetz", dem „Gesetz Christi" (vgl. 6,2).

Paulus entfaltet den skizzierten Gedankenkomplex eingehend in 5,13-26.

Einzelauslegung Gal 5,13-26

Zur Freiheit berufen im Dienst am Nächsten (5,13-15)
Durch Christi Erlösungstod, auf den der Christ getauft wird, sind die Christen gerechtfertigt und somit befreit vom Gesetz. Damit diese Freiheit aber nicht missverstanden wird und in einer Zügellosigkeit endet, fordert Paulus die Galater auf, einander in Liebe zu dienen (5,13). Dieses Dienen hat nichts mit einer Über- oder Unterordnung zu tun, so dass sich ein Paradox zur Freiheit ergeben würde, sondern, da es sich um einen gegenseitigen Dienst handelt, realisiert sich die Liebe und damit die Freiheit in einem solidarischen Denken, Reden und Handeln.

Paulus deutet von diesem aus Freiheit betriebenen Dienst der Liebe das Gesetz in seiner Gesamtheit neu und bringt es in 5,14 auf den Punkt: im Gebot der Nächstenliebe, welches er aus 3 Mose/Lev 19,18 zitiert, erfüllt es sich. So wie sich bisher im Gesetz der Wille Gottes verwirklicht hat, so verwirklicht sich jetzt Gottes Wille im Gebot der Nächstenliebe. „Nächste" sind an dieser Stelle vorrangig die Galater; denn in 5,15 wird in einem fast schon höhnischen Ton das einer solidarischen Gemeinschaft entgegengesetzte Bild gezeichnet. Wie beißende Hunde oder wie wilde Tiere verschlingen sich anscheinend die Galater und löschen sich so gegenseitig aus.

„Fleisch" gegen „Geist" und „Geist" gegen „Fleisch" (5,16-18)

Der nächste Abschnitt setzt betont ermahnend mit „darum sage ich" ein. Paulus fordert auf dem Hintergrund des Widerstreits von „Fleisch" (griech. sarx) und „Geist" (griech. pneuma) die Galater auf, sich vom Geist leiten zu lassen (5,16). Gemeint ist damit das ganzheitliche Ausrichten des Lebens auf den Geist Gottes, den man gnadenhaft in der Taufe erhalten hat.

Als Christ bzw. Christin soll ich auf ihn achten und hören und mich von ihm leiten lassen, damit ich auf vielfältige Weise seine Frucht hervorbringe und nicht dem „Begehren des Fleisches" verfalle. Mit dem Wort „Fleisch" drückt Paulus einen Gegensatz zu „Geist" aus, der sich dann ergibt, wenn das widergöttliche Böse sich als Sünde des Menschen bemächtigt und sein Denken, Wollen und Handeln bestimmt. Geist und Fleisch sind also zwei Kräfte, die um die Vorherrschaft im Innern des Menschen kämpfen, wobei dieser Kampf nicht dualistisch zu verstehen ist.

Ausführlich wird die Kampfsituation in 5,17 geschildert, wobei „Geist" und „Fleisch" fast schon personifiziert werden. Die Absicht des gegenseitigen Kampfes im Innern des Menschen besteht darin, dass dieser nicht das, was er will, tut. Denn treibt der Geist den Menschen zum Guten, so dass er Gutes will, versucht das Fleisch dies zu verhindern, so dass er das Gute nicht umsetzen kann. Ebenso gilt die Umkehrung. Sobald er jenen Zwiespalt erlebt, erkennt der Christ, dass er sich entscheiden muss. Die Fähigkeit dazu hat er, denn die ihm von Christus in der Taufe geschenkte Freiheit (vgl. 5,13) zeigt sich konkret in der Wahlfreiheit zwischen dem Guten und dem Bösen. Hier setzt 5,18 an: Wenn sich der Christ vom Geist leiten lässt und sich somit für das Gute entscheidet, dann hat nicht nur das Fleisch keine Macht mehr über ihn, sondern das Gesetz kann ihn deswegen auch nicht mehr verurteilen. Der vom Geist getriebene Mensch steht also nicht mehr unter dem Fluch des Gesetzes (vgl. 3,10ff).

„Die Werke des Fleisches" (5,19 21)

Worin besteht nun konkret das „Begehren des Fleisches"? In 5,19-21 werden in einem Lasterkatalog die Werke des Fleisches aufgeführt. Die ersten drei Glieder (Unzucht, Unsittlichkeit / Unreinheit, Ausschweifung) betonen vor allem eine (sexuelle) Zügellosigkeit. Zu beachten ist, dass „Unzucht" in metaphorischer Weise schon im AT für den Götzendienst steht, während „Unreinheit" vor allem kultische Relevanz hat.

Insofern fügen sich „Götzendienst" und „Zauberei" an die drei vorausgehenden Glieder inhaltlich gut an. An diese fünf Glieder schließen sich acht Glieder an, die das Gemeinschaftsleben zerstören (Feindschaft, Streit, Eifersucht, Zorn, Eigennutz, Spaltungen / Zwietracht, Parteiungen, Neid / Missgunst). Zum Schluss wird mit „Trinkgelage" und „Essgelage" (Luther: „Saufen", „Fressen") auf den Beginn des Lasterkataloges (Zügellosigkeit) zurückverwiesen, so dass sich eine inhaltliche Rahmung ergibt. Paulus betont, dass die aufgeführten Laster nur eine Auswahl darstellen und er noch weitere aufführen könnte. Am Ende fügt er eine Unheilsandrohung an.

„Die Frucht des Geistes" (5,22-23)

Im Anschluss an den Lasterkatalog wird in 5,22-23 die Frucht des Geistes aufgeführt. Paulus verwendet nicht das Wort „Werke", sondern die Metapher „Frucht", um so die Wirksamkeit des Geistes hervorzuheben, die sich nicht durch menschlichen Leistungswillen oder Betriebsamkeit beeinflussen lässt. Der Singular „Frucht des Geistes" zielt möglicherweise auf die einheitsstiftende und einheitserhaltende Funktion der aufgezählten Glieder im Gegensatz zum egoistischen und gemeinschaftszerstörenden Charakter der einzelnen Glieder aus dem Lasterkatalog.

Programmatisch steht zu Beginn die „Liebe“, womit in Aufnahme von 5,14 das Gebot der Nächstenliebe gemeint ist. „Liebe“ zusammen mit „Glaube“ und „Hoffnung“ bildet die Grundlage christlicher Existenz (vgl. 1 Thess 1,3; 5,8). In der „Freude“ drückt sich das Vertrauen des erlösten Menschen aus, der sich in Gott geborgen weiß. Es ist der Geist Gottes, der den Christen die Angst nimmt (vgl. Röm 8,15).

Aufgrund der Rechtfertigung aus Glauben haben Christen „Frieden“ mit Gott, der durch Jesus Christus vermittelt wurde (vgl. Röm 5,1). So wurde die Trennung zwischen Gott und Mensch beseitigt. So soll auch alles Trennende und Feindliche zwischen den Christen beseitigt werden.

„Langmut“ gründet in Gott (vgl. Ex 34,6). Ebenso sollen auch die Christen langmütig und barmherzig sein. Gleiches gilt auch für die „Freundlichkeit“. Auch die „Güte“ gründet in Gott und zeigt sich in der Gemeinde durch Milde und Bereitschaft zur Vergebung. „Treue“ orientiert sich an der Treue Gottes. In der Gemeinde ist Vertrauen unabdingbare Voraussetzung für gelingendes Zusammenleben. In „Sanftmut“ / „Demut“ zeigt sich ein tiefes Vertrauen zu Gott. Als Gegenpol zur (sexuellen) Zügellosigkeit im Lasterkatalog schließt die Aufzählung mit der „Selbstbeherrschung“/ „Keuschheit“.

Gegen die in 5,22-23 aufgeführten Glieder hat das Gesetz keine Macht. Sie alle sind Frucht aus dem befreienden Geist Gottes.

Vertiefung und Konsequenz (5,24-26)

In 5,24-25 vertieft Paulus abschließend das Thema „Fleisch“ und „Geist“. Wer sich für Christus entscheidet und in der Taufe die befreiende Kraft des Geistes geschenkt bekommt, bringt aus diesem Geist auf vielfältige Weise Frucht hervor. Dies kann er, weil der „alte“ Mensch und damit das „Begehren des Fleisches“ in der Taufe mit Christus gestorben („gekreuzigt“) ist (5,24).

Wer eine solche Entscheidung getroffen hat, ist immer wieder aufgefordert, den Geist in sich wirken zu lassen und so in Einklang mit ihm zu leben (5,25). Wer so sein ihm von Gott geschenktes Sein durch sein alltägliches Verhalten einlöst, kennt keine Prahlerei, Rechthaberei und Unversöhnlichkeit (5,26).

Ideen für eine Predigt

Vielfältige Freiheiten – ein gemeinsamer Kern

Es gibt Worte, die für uns existenziell wichtig sind, ohne dass wir sie objektiv eindeutig definieren können. Dazu gehört das Wort „Liebe“, ebenso das Wort „Freiheit“. Freiheit wird je nach biografischem und historischem Hintergrund und je nach aktueller Situation unterschiedlich beschrieben. So ergeben sich verschiedene Aspekte, unter denen Freiheit betrachtet werden kann: politische Freiheit, Religionsfreiheit, Meinungsfreiheit, wirtschaftliche Freiheit ... – Ihnen allen gemeinsam ist ein inhaltlicher Kern, den man mit Selbstbestimmung und Eigenverantwortung umschreiben kann. Freiheit ist also nicht nur Freiheit „von“, sondern immer auch Freiheit „für“ etwas. Freiheit bedarf eines Ziels, sonst liegt eine Verwechslung mit verantwortungsloser Beliebigkeit vor.

Zur Freiheit berufen – Selbst- und Nächstenliebe

Auch Paulus muss in Gal 5,13-26 gegen eine solche Verwechslung ankämpfen. Freiheit meint nicht eine Freiheit vom jüdischen Ritualgesetz, an die sich eine zügellose Freizügigkeit anschließt, sondern eine Freiheit, die sich nach ihrer Loslösung vom jüdischen Ritualgesetz durch das Gebot der Liebe leiten lässt.

Dabei setzt die Nächstenliebe zunächst eine Selbstliebe voraus, die nicht mit Egoismus zu verwechseln ist, sondern vielleicht am besten mit der Wendung „Mit sich selbst befreundet sein“ *(W. Schmid)* umschrieben werden kann. Wer es gelernt hat, den Umgang mit sich selbst zu gestalten (Stichwort: Selbstsorge), der setzt in sich die Fähigkeit frei, auch den Umgang mit anderen zu gestalten (Stichwort: Sorge um den Nächsten). Wer mit sich selbst befreundet ist, wer einfühlsam mit sich selbst umgeht, der begegnet auch seinem Gegenüber als ein einfühlsamer Mensch. Das Gebot der Selbst- und Nächstenliebe mit seinen zwei spannungsreichen Polen verhindert daher zwei Fehlformen von Freiheit, die sich in der Selbstsucht oder im Selbstverlust äußern.

Christen – Lebenskünstler aus Freiheit
Die Freiheit, die sich am Gebot der Selbst- und Nächstenliebe orientiert, ist gestaltete Freiheit. Eine solche Gestaltung soll jeden Tag erneut eingeübt werden. Darin besteht christliche Lebenskunst. Sie ermöglicht nicht nur ein Können, sondern verhindert auch den Absturz in den Abgrund. Beides, sowohl das Können als auch die Gefahr des Abgleitens in den Abgrund, verdeutlicht Paulus mit Hilfe der „Frucht aus dem Geist“ und den „Werken des Fleisches“. Die Verdeutlichung der christlichen Lebenskunst kann anhand einer Frucht des Geistes (z.B. Langmut) erfolgen. Dies kann auch in Abgrenzung zu einigen Werken des Fleisches geschehen (z.B. Feindschaften, Streit, Zorn). Wichtig ist, damit keine individuelle Engführung vorliegt, auch die Gemeindesituation bzw. Kirchensituation im Blick zu haben: Gibt es ein geduldiges Miteinander in unserer Kirchengemeinde?

Elemente für den Gottesdienst

Wort zur Einführung
„Ihr seid zur Freiheit berufen“, sagt Paulus zu uns. „Freiheit“ – ein großes Thema für einen Gottesdienst, aber ein im Neuen Testament, vor allem bei Paulus, wichtiges Thema. Freiheit ist uns durch Jesus Christus geschenkt worden, und wir dürfen als beschenkte Menschen unsere Berufung zur Freiheit im Alltag leben. Aber wir wissen selbst, wie schnell wir inneren und äußeren Zwängen ausgeliefert sind und phasenweise unsere Freiheit freiwillig abgeben, ob im Beruf oder am Eingang verführerischer „Konsumtempel“. Wir wissen selbst, wie schnell wir anderen unsere Meinung, unsere Ansichten aufdrängen und sie dadurch unfrei machen. „Freiheit ist auch immer die Freiheit der Andersdenkenden“, hat *Rosa Luxemburg* gesagt. Zur Freiheit gehört also auch die Selbstbeschränkung, die Toleranz.

Zu Beginn des Gottesdienstes sind wir von Jesus Christus eingeladen, inne zu halten und nachzudenken, wie wir mit der uns von ihm geschenkten Freiheit und mit der Freiheit unserer Mitmenschen umgehen. – Stille

Eingangsgebet
Guter Gott, durch deinen Sohn sind wir zu freien Menschen berufen. Doch vieles in unserem Alltag engt uns ein. Wir werden nicht selten zu willigen Vollstreckern von Sachzwängen. Hilf uns, dass wir in solchen Situationen unsere von dir geschenkte Freiheit nicht verraten. Lehre uns Selbstbeschränkung und Toleranz, wo wir die Freiheit unserer Mitmenschen aufs Spiel setzen. Darum bitten wir durch Christus, unseren Herrn.

Fürbitten
Guter Gott, durch deinen Sohn hast du uns zur Freiheit berufen. Als in Christus befreite Menschen wollen wir an all die Menschen denken und für sie Fürbitte halten, die keine Freiheit kennen, deren Leben fremdbestimmt ist:

- Wir denken an die Menschen, die innerlich unfrei sind, weil sie von einer Idee so besessen sind, dass sie keine andere Meinung gelten lassen. – Stille
- Wir denken an die Menschen, die man „klein“ gehalten hat, denen nicht die Möglichkeit gegeben wurde, ihre Fähigkeiten und Talente einzubringen. – Stille
- Wir denken an die Menschen, die sich selbst ständig überfordern, weil sie meinen, bestimmten Ansprüchen genügen zu müssen. – Stille
- Wir denken an die Menschen, die aus eigener Schuld ihre Freiheit verloren haben und inhaftiert sind. – Stille

- Wir denken an die Menschen, die sich gegen Unrecht und Machtmissbrauch in ihrer Heimat einsetzen, denen man aber ihre Freiheit geraubt hat, um sie mundtot zu machen. - Stille

Guter Gott, stärke uns durch deinen Geist, damit wir mithelfen am Aufbau deines Reichs der Freiheit. Darum bitten wir dich durch Jesus Christus, unseren Herrn und Bruder. Amen.

Zur Meditation

Die Freiheit

Vor ein paar Tagen ging ich in den Zoo,
die Sonne schien, mir war ums Herz so froh.
Vor einem Käfig sah ich Leute stehn,
da ging ich hin um mir das näher anzusehen.

„Nicht füttern“ stand auf einem großen Schild
und „bitte auch nicht reizen, da sehr wild!“
Erwachsene und Kinder schauten dumm,
und nur ein Wärter schaute grimmig
und sehr stumm.

Ich fragte ihn: „Wie heißt denn dieses Tier?“
„Das ist die Freiheit!“ sagte er zu mir,
„die gibt es jetzt so selten auf der Welt,
drum wird sie hier für wenig Geld
zur Schau gestellt.“

Ich schaute und ich sagte: „Lieber Herr!
Ich seh' ja nichts, der Käfig ist doch leer!“
„Das ist ja grade“, sagt er, „der Gag!
Man sperrt sie ein und augenblicklich
ist sie weg!“

Die Freiheit ist ein wundersames Tier
und manche Menschen haben Angst vor ihr.
Doch hinter Gitterstäben geht sie ein,
denn nur in Freiheit kann die Freiheit
Freiheit sein.

GEORG DANZER (1946–2007)

Segen

Gott mache uns frei,
damit wir Gutes denken können.

Gott mache uns frei,
damit wir uns in den Nächsten
einfühlen können.

Gott mache uns frei,
damit wir ehrlich mit unserem
Gegenüber sprechen können.
Gott mache uns frei,
damit wir unsere Fäuste
zu helfenden Händen öffnen können.

Gott mache uns frei –
im Namen des Vaters
und des Sohnes
und des Heiligen Geistes.
Amen.

Liedvorschläge

(GL = Gotteslob, Kath. Gebet- und Gesangbuch; EG = Evang. Gesangbuch /R = Regionalteil; EmK = Gesangbuch der Evang.-methodistischen Kirche)

- Herr für dein Wort sei hoch gepreist (EG 196,1.2.5; EmK 417,1-3)
- Ich lobe meinen Gott, der aus der Tiefe mich holt (EG/R Baden 628, Bayern-Thüringen 615, Rheinland-Westfalen-Lippe / reformiert 673, Württemberg 611; EmK 25)
- Liebe ist nicht nur ein Wort (EG/R Hessen 629, Bayern-Thüringen 650, Niedersachsen-Bremen 613, Rheinland-Westfalen-Lippe / reformiert 665, Württemberg 650; EmK 135)
- Nun lasst uns Gott, dem Herren, Dank sagen (EG 320; EmK 89)
- Sei Lob und Ehr dem höchsten Gut (EG 326; EmK 3)
- Gib uns Frieden jeden Tag (EG 425; EmK 591)

Zu den Bildern

Kinder des Lichts

Den Epheserbrief prägt das Grundanliegen des Paulus, bewusst zu machen, dass wir alles, was wir sind und haben, also auch unseren Glauben, allein der Gnade Gottes verdanken. Leben aus der Kraft der Gnade heißt aber keineswegs, die Hände in den Schoß zu legen und darauf zu warten, dass der Geist Gottes an unserer Stelle handelt. Wenn wir durch Gottes Gnade „Kinder des Lichts“ geworden sind (Epheser 5,8), dann dazu, dass wir diesem Licht in uns und in der Welt Raum geben, damit es seine prägenden Wirkungen entfalten kann. Dies macht die hier vorgelegte Auswahl von Texten des Epheserbriefs deutlich, zusammen mit der Bildreihe, die wir der Künstlerin Susanne Ledendecker verdanken.

Susanne Ledendecker lebt und arbeitet als Malerin und Kunstpädagogin in Bad Nauheim. Ihr vielfältiges kirchliches Engagement hat sie schon verschiedentlich dazu geführt, Bilder zu biblischen Texten zu gestalten. Im Rahmen der Bibelwoche schuf sie eine Bildreihe zur Apostelgeschichte des Lukas, die ein positives Echo gefunden hat. Ihre hier vorgelegten Arbeiten zum Epheserbrief zeigen, wie die Botschaft dieses Sendschreibens Christenmenschen auf das Licht aufmerksam macht, dem sie sich verdanken, damit sie ihr Leben ganz darauf auszurichten vermögen. Die sieben Bilder der Reihe sind mit aquarellartig lasierenden Farben auf Holztafeln gemalt, deren Struktur an manchen Stellen im Hintergrund wahrnehmbar ist. So lässt bereits die Maltechnik erkennen, was der Epheserbrief vermitteln will: Unser Christenleben und unser Gemeindesein sind wie ein Stück gewachsene Natur, auf die Gottes Geist Farben, Formen und Strukturen „malt“. Sie lassen erkennen, wie das Heil Gottes in der Welt aufleuchtet und sich immer neu mitteilt.

Jörg Meuth (geboren 1944 in Freudenstadt) ist Autor der Meditationen. Er war reformierter Pfarrer (1971-1975 in Schopfheim/Baden, bis 1985 in Hunzenschwil/Aargau, bis 1997 in Glarus, bis Juli 2009 in Vallon Pont d'Arc/Frankreich). Seit 1979 bringt er sein besonderes Interesse an Beiträgen bildender Kunst für die christliche Verkündigung in die Arbeit am Bibelwochenmaterial der Arbeitsgemeinschaft Missionarische Dienste ein.

Jörg Meuth

Lobpreis

Epheser 1,1-14

Der Epheserbrief setzt mit einem Lobpreis Gottes ein, der im Urtext eine einzige große Satzkomposition ist: eine von Dankbarkeit und Anbetung geprägte Darstellung dessen, was Gott gewirkt hat, um uns zu Gotteskindern zu machen. Von Ewigkeit her sind wir zum Heil Gottes bestimmt. Darum bedarf es keiner persönlichen Leistung unsererseits, um dies zu erlangen. Die Erfahrung des Glaubens kann uns allerdings Herz und Augen dafür öffnen und den Mund, damit dies Heil tatsächlich unser Leben hell macht und uns in den Jubel derer einstimmen lässt, die erfahren, wie ihr Leben davon durchdrungen und in Bewegung gebracht wird.

Die Künstlerin hat dies Licht in eine dynamische Komposition umgesetzt, in der bereits die Farben eine klare Sprache sprechen. Wir sehen eine Spiralbewegung in den Farben Rot und Gelb, die sowohl von außen nach innen, wie auch vom Zentrum nach außen verlaufend gesehen werden kann. Gelb steht nicht von ungefähr in der Mitte: Diese Farbe spricht seit je her von der Wirklichkeit Gottes. Und Rot – zumal in dieser warmen Tönung – ist die Farbe der Liebe, in der Gottes Wirklichkeit in der Menschenwelt erfahrbar wird. Darum auch diese doppelte Bewegung: In der christlichen Gemeinde können Menschen erleben, wie sie begleitet und ernst genommen werden, wie mit ihnen gerechnet wird und sie mit ihren besonderen Gaben in eine begeisternde, Leben erfüllende, Dynamik eingebunden sind. Das setzt ungeahnte Kräfte frei und macht erfahrbar, wie das Leben des Einzelnen und auch die Wirklichkeit der Welt auf den Auferstandenen ausgerichtet sind. Er ist die Verkörperung der Liebe Gottes und verbindet uns mit ihr.

Und umgekehrt: Wo immer in der Welt die Christuswirklichkeit nicht verdrängt oder zugedeckt wird, sondern Einzelne und ganze Gemeinden zulassen, dass sich ihr Licht entfaltet und ausbreitet, da entsteht jene Bewegung, die, getragen von der Kraft des Geistes Gottes, zu den Menschen hindrängt, denen diese Dynamik gilt. Sie sollen spüren, dass Gott sie liebt und ihrem Leben Licht, Wärme und Sinn geben will.

Lebenswende

Epheser 2,1-10

Im zweiten Kapitel geht es um eine radikale Lebenswende. Der Epheserbrief beschreibt sie als Wirklichkeit des Heils, die den Adressaten bereits zugeeignet ist. Aus dem Herrschaftsbereich des Todes sind sie in den des Lebens und des Lichts hinübergewechselt. Unübersehbar ist von der Taufe die Rede. Betont wird, dass wir diese Lebenswende ganz der Gnade Gottes verdanken. Nicht einmal die guten Werke sind eine Leistung, die wir aus eigenem Vermögen zu vollbringen hätten. Sie sind von Gott im Voraus geschaffen, und wir werden „in ihnen wandeln“, wie in einem Paradiesgärtlein.

Eindrücklich hat die Künstlerin die Lebenswende der Taufe ins Bild gesetzt. Das untere Drittel der Komposition zeigt die Macht der Dunkelheit, aus der wir kommen. Über ihr erkennen wir das Reich des Lichts. Weiß ist die Farbe des Lichts, Rot die Farbe der Gemeinschaft, der Liebe. In der Mitte sehen wir ein Medaillon, in dem sich die Farben der Wirklichkeit des Lichts zu mischen scheinen. Es erscheint etwas wie ein Menschenpaar: Wo Heil erfahrbar wird, ist immer auch beglückende Gemeinsamkeit zu erleben.

Bei der Betrachtung der einzelnen Farbfelder lassen sich Einzelheiten entdecken. Die roten Farbtupfer im weißen Bereich überraschen kaum: Wie das Licht die Summe aller Farben ist, so sind Heil und Leben, die uns in der Taufe zugeeignet worden sind, Grundkräfte des Glaubens, dem sich alles Gute verdankt. Ähnlich einleuchtend ist das Gelb im roten Farbfeld, durch das auch die Menschen gezeichnet sind, weil uns im anderen immer wieder zugleich der ganz Andere begegnet.

Überraschend ist, dass wir in diesem Bereich der Komposition, der von der Macht des Lichts und der Liebe kündet, auch dunkle Farben sehen. Solange wir in dieser Welt unterwegs sind, hat selbst die Liebe Grenzen. Aber auch wo die Liebe aufhört, gilt weiter Gottes Wirklichkeit. Sogar sie kann für uns zuzeiten dunkel und unzugänglich werden! Spannend ist es, zu entdecken, wie das Rot sogar in das Reich der Dunkelheit hineinreicht: Die Liebe, die aus der Heilserfahrung wächst, wird sich auch in den Dunkelheiten der Welt bewähren.

Dann ist da noch das blaue Wasser der Taufe: Es gehört zum Bereich der Dunkelheit, weil wir in den Tod Christi getauft sind – und ist zugleich gegenwärtig im Weiß des Lichts, weil es uns Anteil an der Auferstehung gibt. Heute schon.

Einheit

Epheser 2,11-22

Mit diesem Abschnitt gelangen wir ins Zentrum der Botschaft des Epheserbriefs: Wenn er von Christi Heilstat kündet, geht es um unendlich viel mehr als um die innerseelische Vergewisserung einzelner Menschen, die zum Glauben gefunden haben. Die Adressaten dieses Schreibens haben als Christen der zweiten Generation in der Kirche, in dem einen Leib Christi, über ethnische und religiöse Grenzen hinweg, eine Einheit erfahren, die früher undenkbar war. Diese Einheit wird als das Werk Christi gepriesen. Die Wortwahl verweist auf einen neuen Schöpfungsakt Gottes: Wo die Menschen früher unlösbar in ihr ethnisches und religiöses Umfeld eingebunden waren, da gibt es nun den Christusleib, eine neue Menschheit, die dank des durch Christi Wirklichkeit gewordenen Friedens in ungeahnter Unmittelbarkeit sowohl zu Gott, wie auch untereinander zu leben vermag.

Susanne Ledendecker hat der Versuchung widerstanden, die vom Epheserbrief vorgegebenen Bilder nachzuzeichnen. Mit den ihr zur Verfügung stehenden Gestaltungsmitteln hat sie ein neues Symbol geschaffen. Wir sehen zwei Farbfelder, die unvereinbar scheinen wie Feuer und Wasser: Blau und Gelb. Jedes für sich ist eindrücklich und schön – aber sie sind nicht darauf angelegt, sich zu verbinden, eins zu werden.

Und doch wird das Unmögliche möglich: Am Schnittpunkt der beiden getrennten Welten wächst etwas völlig Neues. Während die ursprünglichen Farbfelder bei erster Betrachtung unstrukturiert scheinen, blüht in der Mitte eine neue Wirklichkeit auf. Das frische Hellgrün erinnert uns an all das, was uns die Natur an Lebens-Mitteln schenkt. Das kann auch zum Bild für jene geistliche Nahrung werden, die uns dazu befähigt, in der Verbundenheit mit Gott und mit den Menschen Heil zu erleben.

Fürbitte

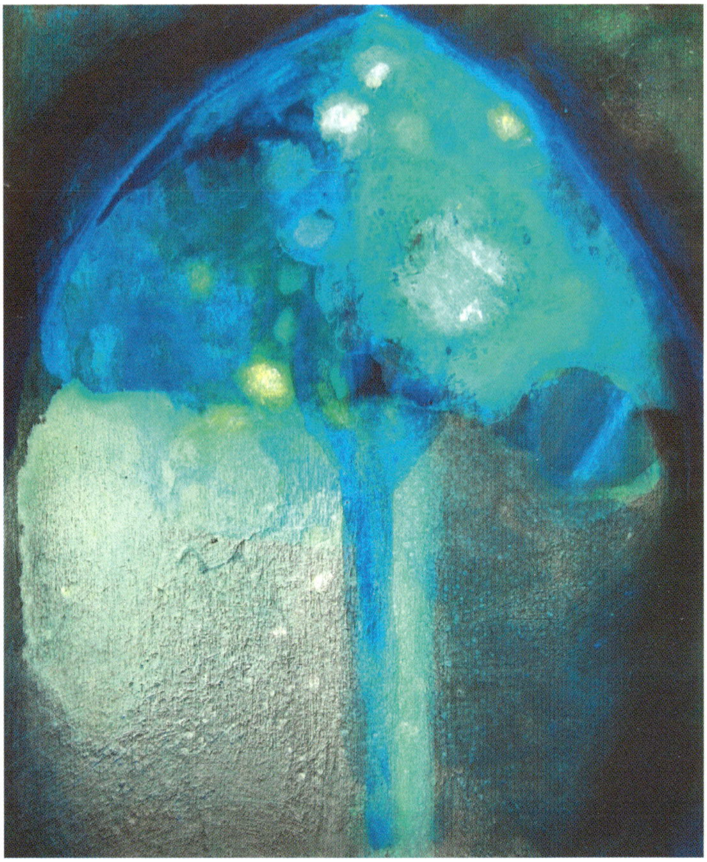

Epheser 3,14-21

Der erste Hauptteil des Epheserbriefs schließt mit einem Gebet, in dem der Autor Fürbitten für die Adressaten seines Schreibens formuliert. Dem Preisgebet am Anfang des Schreibens steht so zum Abschluss der lehrhaften Ausführungen eine Fürbitte gegenüber. Sie bringt alle Gebetsanliegen des Verfassers im Blick auf die Gemeinden, an die er sich wendet, vor Gott. In der geistlichen Verbundenheit mit ihnen wird das Geheimnis des göttlichen Heilsplans in Christus bereits jetzt fassbar, weil dort das Evangelium den ihm zukommenden Raum findet.

Die Künstlerin hat zu diesem Gebet ein Bild geschaffen, das die Betrachtenden mit in die Bewegung hinein nimmt, die der Epheserbrief aufweist und als Erfahrungsgrund der Christusgegenwart in der Welt erkennbar macht. Der Kirchenraum, den der Hintergrund andeutet, ist Symbol für die Gemeinschaft der Glaubenden, die in unserem Text mit dem Tempel versinnbildlicht wird. Die Kirche ist hier und jetzt schon Geschehensort des Heils. Das wird im Bild mit der Farbe Weiß angedeutet.

Wie der Tempel in der Vision des Propheten Jesaja, ist aber auch die Kirche zu klein, Glanz und Herrlichkeit Gottes zu fassen. Das deutet die Farbe Blau an, die für Gottes Geheimnis steht. Nicht von ungefähr ist die Darstellung von Dunkel umgeben: Wenn wir in der Kirche Heimat finden, wohl wissend, dass unsere Gemeinde nur ein winzig kleines Glied am Leib Christi ist, dann wird uns dort in aller Bruchstückhaftigkeit ein Licht geschenkt, das nirgends sonst zu finden ist.

In der Mitte der Komposition steht eine betende Gestalt. Sie soll deutlich machen, dass es nicht um irgendwelche abstrakten Theorien geht, sondern um eine Wirklichkeit, an der alle Glaubenden teilhaben sollen. Wir sind eingeladen, uns mit dieser Gestalt zu identifizieren. Wir sind nicht nur mitgemeint, sondern können diese Fürbitte auch zu unserem eigenen Gebet werden lassen.

Zuspruch

Epheser 4,1-16

Alles, was bisher im Blick auf die Einheit der Kirche theologisch entfaltet worden ist, wird nun den Adressaten als Lebenspraxis aus der Liebe vor Augen und ans Herz gelegt. So sehr der Epheserbrief vermitteln will, dass wir alles, was wir sind, einzig der Gnade Gottes verdanken, so deutlich wird zugleich zum Ausdruck gebracht, dass diese Früchte der Gnade den Glaubenden nicht einfach in den Schoß fallen. Sie reifen dort, wo Menschen in Liebe und Demut, Friedfertigkeit und Geduld daran arbeiten, dass jede einzelne Gemeinde werden kann, wozu sie berufen ist, nämlich ein lebendiger Teil des weltumspannenden Christusleibs.

Darum muss die Einheit der Kirche den Gemeinden immer neu zugesprochen, bewusst gemacht und von ihnen verwirklicht werden. Im umfassenden Sinn kann sie nur erhofft, in endzeitlicher Perspektive erwartet werden. Darum schließt dieser Abschnitt mit einem weiteren Hinweis auf die Liebe: In ihr kommt heute schon das Anliegen Christi zum Ziel, dass alle Glieder der Kirche jene Verbundenheit erfahren, die der Geist Gottes wirkt.

Die Künstlerin hat ein Bild der Hoffnung geschaffen: Die Wirklichkeit der Welt – mit ihren vier Elementen und vier Himmelsrichtungen – wird oft als Rechteck symbolisiert. Hier haben wir eine Komposition mit sechs Rechtecken vor uns: Die Sechs ist Symbol der Vorläufigkeit der gegenwärtigen Schöpfung. Die Dunkelheit, der wir in der Welt leider immer wieder begegnen, ist vorhanden, aber sie hat nicht das letzte Wort. Sie trägt sogar das Grün der Erwartung und des neuen Lebens in sich.

Besonders eindrücklich sind die zwei blauen Farbfelder, die von der Kraft der Hoffnung künden. Sie umgeben das helle Feld, das die Mitte der Komposition bildet. Das warme Gelb bezeichnet die Gegenwart Gottes. Werden Gelb und Blau gemischt, ergibt dies Grün: Neues Leben kann dort wachsen, wo Menschen ihre Hoffnung ganz auf Gott setzen. Geprägt ist diese gelbe Mitte durch eine weiße Gestalt, die an den Gekreuzigten erinnert. In dieser strahlenden Helle ist das Dunkel des Todes durch die Auferstehung überwunden.

Herrschaftswechsel

Epheser 4,22 – 5,2.8-20

Dieser Textabschnitt beschreibt den Herrschaftswechsel, der durch die Taufe erfolgt ist. Der Zugang zum Reich des Lichts, der mit der Taufe geschenkt wird, ist im Bild vom Kleiderwechsel dargestellt, der üblicherweise bei der Taufe erfolgte. Täuflinge pflegten vor dem Hinabsteigen in das Taufbad ihre Kleider abzulegen, und bekamen beim Herauskommen ein neues Kleid geschenkt. Dies wird zum Bild für die neue Lebensweise, die aus der Taufe folgt. Sie ist keine moralische Forderung, sondern eine Gabe, die wir dem Geist Gottes verdanken – wenn wir uns nur von ihm leiten und erneuern lassen. Unter diesem Vorzeichen kann der Epheserbrief konkrete ethische Maßstäbe vermitteln. Unser Verhalten ist aber keine Frage der Moral, sondern der Spiritualität. Es wird, wenn wir wirklich als „Kinder des Lichts" leben, Zeugnischarakter haben.

Die Künstlerin hat den „Kleiderwechsel" dadurch ins Bild gebracht, dass sie ein textiles Element in die Komposition einbezogen hat. Wir sehen eine Gestalt mit ausgebreiteten Armen, die gerade dem Dunkel entsteigt. Düsternis und ein Rot, das eher von Schmerz und Leiden als von Liebe spricht, haben das Gewand geprägt, aber nun gibt es eine neue Lebenskraft, die im Bild von oben kommt: Die Kraft des Geistes senkt sich wie ein zarter Hauch auf den getauften Menschen. Sie lässt ihn hell werden. Wo früher nur Dunkelheit war, wird es nun licht – und zwar nicht nur für Kopf und Geist, sondern für den ganzen Menschen, vom Kopf bis zu den Füßen.

Durch das Aufscheinen des Lichts kommen neue Farben ins Bild und verändern die Gestalt. Grün, die Farbe neuen Lebens, macht hier sichtbar, wie die neuen Verhaltensweisen nichts weniger sind als die Erfüllung von Forderungen oder Geboten: Sie sind Früchte des Lichts!

Das Dunkel bleibt allerdings am Rand des Bilds gegenwärtig, weil wir ihm auch als Getaufte nicht enthoben sind. Solange wir noch in der gegenwärtigen Schöpfung unterwegs sind, braucht der Geist Gottes das Zeugnis der Kinder des Lichts.

Glauben

Epheser 6,10-23

In unserem letzten Abschnitt macht der Epheserbrief deutlich, dass in den schwierigen Augenblicken des Lebens unsere menschlichen Kräfte schnell an ihre Grenzen kommen. Es bedarf der Waffenrüstung Gottes, um vor allem Dunkel, das auf uns zukommt, geschützt zu sein. Diese Rüstung gewährt Gott selbst – wenn wir sie nur nicht ablehnen! Im Zusammenhang des Epheserbriefs steht sie parallel zum Neuen Menschen, den wir aufgrund der Taufe anziehen dürfen. In unmittelbarem Zusammenhang mit der Waffenrüstung Gottes ist auch von der gegenseitigen Fürbitte die Rede. Sie ermöglicht die Erfahrung der Verbundenheit im Geist Gottes sogar dann, wenn im Feuer von Schmerz, Versuchung und Versagen Einzelnen zuzeiten der Glaube und das Gebet abhanden kommen mögen.

Für diesen Schlussabschnitt hat Susanne Ledendecker ein Bild geschaffen, das zunächst den Eindruck erweckt, als solle der Bogen zum ersten Bild der Reihe zurück geschlagen werden. Wieder haben wir eine dynamische Spiralbewegung. Nun aber befindet sie sich in einem dunklen Umfeld, das sich drohend um den warmen, lichten Kern zusammenzieht. Das Bedrohliche wird noch dadurch verstärkt, dass sich fast so etwas wie eine Dornenkrone um das warme Licht legt.

Oder umgekehrt gesehen: In der Dunkelheit der Welt gibt es eine andere, neue Wirklichkeit. Sie muss nicht kämpfen. Sie ist einfach da – und sie scheint das vorhandene Dunkel aufzuweichen, aufzulösen. Genauso kann sich der Glaube aus der Kraft des Geistes Gottes dem entgegenstellen, was das Leben verdunkeln und auslöschen will. Nicht wir selber kämpfen, etwa mit Hilfe von guten Vorsätzen oder positiven Gedanken, gegen die Kräfte der Dunkelheit, die uns zu Boden drücken wollen. Gottes Geist ist da, der Leben und Glauben möglich macht. In der Fürbitte können wir uns seiner vergewissern und ihn auch denen zueignen, die augenblicklich unser Mittragen nötig haben.

Seit vielen Jahren gibt die Arbeitsgemeinschaft Missionarische Dienste das Verteilheft

Für jeden neuen Tag

heraus. Es enthält Geschichten, Gedichte und Gebete, die zum Innehalten einladen, zum „Luftholen“ und Nachdenken – in vielen Situationen des Lebens.

Die Hefte können in allen Lebens- und Arbeitsbezügen verwendet werden: zur Vorbereitung von Andachten, Gottesdiensten und thematischen Bibelarbeiten oder für Gespräche in Hauskreisen.

Besonders beliebt sind die Hefte als kleines Geschenk bei Besuchen im Krankenhaus, im Kurbetrieb und nicht zuletzt in der Freizeit- und Urlauberseelsorge.

Die Gedichte, Bibeltexte, Geschichten und Gebete sind verschiedenen Stichworten zugeordnet. Thema von Heft 39 ist: **Nicht erschrecken – leben.** Das Heft hat, wie jede Ausgabe, 32 Seiten und enthält Texte zu folgenden Stichworten:

Sorglosigkeit / Vernunft / Vorbild / Ehrfurcht / Langsamkeit / Güte / Klarheit / Schweigen / Widerstand / Schutz / Wandel / Befreiung / Wachsamkeit / Hingabe / Ankunft.

Lieferbar sind die Hefte 7 bis 39. Informationen zu Preisen und Lieferbedingungen gibt es beim Lektorat der Arbeitsgemeinschaft Missionarische Dienste, Postfach 10 11 42, 70010 Stuttgart, Fon: 0711 / 2159-222, Fax: 0711 / 2159-566, E-Mail: amd.wolf@diakonie.de, Internet: www.a-m-d.de